JN064361

― はじめに ―

　「管理会計論肢別チェック」（本書）は，テキストの補助教材です。まずは講義を受講後にテキストを通読し，講義で学習した内容を理解した上で本書の問題を解くようにしてください。

　本書は過去の公認会計士短答式本試験問題を中心に，公認会計士試験の出題範囲の要旨に記載の出題項目の例として公表されている論点について，合格に必要と判断される限りにおいて網羅的に収録した教材です。

　本書の問題のA・B・Cのランクは下記のようにランクを設定しております。

　A　…　必ず覚えるべき基礎レベルの知識に関する肢

　B　…　応用的な知識を問うものですが，是非押さえていただきたい肢

　C　…　A・Bと比べ出題の可能性が低いため，余裕があれば押さえていただきたい肢

　本書の問題を解く中で誤っている内容だと判断した問題（×肢）については，誤っていると判断した理由まで浮かべてから，解説を確認するようにしてください。その際，テキストI・IIの参照頁がある問題についてはテキストに戻り，テキストをどのように理解すればよいのか，を確認するようにしてください。また，短答式試験においては同じ出題趣旨の問題が繰り返し出題されておりますので，上述のA・B・Cランクと合わせて短答式試験の出題実績も参考に復習に役立ててください。

　管理会計論は，同じ論点であっても文章表現の相違が生じやすい特性がございます。問題を繰り返し解いていただく際には，問題と解答をセットに丸暗記するのではなく，本試験では完全に同じ表現では出題がされない可能性があることを念頭に，どこが誤っていてどのように書かれていれば正しい説明となるのかを自分の言葉で説明できるレベルの理解をしながら解き進めていただくよう注意してください。

　公認会計士試験の管理会計論について合格に必要な理論の典型論点は，全てこの教材に収録されているという安心感を持ち，理解に努めてください。本試験では典型論点以外の出題も目立ちますが，まず間違いなく試験の勝敗を分けるのはこの典型論点部分となります。

　大原会計士講座受講生の皆様の合格を祈っております。

管理会計論科スタッフ一同

目　次

第1部
原価計算に関する領域

A　□□□　　　1　　企業の原価計算制度は，真実の原価を確定して財務諸表の作成に役立つとともに，原価を分析し，これを経営管理者に提供し，もって業務計画および原価管理に役立つことが必要とされている。

A　□□□　　　2　　企業の原価計算制度は，真実の原価を確定して財務諸表の作成に役立つとともに，原価を分析し，これを経営管理者に提供し，もって業務計画および原価管理に役立つことが必要とされている。したがって，原価計算制度は，いずれの計算目的にもともに役立つように形成され，一定の計算秩序として常時継続的に行なわれるものであることを要する。

A　□□□　　　3　　「原価計算基準」は，実践規範として，わが国現在の企業における原価計算の慣行のうちから，一般に公正妥当と認められるところを要約して設定されたものである。したがって，「原価計算基準」は，原価情報の比較可能性を確保するために，個々の企業の原価計算手続を画一的に規定するものである。

A　□□□　　　4　　「原価計算基準」は，実践規範として，企業における原価計算の慣行のうちから，一般に公正妥当と認められるところを要約して設定されたものであるが，個々の企業の原価計算手続を画一的に規定するものではなく，基本的な枠組みを提示している。各企業には，業種，経営規模そのほかの個別の条件に応じて，「原価計算基準」の弾力的な適用が求められる。

A　□□□　　　5　　「原価計算基準」では，「真実の原価」という言葉が「原価計算基準」の前文を含めて数回使用されている。その意味はいずれも「財務諸表の作成に使用されうる原価」という意味で一貫している。

A　□□□　　　6　　原価計算目的には，政府調達のための予定価格計算に必要な原価資料を提供するという価格計算目的もある。

A　□□□　　　7　　「原価計算基準」では原価計算の目的の一つとして，「価格計算に必要な原価資料を提供すること。」があげられているが，これは製品やサービスの売価決定等企業の価格政策に資することを意味している。

A　□□□　　　8　　原価管理とは，原価の標準を設定してこれを指示し，原価の実際の発生額を計算記録し，これを標準と比較して，その差異の原因を分析し，これに関する資料を経営管理者に報告し，原価能率を増進する措置を講ずることである。したがって，原価の標準は，原価発生の責任を明らかにし，原価能率を判定する尺度として，これを設定する。

A　□□□　　　9　　標準原価による原価管理とは実際原価を標準原価に近似させることを意味し，このような原価管理を原価低減という。

1　【〇】　　原価計算そのものの目的が「基準」一で，原価計算制度の目的は「基準」二で示される（「原価計算基準の設定について」，「基準」一，二参照）。　　　　　　　　　　　平成14年

2　【〇】　（「基準」原価計算基準の設定について　参照）。　　　　　　令和2年
　　　　　　　　　　　　　　　　　　　　　　　　　　　　　　　　　　第Ⅱ回

3　【×】　　この基準は，個々の企業の原価計算手続を画一に規定するものではなく，個々の企業が有効な原価計算手続を規定し実施するための基本的なわくを明らかにしたものであり、弾力性をもつものである。（「原価計算基準の設定について」参照）　　Ⅰp. 11　平成14年
　　　　　　　　　　　　　　　　　　　　　　　　　　　　　　　　　令和2年
　　　　　　　　　　　　　　　　　　　　　　　　　　　　　　　　　第Ⅱ回

4　【〇】　　規範性の程度につき，単に計算モデルに過ぎないということではなく，また法律と同様に絶対的な強制力をもつものであるということでもない。一定の幅の中で規範性が維持される，というものである。（「原価計算基準の設定について」参照）　　Ⅰp. 11　平成29年
　　　　　　　　　　　　　　　　　　　　　　　　　　　　　　　　　第Ⅱ回

5　【〇】　（「原価計算基準の設定について」，一（一），四〇（二）参照）　　Ⅰp. 13　平成11年

6　【〇】　　政府等の企業以外の機関が価格統制等の目的に原価計算を利用することが規定されている（「基準」一（二）参照）。　　Ⅰp. 13　平成20年

7　【×】　　ここにいう価格計算とは，政府（官庁あるいは公企業）等が調達価格決定のための計算を行うことを意味する（「基準」一（二）参照）。
　　　　　　製品やサービスの売価決定等企業の価格政策に資することは，予算管理目的あるいは基本計画設定目的に包含される。　　Ⅰp. 13　平成24年
　　　　　　　　　　　　　　　　　　　　　　　　　　　　　　　　　第Ⅰ回

8　【〇】　（「基準」一（三），六（二）8参照）
　　　　　　なお，「基準」の原価管理は，標準原価の水準を維持することを目的とした狭義の原価管理であり，原価統制(コスト・コントロール)である。　　Ⅰp. 14　令和2年
　　　　　　　　　　　　　　　　　　　　　　　　　　　　　Ⅰp. 15　第Ⅰ回

9　【×】　　標準原価による原価管理とは実際原価を標準原価に近似させることを意味し，このような原価管理を原価維持（原価統制）という（「基準」一（三）参照）。　　Ⅰp. 14　令和5年
　　　　　　　　　　　　　　　　　　　　　　　　　　　　　Ⅰp. 15　第Ⅱ回

☐☐　☐☐　☐☐

A　☐☐☐　　　10　　現代の原価管理は，量産段階において標準原価の達成を目的とする原価維持と標準原価の低減を目的とする原価統制，更に，新製品の企画・開発段階にて目標原価を設定し，それを達成するための方策を練る原価企画という三つのプロセスから構成されている。

A　☐☐☐　　　11　　予算とは，予算期間における企業の各業務分野の具体的な計画を貨幣的に表示し，これを総合編成したものをいい，予算期間における企業の利益目標を指示し，各業務分野の諸活動を調整し，企業全般にわたる総合的管理の要具となるものである。予算は，業務執行に関する総合的な期間計画であるが，予算編成の過程は，たとえば製品組合せの決定，部品を自製するか外注するかの決定等個々の選択的事項に関する意思決定を含まないことは，いうまでもない。

10 【×】　　現代の原価管理は，量産段階において標準原価の達成を目的 Ⅰp. 14 令和6年
とする原価維持と標準原価の低減を目的とする<u>原価改善</u>，更 Ⅰp. 15 第Ⅰ回
に，新製品の企画・開発段階にて目標原価を設定し，それを達
成するための方策を練る原価企画という三つのプロセスから構
成されている。

11 【×】　　後段で述べられている<u>意思決定も含まれている</u>（「基準」一 Ⅰp. 17 平成28年
（四）参照）。 Ⅰp. 18 第Ⅱ回
　　なお，予算編成過程で行われる「個々の選択的事項に関する Ⅱp. 173
意思決定」は概ね業務的意思決定を指す。

A　□□□　12　「原価計算基準」においては，原価計算の目的として財務諸表作成と原価管理を念頭に置いたものであり，利益管理のための原価計算は，制度としての原価計算の範囲外に属すると考えられている。

A　□□□　13　原価計算は，予算期間において期待されうる条件に基づく予定原価または標準原価を計算し，予算の編成に資料を提供する。

A　□□□　14　原価計算の目的として，経営の基本計画設定に必要な原価情報を提供することが想定されている。基本計画とは，経済の動態的変化に適応して，経営の給付目的たる製品，経営立地，生産設備等経営構造に関する基本的事項について，経営意思を決定し，経営構造を合理的に組成することをいい，随時的に行われる決定である。

A　□□□　15　原価計算は，財務会計機構と有機的に結合して行われる。このため，勘定組織には，原価に関する細分記録を統括する諸勘定を設ける。なお，原価管理上必要がある場合には，実際原価計算制度においても必要な原価の標準を勘定組織のわく外において設定し，これと実際との差異を分析し，報告することがある。

A　□□□　16　原価計算制度は，これを大別して実際原価計算制度と標準原価計算制度とに分類することができる。原価管理上必要がある場合には，実際原価計算制度においても必要な原価の標準を帳簿組織のわく外において設定し，これと実際との差異を分析し，報告することがある。

A　□□□　17　実際原価計算制度においても，原価管理上必要ある場合には，必要な原価の標準を勘定のわく外において設定し，これと実際との差異を分析し，報告することがある。

A　□□□　18　原価計算制度とは財務諸表作成のための原価計算であり，原価管理，予算統制等の目的のためには，別の原価計算が行われなければならない。

A　□□□　19　原価計算制度においては，財務諸表の作成に役立つために，原価計算は，財務会計機構と有機的に結合して行われなければならない。

A　□□□　20　原価計算制度は財務会計機構と有機的に結びついて常時継続的に行われる計算体系である。原価計算制度は大別して実際原価計算制度と標準原価計算制度とに分類することができる。

A　□□□　21　原価計算制度において計算される原価の種類およびこれと財務会計機構との結びつきは，単一ではないが，原価計算制度は大別して，実際原価計算制度と標準原価計算制度とに分類することができる。

12 【×】　原価計算制度の目的には予算統制がある（「基準」二参照）。予算管理は，短期の利益目標を達成するために，各業務分野の異なる計画や活動を調整するものであり，予算編成と予算統制からなる。従って利益管理も原価計算制度の範疇に含まれるといえる。　Ⅰp.16　Ⅱp.118　平成21年

13 【○】　予算（将来）の資料であるので，当然に実際原価ではなく予定原価または標準原価を計算する（「基準」一(四)，四(一)2，四〇(三)参照）。　平成13年

14 【○】（「基準」一(五)参照）　なお，戦略的意思決定は概ね「基準」一(五)の基本計画に属する。　Ⅰp.17　Ⅱp.173　平成29年　第Ⅱ回

15 【○】（「基準」二参照）　平成31年　第Ⅰ回

16 【○】（「基準」二参照）　平成29年　第Ⅰ回

17 【○】（「基準」二参照）　Ⅰp.21　令和4年　第Ⅰ回

18 【×】　原価計算制度は，財務諸表の作成，原価管理，予算統制等の異なる目的が，<u>重点の相違はあるが相ともに達成されるべき一定の計算秩序</u>である（「基準」二参照）。　平成20年

19 【○】　原価計算制度の形式的な要件は①財務会計機構と有機的に結びつき，②常時継続的に行われること，である（「基準」二参照）。　Ⅰp.18　平成21年

20 【○】　原価計算制度の形式的な要件は①財務会計機構と有機的に結びつき，②常時継続的に行われること，である（「基準」二参照）。　Ⅰp.18　平成18年

21 【○】（「基準」二参照）　Ⅰp.21　令和4年　第Ⅰ回

A　□□□　22　企業の経営者は，経営の基本計画及び予算編成における選択的事項の決定に必要な特殊原価の計算を必要としている。原価計算制度はこれらの経営者の情報ニーズを満たすために特殊原価も計算できなければならない。

A　□□□　23　原価計算を制度化するため，実践規範として設定された「原価計算基準」は，「企業会計原則」の一環を成し，そのうちとくに原価に関して規定したものであるが，必要に応じて，経営の基本計画および予算編成における選択的事項の決定に必要な差額原価や機会原価等の計算についても適用される。

A　□□□　24　原価計算制度は，財務会計機構のらち外において，随時断片的に行われる原価の統計的，技術的計算ないしは調査ではなくて，財務会計機構と有機的に結びつき常時継続的に行われる計算体系であるから，予算統制のために必要な原価資料を提供することは，広い意味での原価の計算には含まれるが，制度としての原価計算の範囲外に属する。

A　□□□　25　原価計算制度とは，財務会計機構と有機的に結合して常時継続的に実施される原価計算である。したがって，管理会計目的の原価差異分析はすべて特別な原価調査として実施される。

A　□□□　26　標準原価計算制度は，製品の標準原価を計算し，これを財務会計の主要帳簿に組み入れ，製品原価の計算と財務会計とが，標準原価をもって有機的に結合する原価計算制度である。標準原価計算制度は，必要な計算段階において実際原価を計算し，これと標準との差異を分析し，報告する計算体系である。

A　□□□　27　原価計算制度は，財務会計機構と有機的に結びつき常時継続的に行われる計算体系であり，財務諸表の作成（棚卸資産や売上原価等の表示）に必要な情報の提供のみを目的としている。

A　□□□　28　実際原価計算制度は，製品の実際原価を計算し，これを財務会計の主要帳簿に組み入れ，製品原価の計算と財務会計とが，実際原価をもって有機的に結合する原価計算制度である。したがって，実際原価計算制度における原価の費目別計算は，一定期間における原価要素を費目別に分類測定する手続であるから，財務会計における費用計算であり，同時に原価計算における第一次の計算段階でもある。

A　□□□　29　標準原価計算制度では，製品の標準原価を計算し，これを財務会計の主要帳簿に組み入れ，製品原価の計算と財務会計とが，標準原価をもって有機的に結合される。標準原価計算制度は，必要な計算段階において予定原価を計算し，これと標準との差異を分析し，報告する計算体系である。

A　□□□　30　原価は集計される原価の範囲によって，全部原価と部分原価とに区別される。原価計算制度において計算される原価の種類およびこれと財務会計機構との結びつきは，単一ではない。原価計算制度は，財務会計機構といかに結びつくかという観点から，実際原価計算制度と直接原価計算制度とに大別される。

22　【×】　　広い意味での原価の計算には特殊の原価も含まれる。しか
し，原価計算制度で計算する原価においては，特殊原価は範囲
外に属するものとする（「基準」二参照）。
　　　　　　なぜなら，特殊原価調査で用いられる情報は，原価計算制度
では提供されない未来予測情報だからである。

I p. 20　　　　平成18年

23　【×】　　広い意味での原価の計算には，原価計算制度以外に，経営の
基本計画および予算編成における選択的事項の決定に必要な特
殊の原価たとえば差額原価，機会原価，付加原価等を，随時に
統計的，技術的に調査測定することも含まれる。しかしかかる
特殊原価調査は，制度としての原価計算の範囲外に属するもの
として，この基準には含めない（「基準」原価計算基準の設定
について，二参照）。

I p. 20　　　　令和4年
第Ⅰ回・改

24　【×】　　原価計算制度は，財務諸表の作成，原価管理，予算統制等の
異なる目的が，重点の相違はあるが相ともに達成されるべき一
定の計算秩序である。よって，予算統制のために必要な原価資
料を提供することは，制度としての原価計算の範囲内と考えら
れる。（「基準」二参照）。

平成29年
第Ⅱ回
平成31年
第Ⅰ回

25　【×】　　管理会計目的の原価差異分析でも，標準原価計算制度におけ
る原価差異分析のように，財務会計機構と有機的に結合して常
時継続的に実施されるものもある。（「基準」二参照）

平成7年

26　【○】　　（「基準」二参照）。

平成29年
第Ⅰ回

27　【×】　　原価計算制度は，財務諸表の作成，原価管理，予算統制等の
異なる目的が，重点の相違はあるが相ともに達成されるべき一
定の計算秩序である（「基準」二参照）。

I p. 20　　　　令和4年
第Ⅰ回

28　【○】　　（「基準」二，九参照）。

平成31年
第Ⅱ回

29　【×】　　標準原価計算制度は，必要な計算段階において実際原価を計
算し，これと標準との差異を分析し，報告する計算体系である
（「基準」二参照）。

平成31年
第Ⅱ回

30　【×】　　原価計算制度は，財務会計機構といかに結びつくかという観
点から実際原価計算制度と標準原価計算制度とに大別される。

平成29年
第Ⅱ回

A □□□　31　原価計算制度において原価とは，経営における一定の給付にかかわらせて，把握された支出をいう。

A □□□　32　「原価計算基準」でいう給付とは，経営の最終給付である製品のみを意味しており，サービスは含まれていない。

A □□□　33　原価は，経営において作り出された一定の給付に転嫁される価値であり，その給付にかかわらせて，は握されたものである。ここに給付とは，経営が作り出す財貨をいい，それは経営の最終給付のみでなく，中間的給付をも意味する。

A □□□　34　原価計算制度において計算される原価は，経営目的に関連したものである。経営の目的は，資本を調達し，調達した資本により一定の財貨を生産し販売し，利益処分等を行うことである。このため，原価計算制度で計算する原価には，製造原価のみならず，販売費及び一般管理費，さらに財務費用も含まれている。

A □□□　35　「原価計算基準」によれば，原価は，経営目的に関連したものである。経営の目的は，一定の財貨を生産し販売することにあり，経営過程は，このための価値の消費と生成の過程である。原価は，かかる財貨の生産，販売に関して消費された経済価値である。したがって，資金の調達等の財務活動に関連する財務費用は，原則として原価計算制度のもとでは原価を構成しない。

B □□□　36　支払利息は原則として非原価とされるが，生産活動に使用する機械設備を自家建設するためにかかった借入金の支払利息は，一定の条件を満たす場合には原価性が認められるように，製品原価を算定する場合においても，支払利息を製品原価として算入することが認められる場合がある。

A □□□　37　「原価計算基準」では，原価計算制度の原価の本質について，経済価値の消費であること，一定の給付にかかわらせては握されていること，経営目的に関連していること，貨幣価値的に表現されていることの4点をその必要十分条件としている。

A □□□　38　原価は，正常な状態のもとにおける経営活動を前提として，把握された価値の消費であり，異常な事態を原因とする価値の減少を含まないものとされている。この場合，正常か異常かは，過去の実績データの平均値等を参考にして，当該価値の消費が金額的・量的に通常生ずると認められる許容範囲を超えているか否かによって判断するのが普通である。

A □□□　39　実際原価は，厳密には実際の取得価格をもって計算した原価の実際発生額である。したがって，予定価格等をもって計算した原価は，それを実際原価ということはできない。

31　【×】　　原価とは，経営における一定の給付にかかわらせて，は握された財貨または用役の<u>消費</u>を，貨幣価値的に表したものである（「基準」三参照）。

平成21年

32　【×】　　原価計算基準において，給付につき，「給付とは、経営が作り出す財貨といい…」と定義され，用役という言葉がないが，その上の記述において，「原価計算制度において，原価とは，経営における一定の給付にかかわらせて，は握された財貨又は用役（以下これを「財貨」という。）の消費を…とある。用役とはサービスのことである。従って，給付に用役も含まれる。（「基準」三（二）参照）。

平成21年

33　【○】　　（「基準」三（二）参照）。

平成29年
第Ⅰ回
平成26年
第Ⅱ回類題

34　【×】　　経営過程は，価値の消費と生成の過程である。財務活動は財貨の生成および消費の過程たる経営過程以外の活動であり，これに関連する<u>財務費用は経営目的に関連しない</u>（「基準」三（三），五（一）参照）。

平成18年

35　【○】　　（「基準」三（三）参照）

平成23年
第Ⅱ回

36　【○】　　本肢は自家建設の場合であるため，例外的な処理となる（「基準」三（三）参照）。

平成24年
第Ⅰ回

37　【×】　　「貨幣価値的に表現されている」ではなく，「正常的なもの」である（「基準」三(四)参照）。

平成11年

38　【×】　　金額的・量的だけではなく<u>質的要件</u>も用いられる。（「基準」三（四）参照）

Ⅰp. 23

平成24年
第Ⅰ回

39　【×】　　原価を予定価格等をもって計算しても，<u>消費量を実際によって計算する限り，それは実際原価の計算である</u>（「基準」四（一）1参照）。

平成9年
令和6年
第Ⅰ回・改

15

A □□□ 　40　　実際原価は，厳密には実際の取得価格をもって計算した原価の実際発生額であるが，予定消費量等をもって計算しても，価格を実際によって計算する限り，それは実際原価の計算である。

A □□□ 　41　　原価の数値は，財務会計の原始記録，信頼しうる統計資料等によって，その信ぴょう性が確保されるものでなければならない。このため，原価計算は，原則として実際原価を計算する。この場合，実際原価を計算することは取得価格をもって原価を計算することを意味する。また必要ある場合には，標準原価をもって製品原価を計算し，これを財務諸表に提供することもできる。

A □□□ 　42　　かつての能率技師は科学的管理法の理念に基づいて標準原価計算を開発したが，能率の尺度として考えていた標準原価はおおむね現実的標準原価であった。現実的標準原価の算定では，たとえば材料について，科学的，統計的調査により製品単位当たりの各種材料の標準消費量を定める。標準消費量は，通常生ずると認められる程度の減損，仕損等の消費余裕を含まない。

A □□□ 　43　　原価標準を設定する際には，価格水準，能率水準，操業度水準に関する基準を仮定しなければならない。これらの水準の組合せによって，理想標準原価，正常標準原価，現実的標準原価などに区別できる。

A □□□ 　44　　標準原価として，実務上予定原価が意味される場合がある。予定原価とは，将来における財貨の予定消費量と予定価格とをもって計算した原価をいう。予定原価は，予算の編成に適するのみでなく，原価管理およびたな卸資産価額の算定のためにも用いられる。

A □□□ 　45　　「原価計算基準」では，標準原価計算制度において用いられる標準原価として，現実的標準原価，正常原価，予定原価を認め，理想標準原価は認めていない。しかし，標準原価計算本来の目的である原価管理に理想標準原価を用いる場合に限り，これを標準原価計算制度の標準原価として認めている。

A □□□ 　46　　原価管理のためにときとして理想標準原価が用いられることがあるが，かかる標準原価は，原価計算基準でいう制度としての標準原価ではない。理想標準原価とは，技術的に達成可能な最大操業度のもとにおいて，最高能率を表す最低の原価をいい，財貨の消費における減損，仕損，遊休時間等に対する余裕率を許容する理想的水準における標準原価である。

A □□□ 　47　　標準原価計算制度において用いられる標準原価のうち，現実的標準原価は，棚卸資産価額の算定のために最も適するのみでなく，原価管理および予算の編成のためにも用いられる。

40 【×】　　実際原価は，厳密には実際の取得価格をもって計算した原価の実際発生額であるが，原価を予定価格等をもって計算しても，消費量を実際によって計算する限り，それは実際原価の計算である。（「基準」四（一）1参照）。

平成26年
第Ⅱ回

41 【×】　　実際原価は，厳密には実際の取得価格をもって計算した原価の実際発生額であるが，原価の予定価格等をもって計算しても，消費量を実際によって計算する限り，それは実際原価の計算である。（「基準」六（一）2参照）

平成31年
第Ⅰ回

42 【×】　　現実的標準原価とは，良好な能率のもとにおいて，その達成が期待されうる標準原価をいい，通常生ずると認められる程度の減損，仕損，遊休時間等の余裕率を含む原価であり，かつ，比較的短期における予定操業度および予定価格を前提として決定され，これら諸条件の変化に伴い，しばしば改訂される標準原価である（「基準」四（一）2参照）。

平成25年
第Ⅱ回

43 【〇】　（「基準」四（一）2参照）

Ⅰp.249

平成22年
第Ⅰ回

44 【〇】　（「基準」四（一）2参照）

平成9年
平成26年
第Ⅱ回

45 【×】　　原価管理のために時として理想標準原価（技術的に達成可能な最大操業度のもとにおける最高能率を表す最低の原価）が用いられることがあるが，かかる標準原価は，この基準にいう制度としての標準原価ではない（「基準」四（一）2参照）。

平成11年

46 【×】　　理想標準原価とは，技術的達成可能な最大操業度のもとにおいて，最高能率を表わす最低の原価をいい，財貨の消費における減損，仕損，遊休時間等に対する余裕率を許容しない理想的水準における標準原価である。（「基準」四（一）2参照）

平成30年
第Ⅰ回

47 【×】　　現実的標準原価は，原価管理に最も適するのみでなく，たな卸資産価額の算定および予算の編成のためにも用いられる（「基準」四（一）2参照）。

平成17年

17

A □□□　48　標準原価計算制度において用いられる標準原価は，現実的標準原価又は正常原価である。現実的標準原価とは，良好な能率のもとにおいて，その達成が期待される標準原価をいい，通常生ずると認められる程度の余裕率を含む。正常原価とは，経営における異常な状態を排除し，経営活動に関する比較的長期にわたる過去の実績数値を統計的に平準化し，これに将来のすう勢を加味した正常能率，正常操業度および正常価格に基づいて決定される原価である。原価管理のために，理想的標準原価が用いられることがあるが，これは制度としての標準原価には含まれない。

A □□□　49　現実的標準原価は，良好な能率のもとにおいて，その達成が期待されうる標準原価をいう。比較的短期における予定操業度および予定価格を前提として決定され，これら諸条件の変化に伴い，しばしば改訂される標準原価である。原価管理に最も適するのみでなく，予算の編成のためにも用いられる。ただし，たな卸資産価額の算定のためには用いるべきではない。

A □□□　50　現実的標準原価は，良好な能率のもとで達成が期待される標準原価であり，通常生じると想定される減損，仕損などの余裕率を含んでいる。具体的には，当座価格水準，達成可能高能率水準（あるいは期待実際能率水準），期待実際操業水準を組み合わせて設定される。経済状態が安定していない状況下でも，原価管理目的に適する。

A □□□　51　標準原価計算制度における標準は，原価管理を有効に行うため，技術的に達成可能な最大操業度のもとにおいて，最高能率を表す最低の原価である理想標準原価を使うとされている。

A □□□　52　原価標準を設定する際に，価格水準，能率水準，操業水準が決定される。これらの水準を組み合わせることで，原価標準は，厳格度という点から，理想的標準原価，現実的標準原価，正常標準原価（正常原価）などに区分される。我が国の「原価計算基準」によれば，標準原価計算制度において用いられる標準原価として，理想的標準原価と現実的標準原価が示されている。

A □□□　53　現実的標準原価とは，良好な能率のもとにおいて，その達成が期待されうる標準原価である。通常，生ずると認められる程度の減損，仕損，遊休時間等の余裕率を含む。比較的短期における予定操業度および予定価格を前提として決定され，これらの諸条件の変化に伴い，しばしば改訂される。原価管理目的に適合する。

A □□□　54　標準原価とは，財貨の消費量を科学的，統計的調査に基づいて能率の尺度となるように予定し，かつ，予定価格又は正常価格をもって計算した原価をいう。この場合，能率の尺度としての標準とは，その標準が適用される期間において達成されるべき原価の目標を意味する。標準原価計算制度において用いられる標準原価は，現実的標準原価又は正常原価である。

A □□□　55　標準原価とは，財貨の消費量を科学的，統計的調査に基づいて能率の尺度となるように予定し，かつ，予定価格又は正常価格をもって計算した原価をいう。この場合，能率の尺度としての標準とは，その標準が適用される期間において達成されるべき原価の目標を意味する。標準原価計算制度において用いられる標準原価は，理想標準原価又は正常原価である。

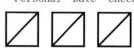

48　【〇】　（「基準」四（一）2参照）

平成31年
第Ⅰ回

49　【×】　現実的標準原価は，原価管理に最も適するのみでなく，<u>たな
卸資産価額の算定および予算の編成のためにも用いられる</u>。
（「基準」四（一）2参照）

平成29年
第Ⅱ回

50　【〇】　（「基準」四（一）2参照）

令和4年
第Ⅰ回

51　【×】　標準原価計算制度における標準は，<u>現実的標準原価又は正常
原価である</u>（「基準」四（一）2参照）。

平成25年
第Ⅰ回

52　【×】　標準原価計算制度において用いられる標準原価は，<u>現実的標
準原価又は正常原価である</u>（「基準」四（一）2参照）。

令和4年
第Ⅰ回

53　【〇】　（「基準」四（一）2，四二参照）

平成31年
第Ⅱ回

54　【〇】　（「基準」四（一）2参照）

平成30年
第Ⅱ回

55　【×】　標準原価計算制度に用いられる標準原価は、現実的標準原価
又は正常原価である。理想標準原価は、標準原価計算制度では
認められない。（「基準」四（一）2参照）。

平成26年
第Ⅱ回

A　☐☐☐　**56**　標準原価計算には科学的，統計的調査に基づいて能率の尺度となるよう予定された財貨の消費量が欠かせないが，このことは標準原価計算が 20 世紀初頭に F.W.テイラーが考案した科学的管理法に基づいているためである。

A　☐☐☐　**57**　直接材料の標準消費量や標準直接作業時間は科学的，統計的調査に基づいて設定されるが，こうした科学的，統計的調査の代表的手法が動作研究や時間研究といったコンカレント・エンジニアリングである。

A　☐☐☐　**58**　正常原価とは，経営における異常な状態を排除し，経営活動に関する比較的短期にわたる過去の実際数値を統計的に平準化し，これに将来のすう勢を加味した正常能率，正常操業度および正常価格に基づいて決定される原価をいう。

A　☐☐☐　**59**　正常原価とは，経営における異常な状態を排除し，経営活動に関する比較的長期にわたる過去の実際数値を統計的に平準化し，これに将来のすう勢を加味した正常能率，正常操業度および正常価格に基づいて決定される原価をいう。正常原価は，経済状態の安定している場合に，たな卸資産価額の算定および予算編成のために用いられる。

A　☐☐☐　**60**　正常原価とは，経営における異常な状態を排除し，経営活動に関する比較的長期にわたる過去の実際数値を統計的に平準化し，これに将来のすう勢を加味した正常能率，正常操業度および正常価格に基づいて決定される原価をいう。棚卸資産の算定に適する。

A　☐☐☐　**61**　正常標準原価（正常原価）は，経営活動に関する比較的長期にわたる過去の実績数値を統計的に平準化し，これに将来の趨勢を加味して決定される。具体的には，正常価格水準，理想能率水準，実際的生産能力水準を組み合わせて設定した標準原価である。正常標準原価は，経済状態が安定している場合，期間損益計算目的に適合している。

A　☐☐☐　**62**　理想標準原価とは，技術的に達成可能な最小操業度のもとにおいて，最高能率を表わす最低の原価をいい，財貨の消費における減損，仕損，遊休時間等に対する余裕率を許容しない理想的水準における標準原価である。

A　☐☐☐　**63**　理想標準原価とは，技術的に達成可能な最大操業度のもとにおいて，最高能率を表す最低の原価をいう。財貨の消費における減損，仕損，遊休時間等に対する余裕率を許容しない理想的水準における標準原価である。棚卸資産価額の算定のために最も適することに加え，原価管理のための標準としても用いられる。

56 【○】　実際原価資料を原価管理に使用するときは期間比較するのであり，しかも比較する実際原価も，比較される実際原価も，ともに偶然的原価であるから，原価管理に適切な情報を提供しない。そこで，一方を能率測定の尺度となる原価に替え，この原価と実際原価とを比較するならば，能率の良否が判明するではないかという考え方が，1910年ごろアメリカの能率技師たちの間で生まれた。この考え方は，Ｆ．Ｗ．テイラーを始祖とする科学的管理法に根ざすものである（「基準」四（一）2参照）。

令和6年
第Ⅰ回

57 【×】　科学的，統計的調査の代表的手法が動作研究や時間研究といった<u>インダストリアル・エンジニアリング</u>である。

Ⅱ p. 89

令和5年
第Ⅰ回

58 【×】　正常原価とは，経営における異常な状態を排除し，経営活動に関する<u>比較的長期</u>にわたる過去の実際数値を統計的に平準化し，これに将来のすう勢を加味した正常能率，正常操業度および正常価格に基づいて決定される原価をいう（「基準」四（一）2参照）。

令和6年
第Ⅰ回

59 【×】　正常原価は，経済状態の安定している場合に，たな卸資産価額の算定のために最も適するのみでなく，<u>原価管理</u>のための標準としても用いられる。（「基準」四（一）2参照）

平成30年
第Ⅱ回

60 【○】　（「基準」四（一）2参照）

平成31年
第Ⅱ回

61 【×】　正常原価とは，経営における異常な状態を排除し，経営活動に関する比較的長期にわたる過去の実際数値を統計的に平準化し，これに将来のすう勢を加味した正常能率，正常操業度および正常価格に基づいて決定される原価をいう（「基準」四（一）2参照）。

令和4年
第Ⅰ回

62 【×】　理想標準原価とは，技術的に達成可能な<u>最大操業度</u>のもとにおいて，最高能率を表わす最低の原価をいい，財貨の消費における減損，仕損，遊休時間等に対する余裕率を許容しない理想的水準における標準原価である（「基準」四（一）2参照）。

令和6年
第Ⅰ回

63 【×】　<u>正常原価は，経済状態の安定している場合に</u>，棚卸資産価額の算定のために最も適するのみでなく，原価管理のための標準としても用いられる（「基準」四（一）2参照）。

平成31年
第Ⅱ回

A　□□□　64　理想標準原価は原価管理のために用いられることがあるが，「原価計算基準」にいう制度としての標準原価ではない。

A　□□□　65　現実的標準原価は価格水準が比較的短期における見込みのもとに設定され，能率水準は達成可能な高水準に設定されることから，原価管理に最も適する標準原価ということができ，さらに，現実的標準原価は外部報告目的の財務諸表におけるたな卸資産価額の決定のためにも使用することができる。

A　□□□　66　我が国の「原価計算基準」では正常原価を標準原価計算制度における標準原価としているが，これは通常生ずると認められる程度の仕損等の余裕率を含み，比較的短期における予定操業度や予定価格を前提として決定される原価である。

A　□□□　67　ピリオド・コストは当該期間の収益と直接対応させて把握された原価であるから，その期間の一般管理費はそれに該当しない。

A　□□□　68　原価は，経営において作り出された一定の給付に転嫁される価値であり，その給付にかかわらせて把握されたものであるため，販売費及び一般管理費は期間原価とされ，非原価として処理される。

A　□□□　69　実際原価とは，財貨の実際消費量をもって計算した原価をいう。ただし，その実際消費量は，経営の正常な状態を前提とするものであり，したがって，異常な状態を原因とする異常な消費量は，実際原価の計算においてもこれを実際消費量と解さないものとする。実際原価は，厳密には実際の取得価格をもって計算した原価の実際発生額であるが，原価を予定価格等をもって計算しても，消費量を実際によって計算する限り，それは実際原価の計算である。

A　□□□　70　原価は，財務諸表上収益との対応関係に基づいて，製品原価と期間原価とに区別される。製品原価とは，一定単位の製品に集計された原価をいい，期間原価とは，一定期間における発生額を，当期の収益に直接対応させて，は握した原価をいう。製品原価と期間原価との範囲の区別は相対的であるが，通常，売上品およびたな卸資産の価額を構成する全部の製造原価を製品原価とし，販売費および一般管理費は，これを期間原価とする。

A　□□□　71　部分原価は，計算目的によって各種のものを計算することができるが，最も重要な部分原価は，変動直接費および変動間接費のみを集計した直接原価（変動原価）である。

A　□□□　72　原価は，集計される原価の範囲によって，全部原価と部分原価とに区分される。最も重要な部分原価は，変動直接費及び変動間接費のみを集計した直接原価である。直接原価は直接費と同じ意味であり，変動原価ともよばれている。

64 【○】 （「基準」四（一）2参照） 令和5年
第Ⅰ回

65 【○】 （「基準」四（一）2参照） 平成19年

66 【×】 　我が国の「原価計算基準」では現実的標準原価又は正常原価 令和5年
を標準原価計算制度における標準原価としている。なお，正常 第Ⅱ回
原価は，経営における異常な状態を排除し，経営活動に関する
比較的長期にわたる過去の実際数値を統計的に平準化し，これ
に将来のすう勢を加味した正常能率，正常操業度および正常価
格に基づいて決定される原価である（「基準」四（一）2参
照）。

67 【×】 　一般管理費はピリオド・コスト（期間原価）として処理され Ⅰp.27 平成8年
る（「基準」四（二）参照）。なお，製品原価はプロダクト・コス
トと呼ばれる。

68 【×】 　販売費及び一般管理費は期間原価であり，非原価項目ではな 平成24年
いため誤りといえる（「基準」三（二），四（二）参照）。 第Ⅰ回

69 【○】 　実際原価＝「実際の取得価格又は予定価格等」×（正常）実際 平成27年
消費量 第Ⅱ回
　（「基準」四（一）1参照）

70 【○】 （「基準」四（二）参照） 平成27年
第Ⅱ回

71 【○】 （「基準」四（三）参照） 令和6年
第Ⅰ回

72 【×】 　直接原価には変動間接費が入っていることから，直接費と同 平成18年
じ意味にはならない（「基準」四（三），八（三）参照）。

A　□□□　73　原価計算は，制度としての原価計算と特殊原価調査に分けられるが，非原価項目とは，これらの原価計算において，原価に算入しない項目をいう。

A　□□□　74　長期にわたり休止している設備の管理費用は，原価としてのピリオド・コストとして処理する。

A　□□□　75　財務活動(資金調達・返済・利益処分など)は，経営目的に関連しない活動であるとして，わが国の原価計算基準では資本コストの原価性を認めていない。しかし，制度としての原価計算の外においては，資本コストを原価として扱うことが有効である。

A　□□□　76　有価証券の評価損および売却損は，異常な状態を原因とする価値の減少として，原価計算制度において原価に算入しない。また，固定資産売却損および除却損は，経営目的に関連しない価値の減少として，原価計算制度において原価に算入しない。

A　□□□　77　異常な仕損，減損，たな卸減耗等は経営目的に関連しない価値の減少とされ，非原価項目となる。

A　□□□　78　原価は，正常な状態のもとで経営目的に関連して発生した経済価値の消費であるから，予期しえない陳腐化による固定資産の著しい減価に対する臨時償却費あるいは長期休止固定資産の減価償却費は原価に算入しない。

A　□□□　79　原価計算制度における一般的基準では，財務諸表の作成に役立つために，原価計算は，原価を一定の給付にかかわらせて集計し，製品原価及び製品単位原価を計算するものとされている。

A　□□□　80　原価の数値は，財務会計の原始記録，信頼しうる統計資料等によって，その信ぴょう性が確保されるものでなければならない。このため原価計算は，原則として実際原価を計算する。この場合，実際原価を計算することは，必ずしも原価を取得価格をもって計算することを意味しないで，予定価格等をもって計算することもできる。また必要ある場合には，製品原価を標準原価をもって計算し，これを財務諸表に提供することもできる。

A　□□□　81　原価の数値は，財務会計の原始記録，信頼し得る統計資料等によって，その明瞭性が確保されるものでなければならない。このため原価計算は，原則として実際原価を計算する。この場合，実際原価を計算することは，必ずしも原価を取得価格をもって計算することを意味しないで，予定価格等をもって計算することもできる。また必要ある場合には，製品原価を標準原価をもって計算し，これを財務諸表に提供することもできる。

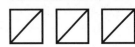

73 【×】 非原価項目は，<u>原価計算制度において原価に算入しない項目</u>をいう（「基準」五参照）。 平成16年

74 【×】 長期にわたり休止している設備の管理費用は，<u>非原価項目として処理</u>される。
（「基準」五（一）1（3）参照）。 平成8年

75 【○】 （「基準」五（一）3参照） 平成15年

76 【×】 <u>有価証券の評価損および売却損は，経営目的に関連しない価値の減少として，原価計算制度において原価に算入しない</u>。また，<u>固定資産売却損および除却損は，異常な状態を原因とする価値の減少</u>として，原価計算制度において原価に算入しない
（「基準」五（一）4（二）8参照）。 平成29年
第Ⅰ回

77 【×】 異常な仕損，減損，たな卸減耗等は<u>異常な状態を原因とする価値の減少</u>である（「基準」五（二）1参照）。 平成20年

78 【○】 （「基準」五（一）1（3），（二）3参照） 平成10年

79 【×】 原価計算制度における一般的基準では，財務諸表の作成に役立つために，原価計算は，原価を一定の給付にかかわらせて集計し，製品原価および<u>期間原価</u>を計算するものとされている
（「基準」六（一）1参照）。 平成24年
第Ⅱ回

80 【○】 （「基準」六（一）2参照）。 平成28年
第Ⅱ回

81 【×】 原価の数値は，財務会計の原始記録，信頼し得る統計資料等によって，その<u>信ぴょう性</u>が確保されるものでなければならない（「基準」六（一）2参照）。 令和2年
第Ⅰ回

A　□□□　82　原価計算制度は，財務諸表の作成，原価管理，予算統制等の異なる目的が相と
もに達成されるべき一定の計算秩序である。かかるものとして原価計算制度は，
財務会計機構と有機的に結びつき常時継続的に行われる計算体系である。とりわ
け，財務諸表の作成に役立つためには，勘定組織には，原価に関する集約情報を
統括する諸勘定を設けることが重要である。

A　□□□　83　原価計算は，原価管理に役立つために，経営における管理の権限と責任の委譲
を前提とし，作業区分等に基づく部門を管理責任の区分とし，各部門における作
業の原価を計算し，各管理区分における原価発生の責任を明らかにさせる。ま
た，原価計算は，原価の標準の設定，指示から原価の報告に至るまでのすべての
計算過程を通じて，原価の物量を測定表示することに重点を置く。

A　□□□　84　原価管理に役立つために，原価計算は，経営における管理の権限と責任の委譲
を前提とし，作業区分等に基づく部門を管理責任の区分とし，各部門における作
業の原価を計算し，各管理区分における原価発生の責任を明らかにさせる。その
ため，原価の標準は，原価発生の責任を明らかにし，原価能率を判定する尺度と
して，これを設定する。

A　□□□　85　原価管理に役立つために，原価計算は，原価要素を，機能別に，また直接費と
間接費，固定費と変動費，管理可能費と管理不能費の区分に基づいて分類し，計
算する。

A　□□□　86　原価管理に役立つために，原価計算は，原価の標準の設定，指示から原価の報
告に至るまでのすべての計算過程を通じて，原価の物量を測定表示することに重
点を置く必要がある。

B　□□□　87　原価管理に役立つために，原価計算は，原価の標準の設定，指示から原価の報
告に至るまでのすべての計算過程を通じて，原価の物量を測定表示することに重
点をおく。製造現場における原価管理のためには，物量の計算が不可欠だからで
ある。原価計算担当者にとっても物量こそが管理すべき変数となる。

A　□□□　88　原価計算は，予算期間において期待されうる条件に基づく実際原価又は標準原
価を計算し，予算とくに，費用予算の編成に資料を提供するとともに，予算と対
照比較しうるように原価の実績を計算し，もって予算統制に資料を提供する。

A　□□□　89　原価計算は，予算期間において期待されうる条件に基づく予定原価又は標準原
価を計算し，予算とくに，費用予算の編成に資料を提供するとともに，予算と対
照比較しうるように原価の標準を計算し，もって予算統制に資料を提供する。

A　□□□　90　原価要素は製造原価要素と販売費および一般管理費要素とに分類される。実際
原価の計算においては，いずれの原価要素についても，原則としてその実際発生
額を，まず費目別に計算し，次いで原価部門別に計算し，最後に製品別に集計す
る。

82　【×】　　勘定組織には，原価に関する<u>細分記録を統括する諸勘定</u>を設ける（「基準」二，六（一）4参照）。

令和2年
第Ⅰ回

83　【○】　（「基準」六（二）5，7参照）。

令和2年
第Ⅰ回

84　【○】　（「基準」六（二）5，8参照）。

令和2年
第Ⅱ回

85　【○】　（「基準」六（二）6参照）

平成21年

86　【○】　（「基準」六（二）7参照）

平成24年
第Ⅰ回

87　【×】　　製造現場における原価管理のためには物量の計算は不可欠だが，原価計算担当者にとって管理すべき変数であるとはいえない（「基準」六（二）7参照）。

令和5年
第Ⅱ回

88　【×】　　原価計算は，予算期間において期待されうる条件に基づく<u>予定原価又は標準原価を計算</u>して，予算とくに費用予算の編成に資料を提供するとともに，予算と対照比較しうるように，原価の実績を計算し，もって予算統制に資料を提供する（「基準」六（三）12参照）。

平成28年
第Ⅱ回

89　【×】　　原価計算は，予算期間において期待されうる条件に基づく予定原価又は標準原価を計算して，予算とくに費用予算の編成に資料を提供するとともに，予算と対照比較しうるように，原価の<u>実績</u>を計算し，もって予算統制に資料を提供する（「基準」六（三）12参照）。

令和2年
第Ⅱ回

90　【×】　　実際原価の計算においては，製造原価は，原則として，その実際発生額を，まず費目別に計算し，次いで原価部門別に計算し，最後に製品別に集計するが，<u>販売費および一般管理費は，原則として，一定期間における実際発生額を，費目別に計算する</u>（「基準」七参照）。

平成30年
第Ⅰ回

B　☐☐☐　**91**　原価計算制度における実際原価の計算には 3 つの段階がある。すなわち，製造原価は，原則として，その実際発生額を，まず費目別に計算し，次いで原価部門別に計算し，最後に製品別に集計する。このとき，原価計算は工業簿記の記録に基づいて行なわれる。原価計算数値は複式簿記機構に組み込まれ，原価計算により提供される内訳記録と複式簿記により提供される合計記録とが有機的に結合される。

A　☐☐☐　**92**　実際原価の計算において，形態別分類とは，財務会計における費用の発生を基礎とする分類，すなわち原価発生の形態による分類である。原価要素は，これによって，材料費，労務費および経費に属する各費目に分類できる。「原価計算基準」によれば，材料費とは，物品の消費によって生ずる原価をいい，労務費とは，労働用役の消費によって生ずる原価をいう。経費は，材料費，労務費以外の原価要素をいう。

A　☐☐☐　**93**　形態別分類とは，財務会計における費用の発生を基礎とする分類，すなわち原価発生の形態による分類である。原価要素は，形態別分類によって，材料費，労務費，経費に分類される。原価計算は，財務会計から原価に関する形態別分類による基礎資料を受け取り，これに基づいて原価を計算する。形態別分類は，原価計算と財務会計の関連上重要となる分類基準である。

A　☐☐☐　**94**　機能別分類とは，原価が経営上のいかなる機能のために発生したかによる分類である。機能別分類により，材料費は主要材料費，修繕材料費，試験研究材料費，買入部品費，工場消耗品費等に分類される。

A　☐☐☐　**95**　「経費」という用語や分類は，材料費と労務費に入らないものをすべて指す。「間接費」という概念もあるが，両者は異なる。間接費は材料費，労務費，経費のうちから，間接材料費，間接労務費および間接経費を集めたものをさす。ただし，経費の大部分は間接経費である。

A　☐☐☐　**96**　材料費とは，物品の購入によって生ずる原価をいい，おおむね①素材費（又は原料費）②買入部品費③燃料費④工場消耗品費⑤消耗工具器具備品費に細分できる。

B　☐☐☐　**97**　機能別の原価分類は，原価が経営上のいかなる機能のために発生したかによる分類である。「経費」については，部門が機能別に設定されている場合には，部門別経費は経費の機能別分類を表す。さらに，部門を細分化した活動(アクティビティ)別に機能を捉えると，その機能別分類は実質的に「活動基準原価計算」の第一段階計算となる。

B　☐☐☐　**98**　費目別計算においては，原価要素を，原則として，形態別分類を基礎とし，これを直接費と間接費とに大別し，さらに必要に応じ機能別分類を加味して分類する。機能別分類は，原価が経営上のいかなる機能のために発生したかによる分類であるから，原価管理を実施するために重要な役割を果たすとともに，活動基準原価計算（Activity-Based Costing：ABC）を適用するための実質的な基礎になる。

91　【○】　（「基準」七参照）

令和5年
第Ⅱ回

92　【○】　　形態別分類により，材料費，労務費，経費に分類される。これは，「何を」消費したのかという分類である。物品の消費なら材料費，労働用役の消費なら労務費，材料費・労務費以外が経費である（「基準」八（一）参照）。

平成23年
第Ⅱ回

93　【○】　（「基準」八（一）参照）

平成30年
第Ⅰ回

94　【×】　　買入部品費は機能別分類の例に含まれていない。　（「基準」八（一）（二）参照）

平成30年
第Ⅰ回

95　【○】　（「基準」八（一）（三）参照）

平成15年

96　【×】　　材料は，購入した段階では，材料という資産である。<u>消費してはじめて材料費となる</u>。材料費の定義が，物品の消費によって生じる原価ということであるので，機械の油を拭き取る雑巾やスパナやドライバーについてもそれを消費すれば材料費に分類される。雑巾の消費は，工場消耗品費であり，スパナやドライバーの消費は，消耗工具備品費となる。（「基準」八（一）参照）。

97　【○】　　原価計算基準における「機能」という言葉は，「役割」と読むと理解しやすい，組立てるという役割の組立部門，修繕という役割の修繕部門などである。機能別分類は，実質的に，活動基準原価計算の第一段階計算になる。（「基準」八（二）参照）

平成15年

98　【○】　（「基準」八（二），一〇参照）

令和5年
第Ⅱ回

A　□□□　　99　原価要素を製品との関連において分類すると，例えば，賃金は，作業種類別直接賃金，間接作業賃金，手待賃金などに分類することができる。

A　□□□　100　原価計算基準八（三）「製品との関連における分類」でいう直接費の概念は，単一種類の製品を反復連続して生産する場合には，存在しない。

A　□□□　101　直接費と間接費の分類は製品との関連における分類であり，製品に対する原価の発生が，一定単位の製品の生成に関して直接的に認識・把握できるかどうかによって，直接費と間接費とに分けられる。

A　□□□　102　直接費とは生産された一定単位の製品との関連で，その発生が直接的に認識される原価であり，間接費とは製品との関連が直接的には認識困難な原価である。直接費はすべて変動費であるが，間接費には変動間接費と固定間接費がある。

A　□□□　103　固定費とは，操業度の増減にかかわらず変化しない原価要素をいい，変動費とは，操業度の増減に応じて比例的に増減する原価要素をいう。したがって，変動費はすべて直接費である。

A　□□□　104　操業度との関連における分類とは，操業度の増減に対するコストビヘイビアによる分類である。原価要素は，この分類基準によって，固定費と変動費に分類される。分類困難な準固定費又は準変動費については，固定費又は変動費とみなして，これをそのいずれかに帰属させるか，固定費と変動費が合成されたものであると理解し，固定費部分と変動費部分に分解することで処理する。

B　□□□　105　固定費とは，操業度の増減にかかわらず変化しない原価要素であり，変動費とは操業度に比例して変動する原価である。したがって，操業度が低下しても，製品単位当たり固定費は変動しない。

A　□□□　106　我が国の「原価計算基準」に照らせば，個別原価計算において間接費を固定費と変動費に分類するとき，準固定費と準変動費は原則として将来計画からそれぞれ固定費部分および変動費率を予測し，これを固定費と変動費とに分解することが求められる。

A　□□□　107　原価要素は，原価の管理可能性に基づいて，管理可能費と管理不能費とに分類される。ある原価要素は，下級の経営管理者層にとって管理不能費であっても，上級管理者層にとっては管理可能費であることがある。

A　□□□　108　原価の管理可能性に基づく分類とは，原価の発生が一定の管理者層によって管理しうるかどうかの分類であり，原価要素は，この分類基準によってこれを管理可能費と管理不能費とに分類する。上級管理者層にとって管理不能費であるものも，下級管理者層にとっては管理可能費となることがある。

99　【×】　本肢の分類は，機能別分類である（「基準」八（二），
　　　　　　（三）参照）

　　　　　　　　　　　　　　　　　　　　　　　　　　　　　　　　　　　平成24年
　　　　　　　　　　　　　　　　　　　　　　　　　　　　　　　　　　　第Ⅰ回

100　【×】　仮に，単一種類の製品を反復連続して生産する場合であって
　　　　　　も，原価管理の観点からは，直接費と間接費の管理方法が異な
　　　　　　るので，直接費の概念が重要である（「基準」八（三）参照）。

　　　　　Ⅰp.31　　平成15年

101　【○】　（「基準」八（三）参照）

　　　　　　　　　　　　　　　　　　　　　　　　　　　　　　　　　　　平成30年
　　　　　　　　　　　　　　　　　　　　　　　　　　　　　　　　　　　第Ⅱ回

102　【×】　例えば，特定製品製造のために使用する特殊機械の減価償却
　　　　　　費は直接費であるが，固定費である（「基準」八（三）（四）参
　　　　　　照）。

　　　　　　　　　　　　　　　　　　　　　　　　　　　　　　　　　　　平成13年

103　【×】　変動費がすべて直接費となるわけではない。変動費と直接費
　　　　　　は，原価分類の観点が全く異なる。変動費であっても，変動製
　　　　　　造間接費は一定単位の製品の生成との関連が明らかでない。ま
　　　　　　た，直接費であっても，月給制を採用している企業の直接労務
　　　　　　費は，操業度の増減にかかわらず一定額発生するからである
　　　　　　（「基準」八（三）（四）参照）。

　　　　　　　　　　　　　　　　　　　　　　　　　　　　　　　　　　　平成10年

104　【○】　（「基準」八（四）参照）

　　　　　　　　　　　　　　　　　　　　　　　　　　　　　　　　　　　平成30年
　　　　　　　　　　　　　　　　　　　　　　　　　　　　　　　　　　　第Ⅰ回

105　【×】　操業度が低下すれば，製品単位当たり固定費は，増える（「基
　　　　　　準」八（四）参照）。

　　　　　Ⅰp.85
　　　　　Ⅰp.95　　平成13年

106　【×】　準固定費又は準変動費は，固定費又は変動費とみなして，こ
　　　　　　れをそのいずれかに帰属させるか，もしくは固定費と変動費と
　　　　　　が合成されたものであると解し，これを固定費の部分と変動費
　　　　　　の部分とに分解する（「基準」八（四）参照）。

　　　　　　　　　　　　　　　　　　　　　　　　　　　　　　　　　　　令和5年
　　　　　　　　　　　　　　　　　　　　　　　　　　　　　　　　　　　第Ⅱ回

107　【○】　（「基準」八（五）参照）

　　　　　　　　　　　　　　　　　　　　　　　　　　　　　　　　　　　平成14年

108　【×】　下級管理者層にとって管理不能費であるものも，上級管理者
　　　　　　層にとっては管理可能費となることがある（「基準」八（五）
　　　　　　参照）。

　　　　　　　　　　　　　　　　　　　　　　　　　　　　　　　　　　　平成27年
　　　　　　　　　　　　　　　　　　　　　　　　　　　　　　　　　　　第Ⅰ回

A　☐☐☐　109　原価の管理可能性に基づく分類とは，原価の発生が一定の管理者層によって管理しうるかどうかによる分類であり，原価要素は，この分類基準によって管理可能費と管理不能費とに分類する。他方で，特定の意思決定問題に関連のある費目かそうでない費目かによって「関連原価」と「無関連原価」とが区分される。これらの原価分類において，管理可能費は関連原価でもある。

A　☐☐☐　110　原価要素は，原価の管理可能性に基づいて，管理可能費と管理不能費に分類される。原価計算は経営における管理の権限と責任の委譲を前提としているため，ある原価要素は，下級管理者層にとって管理不能費であっても，上級管理者層にとっては管理可能費であることがある。

A　☐☐☐　111　費目別計算においては，原価要素を，原則として，形態別分類を基礎とし，これを直接費と間接費とに大別し，さらに必要に応じて機能別分類を加味して分類する。機能別分類によると，賃金は，作業種類別直接賃金，間接作業賃金，間接工賃金，手待賃金等に分類されるが，福利費（健康保険料負担金等）は間接経費に分類される。

A　☐☐☐　112　変動費と固定費とが複合した準変動費は，複合費の代表的なものである。

A　☐☐☐　113　原価の費目別計算とは，一定期間における原価要素を費目別に分類測定する手続きをいい，財務会計における費用計算であると同時に，原価計算における第一次の計算段階である。費目別計算においては，原価要素を原則として，機能別分類を基礎とし，これを直接費と間接費に大別し，さらに必要に応じて形態別分類を加味して分類する。

A　☐☐☐　114　材料の実際の消費量は，原則として継続記録法によって計算する。ただし，材料であって，その消費量を継続記録法によって計算することが困難なもの又はその必要のないものについては，たな卸計算法を適用することができる。

A　☐☐☐　115　直接材料費，補助材料費等であって出入記録を行う材料に関する原価は，各種の材料につき原価計算期間における実際の消費量に，その消費価格を乗じて計算する。材料の実際の消費量は，原則として継続記録法によって計算する。材料の消費価格は，原則として購入原価をもって計算する。材料の消費価格は必要ある場合には，予定価格等をもって計算することができる。

A　☐☐☐　116　実際原価計算において，出入記録を行う材料に関する原価は，原価計算期間における実際の消費量に，その消費価格を乗じて計算しなければならない。ただし，材料の購入原価は，必要がある場合には，予定価格等をもって計算することができるが，材料の消費価格は予定価格等をもって計算することができない。

A　☐☐☐　117　購入した材料に対する値引または割戻等が材料の消費後に判明した場合には，これを同種材料の購入原価から控除する。

109 【×】　　これらは分類基準が異なるため，管理可能費と関連原価が完全に一致するとは限らない（「基準」八（五）参照）。

平成15年

110 【〇】　　（「基準」六（二）5，八（五）参照）

平成31年
第Ⅰ回

111 【×】　　福利費（健康保険料負担金等）は間接経費ではなく間接労務費である（「基準」一〇参照）。

平成31年
第Ⅱ回

112 【×】　　準変動費とは，操業度がゼロの場合にも一定額が発生し，同時に操業度の増加に応じて比例的に増加する原価要素をいう（「基準」三三(四)1.参照）。一方，複合費とは，特定の目的や機能に関連して消費された材料費，労務費，経費の発生額を一つの費目として集計したものである（「基準」一〇参照）。

平成8年

113 【×】　　費目別計算においては，原価要素を，原則として，形態別分類を基礎とし，これを直接費と間接費とに大別し，さらに必要に応じ機能別分類を加味して分類する（「基準」一〇参照）。

平成26年
第Ⅰ回
平成28年
第Ⅰ回
平成29年
第Ⅰ回

114 【〇】　　（「基準」一一（二)参照）

平成9年

115 【〇】　　（「基準」一一参照）

平成30年
第Ⅱ回

116 【×】　　材料の購入原価は，必要ある場合には，予定価格等をもって計算することができる。また，材料の消費価格は，必要ある場合には，予定価格等をもって計算することができる（「基準」一一（三）（四）参照）。

平成31年
第Ⅱ回

117 【〇】　　（「基準」一一(四)2参照）

平成21年

A　□□□　118　購入した材料に対して値引又は割戻等を受けたときは，これを材料の購入原価から控除する。ただし，値引又は割戻等が材料消費後に判明した場合には，これを同種材料の購入原価から控除し，値引又は割戻等を受けた材料が判明しない場合には，これを当期の直接材料費から控除し，又はその他適当な方法によって処理することができる。

A　□□□　119　材料副費の一部を材料の購入原価に算入しない場合には，これを間接経費に属する項目とし又は材料費に配賦する。購入した材料に対して値引又は割戻等を受けたときには，これを材料の購入原価から控除する。ただし，値引又は割戻等が材料消費後に判明した場合には，これを同種材料の間接経費から控除し，値引又は割戻等を受けた材料が判明しない場合には，これを当期の材料副費等から控除し，又はその他適当な方法によって処理することができる。

A　□□□　120　材料の購入原価は，購入代価に買入手数料，引取運賃，荷役費，保険料，関税等材料買入に要した引取費用を加算した金額であり，購入事務や検収などに要した費用は購入原価に含めてはならない。

A　□□□　121　材料の購入原価は，原則として，購入代価に買入手数料，引取運賃，荷役費，保険料等材料買入に要した引取費用を加算した金額，又は，これらの金額に購入事務，検収，整理，選別，手入，保管等に要した費用を加算した金額によって計算するが，材料輸入の際に課せられる関税は税金であるので引取費用に含めない。

A　□□□　122　購入代価に加算する材料副費の一部又は全部は，これを予定配賦率によって計算することができる。予定配賦率は，一定期間の材料副費の予定総額を，その期間における材料の予定購入代価又は予定購入数量の総額をもって除して算定する。ただし，購入事務費，検収費，整理費，選別費，手入費，保管費等については，それぞれに適当な予定配賦率を設定することができる

A　□□□　123　材料の購入原価は，必要ある場合には，予定価格等をもって計算することができる。他工場からの振替製品の受入価格は，必要ある場合には，正常市価によることができる。間接材料費であって，工場消耗品，消耗工具器具備品等，継続記録法又はたな卸計算法による出入記録を行なわないものの原価は，原則として当該原価計算期間における買入額をもって計算する。

A　□□□　124　間接材料費であって，工場消耗品，消耗工具器具備品等，継続記録法又はたな卸計算法による出入記録を行なわないものの原価は，これを一般費として処理する。

A　□□□　125　労務費は，直接賃金であっても間接賃金であっても，原則として実際の作業時間又は作業量に賃率を乗じて計算する。

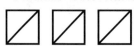
118 【×】　　値引又は割戻等を受けた材料が判明しない場合には，これを当期の<u>材料副費等</u>から控除し，又はその他適当な方法によって処理することが<u>できる</u>（「基準」一一（四）2参照）。

平成27年
第Ⅰ回
平成31年
第Ⅱ回・改
令和5年
第Ⅰ回・改

119 【×】　　ただし，値引又は割戻等が材料消費後に判明した場合には，これを同種材料の<u>購入原価から控除</u>し，値引又は割戻等を受けた材料が判明しない場合には，これを当期の材料副費等から控除し，又はその他適当な方法によって処理することができる。（「基準」一一（四）2参照）

平成28年
第Ⅰ回

120 【×】　　購入事務や検収などに要した費用の<u>一部，または全部を購入原価に含める処理も認められる</u>（「基準」一一（四）2参照）。

平成21年

121 【×】　　関税は<u>引取費用として購入原価に算入される</u>（「基準」一一（四）1参照）。

平成8年

122 【○】　　（「基準」一一（四）2参照）

平成28年
第Ⅰ回
令和5年
第Ⅰ回・改

123 【○】　　（「基準」一一（四）2，（五）参照）

平成28年
第Ⅰ回
令和5年
第Ⅰ回・改

124 【×】　　間接材料費であって，工場消耗品，消耗工具器具備品等継続記録法又はたな卸計算法による出入記録を行なわないものの原価は，<u>原則として当該原価計算期間における買入額をもって計算する。</u>（「基準」一一（五）参照）

平成26年・改
第Ⅱ回
令和5年
第Ⅰ回・改

125 【×】　　<u>直接賃金等</u>であって，作業時間または作業量の測定を行なう労務費は，<u>実際の作業時間又は作業量に賃率を乗じて計算する</u>（「基準」一二（一）（二）参照）。

平成21年

A □□□　126　直接賃金等であって，作業時間又は作業量の測定を行う労務費は，実際の作業時間又は作業量に賃率を乗じて計算する。賃率は，実際の個別賃率又は工場全体について計算した総平均賃率による。平均賃率は，必要ある場合には，予定平均賃率をもって計算することができる。間接労務費は，原則として当該原価計算期間の負担に属する要支払額をもって計算する。

A □□□　127　労務費計算において，直接賃金等は，必要ある場合には，当該原価計算期間の負担に属する要支払額をもって計算することができる。

A □□□　128　「原価計算基準」によると，直接賃金等であって，作業時間又は作業量の測定を行なう労務費は，実際の作業時間又は作業量に賃率を乗じて計算する。直接工の直接作業時間は，作業時間報告書によって把握される。まず勤務時間から定時休憩時間，職場離脱時間を差し引いて就業時間を計算する。その就業時間から手待時間を差し引いた実働時間が段取時間と直接作業時間から構成されることになる。

A □□□　129　経費は，原則として当該原価計算期間の実際の発生額をもって計算する。ただし，必要ある場合には，予定価格又は予定額をもって計算することができる。数か月分を一時に総括的に計算し又は支払う経費については，これを月割り計算する。消費量を計量できる経費については，その実際消費量に基づいて計算する。

A □□□　130　経費は，原則として，当該原価計算期間の実際支払額をもって計算する。

A □□□　131　原価の費目別計算において，予定価格等を適用できるのは，材料費計算および労務費計算のみであり，経費計算には予定価格等を適用することはできない。

A □□□　132　費目別計算においては，原価要素を，原則として，形態別分類を基礎とし，これを直接費と間接費に大別し，さらに必要に応じ機能別分類を加味して原価を分類する。費目別計算において一定期間における原価要素の発生を測定するに当たり，予定価格等を適用する場合には，これをその適用される期間における標準価格にできる限り近似させ，価格差異をなるべく僅少にするように定める。

A □□□　133　費目別計算において一定期間における原価要素の発生を測定するに当たり，予定価格等を適用する場合には，これをその適用される期間における正常価格にできる限り近似させ，価格差異をなるべく僅少にするように定める。

A □□□　134　費目別計算において一定期間における原価要素の発生を測定するに当たり，予定価格等を適用する場合には，これを過去の実績における実際価格にできる限り近似させ，価格差異をなるべく僅少にするように定める。

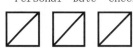

126 【×】 賃率は，実際の個別賃率又は，<u>職場もしくは作業区分ごとの平均賃率</u>による（「基準」一二参照）。

平成30年
第Ⅱ回

127 【○】 （「基準」一二(一)参照）

平成21年

128 【×】 就業時間から手待時間を差し引いた実働時間は，<u>間接作業時間</u>と直接作業時間から構成される（「基準」一二（一）参照）。

令和5年
第Ⅱ回

129 【○】 （「基準」一三参照）

平成30年
第Ⅱ回

130 【×】 実際支払額ではなく，<u>実際の発生額</u>である（「基準」一三(一)参照）。

平成21年

131 【×】 経費は，原則として当該原価計算期間の実際の発生額をもって計算するが，<u>必要ある場合には予定価格又は予定額をもって計算することができる</u>（「基準」一三(一)参照）。

平成16年

132 【×】 予定価格等を適用する場合には，これをその適用される期間における<u>実際価格</u>にできる限り近似させ，価格差異をなるべく僅少にするように定める（「基準」一〇，一四参照）。

平成30年
第Ⅱ回

133 【×】 費目別計算において一定期間における原価要素の発生を測定するに当たり，予定価格等を適用する場合には，これをその適用される期間における<u>実際価格にできる限り近似させ</u>，価格差異をなるべく僅少にするように定める（「基準」一四参照）。

平成24年
第Ⅱ回
平成27年
第Ⅱ回

134 【×】 費目別計算において一定期間における原価要素の発生を測定するに当たり，予定価格等を適用する場合には，これを<u>その適用される期間</u>における実際価格にできる限り近似させ，価格差異をなるべく僅少にするように定める（「基準」一四参照）。

令和3年

A　□□□　135　原価部門とは，原価の発生を形態別，責任区分別に管理するとともに，製品原価の計算を正確にするために，原価要素を分類集計する計算組織上の区分をいい，これを諸製造部門と諸補助部門とに分ける。

A　□□□　136　原価部門は，製品原価の計算を正確にするために原価要素を分類集計する計算組織上の区分であるにすぎず，責任区分とは無関係である。

A　□□□　137　原価を部門別に計算する目的の一つは，原価を正確に計算することにある。間接費を工場全体で集計し，一律の配賦率を適用するよりも，部門別に集計し，部門別配賦率を使用する方が製品原価はより正確に計算できる。

A　□□□　138　個別原価計算では，原価の正確性を確保するために，製造間接費に関しては部門別計算を必ず行う必要がある。

A　□□□　139　部門別計算を行う目的としては，正確な製品原価を計算する目的のほかに原価管理目的をあげることができる。

A　□□□　140　補助部門とは，製造部門に対して補助的関係にある部門をいい，これを補助経営部門と工場管理部門とに分ける。工具製作，修繕，動力等の補助経営部門が相当の規模となった場合には，これを独立の経営単位とし，計算上製造部門として取り扱う。

A　□□□　141　部門別計算における補助経営部門とは，企業が従事する事業の目的とする製品の生産に直接関与しないで，自己の製品又は用役を製造部門に提供する諸部門をいい，動力部，修繕部，工具製作部等がこれに相当するが，これらの補助経営部門は，場合によっては，計算上製造部門として取り扱われることがある。

A　□□□　142　工具製作，修繕，動力等の補助経営部門が相当の規模となった場合には，これを独立の経営単位とし，計算上製造部門として取り扱う。

A　□□□　143　部門別計算に用いられる原価部門は，製造部門と補助部門に大別される。製造部門は，製品の加工に直接的に従事する部門であるのに対して，補助部門とは，作り出した用役を，製造部門あるいは他の補助部門の活動を補助するために提供する部門であって，補助経営部門と工場管理部門に区分することができる。原価部門の設定は，業務活動の同種性や職制上の権限と責任を考慮して行われる。計算の経済性を満たすためには，原価部門の数はより多いほうが望ましい。

A　□□□　144　製造部門は，必要ある場合には，機械設備の種類，作業区分等にしたがって，各小工程又は各作業単位に細分することができる。

135 【×】　　原価部門とは，原価の発生を<u>機能別</u>，責任区分別に管理する　　　平成24年
　　　　　とともに，製品原価の計算を正確にするために，原価要素を分　　　　　第Ⅱ回
　　　　　類集計する計算組織上の区分をいい，これを諸製造部門と諸補
　　　　　助部門とに分ける（「基準」一六参照）。

136 【×】　　原価部門とは，原価の発生を<u>機能別，責任区分別に管理する</u>　　　平成22年
　　　　　<u>とともに</u>，製品原価の計算を正確にするために，原価要素を分　　　　　第Ⅰ回
　　　　　類集計する計算組織上の区分をいう（「基準」一六参照）。

137 【○】　　（「基準」一六参照）　　　　　　　　　　　　　　　　　　　平成13年

138 【×】　　基準三三（一）において，「個別原価計算における間接費　　　　平成19年
　　　　　は，<u>原則として</u>部門間接費として各指図書に配賦する。」と規
　　　　　定されており，必ず行う必要があるとは言い切れない（「基準」
　　　　　一六，三三（一）参照）。

139 【○】　　（「基準」一六参照）　　　　　　　　　　　　　　　　　　　平成19年

140 【○】　　（「基準」一六（二）参照）　　　　　　　　　　　　　　　　平成26年
　　　　　　　　　　　　　　　　　　　　　　　　　　　　　　　　　　第Ⅰ回

141 【○】　　補助経営部門とは，その事業の目的とする製品の生産に直接　　平成8年
　　　　　関与しないで，自己の製品又は用役を製造部門に提供する諸部
　　　　　門をいい，たとえば動力部，修繕部，運搬部，工具製作部，検
　　　　　査部等がそれである。工具製作，修繕，動力等の補助経営部門
　　　　　が相当の規模となった場合には，これを独立の経営単位とし，
　　　　　計算上製造部門として取り扱う。（「基準」一六（二）参照）

142 【○】　　（「基準」一六（二）参照）　　　　　　　　　　　　　　　　平成22年
　　　　　　　　　　　　　　　　　　　　　　　　　　　　　　　　　　第Ⅰ回

143 【×】　　計算の経済性を満たすためには，原価部門の数はより少ない　Ⅰp.83　平成29年
　　　　　ほうが望ましい。　　　　　　　　　　　　　　　　　　　　　　　　第Ⅱ回

144 【○】　　（「基準」一六（一）参照）　　　　　　　　　　　　　　　　平成8年

A　□□□　**145**　補助部門とは，製造部門に対して補助的関係にある部門をいい，これを補助経営部門と工場管理部門に分ける。副産物の加工，包装品の製造等を行ういわゆる副経営も，補助経営部門の一種である。

A　□□□　**146**　工場内の原価計算担当者の給料は，「原価計算基準」でいう補助経営部門の部門費である。

A　□□□　**147**　工場管理部門とは，管理的機能を行なう諸部門をいい，たとえば材料部，労務部，企画部，試験研究部，検査部等がそれである。

A　□□□　**148**　我が国の「原価計算基準」によると，原価部門とは，原価の発生を機能別，責任区分別に管理するとともに，製品原価の計算を正確にするために，原価要素を分類集計する（　ア　）上の区分をいい，これを諸（　イ　）と諸（　ウ　）とに分ける。その際には，次の基準により，かつ，経営の特質に応じて適当にこれを区分設定する。

　（　イ　）とは，直接製造作業の行なわれる部門をいい，製品の種類別，（　エ　）の段階，製造活動の種類別等にしたがって，これを各種の部門又は工程に分ける。例えば，機械製作工場における鋳造，（　オ　），機械加工，組立等の各部門はその例である。

　副産物の加工，包装品の製造等を行なういわゆる（　カ　）は，これを（　イ　）とする。

　製造に関する諸部門は，必要ある場合には，さらに（　※　），（　※　）等にしたがって，これを各小工程又は各作業単位に細分する。

　一方，（　ウ　）とは，（　イ　）に対して補助的関係にある部門をいい，これを（　キ　）と（　ク　）とに分け，さらに機能の種類別等にしたがって，これを各種の部門に分ける。

　（　キ　）とは，その事業の目的とする製品の生産に直接関与しないで，自己の製品又は用役を製造部門に提供する諸部門をいい，たとえば動力部，（　ケ　），運搬部，工具製作部，検査部等がそれである。

　工具製作，（　※　），動力等の（　キ　）が相当の規模となった場合には，これを独立の経営単位とし，計算上（　イ　）として取り扱う。

　（　ク　）とは，（　コ　）を行なう諸部門をいい，たとえば材料部，（　※　），企画部，試験研究部，（　※　）等がそれである。

A　□□□　**149**　部門共通費であって工場全般に関して発生し，適当な配賦基準の得がたいものは，これを複合費とし，補助部門費として処理することができる。

A　□□□　**150**　部門共通費であって工場全般に関して発生し，適当な配賦基準の得がたいものは，これを一般費とし，補助部門費として処理することができる。

145 【×】　　副産物の加工，包装品の製造等を行ういわゆる副経営は，これを製造部門とする（「基準」一六(一)(二)参照）。

平成22年
第Ⅰ回

146 【×】　　補助経営部門ではなく，<u>工場管理部門</u>である（「基準」一六(二)参照）。

平成19年

147 【×】　　検査部は工場管理部門ではなく補助経営部門である。（「基準」一六（二）参照）

148　　　我が国の「原価計算基準」によると，原価部門とは，原価の発生を機能別，責任区分別に管理するとともに，製品原価の計算を正確にするために，原価要素を分類集計する（ア：計算組織）上の区分をいい，これを諸（イ：製造部門）と諸（ウ：補助部門）とに分ける。その際には，次の基準により，かつ経営の特質に応じて適当にこれを区分設定する。

　　（イ：製造部門）とは，直接製造作業の行なわれる部門をいい，製品の種類別，（エ：製品生成）の段階，製造活動の種類別等にしたがって，これを各種の部門又は工程に分ける。例えば，機械製作工場における鋳造，（オ：鍛造），機械加工，組立等の各部門はその例である。

　　副産物の加工，包装品の製造等を行なういわゆる（カ：副経営）は，これを（イ：製造部門）とする。

　　製造に関する諸部門は，必要ある場合には，さらに（※：機械設備の種類），（※：作業区分）等にしたがって，これを各小工程又は各作業単位に細分する。

　　一方，（ウ：補助部門）とは，（イ：製造部門）に対して補助的関係にある部門をいい，これを（キ：補助経営部門）と（ク：工場管理部門）とに分け，さらに機能の種類別等にしたがって，これを各種の部門に分ける。

　　（キ：補助経営部門）とは，その事業の目的とする製品の生産に直接関与しないで，自己の製品又は用役を製造部門に提供する諸部門をいい，たとえば動力部，（ケ：修繕部），運搬部，工具製作部，検査部等がそれである。

　　工具製作，（※：修繕），動力等の（キ：補助経営部門）が相当の規模となった場合には，これを独立の経営単位とし，計算上（イ：製造部門）として取り扱う。

　　（ク：工場管理部門）とは，（コ：管理的機能）を行なう諸部門をいい，たとえば材料部，（※：労務部），企画部，試験研究部，（※：工場事務部）等がそれである。

令和6年
第Ⅰ回

149 【×】　　部門共通費であって工場全般に関して発生し，適当な配賦基準の得がたいものは，これを<u>一般費</u>とし，補助部門費として処理することができる（「基準」一七参照）。

平成24年
第Ⅱ回

150 【○】　　（「基準」一七参照）

平成22年
第Ⅰ回

A □□□ 151　部門別計算を行っている場合，部門共通費であって工場全般に関して発生し適当な配賦基準の得がたいものは，一般費として処理し，場合によっては，これを製品に直接配賦することができる。

A □□□ 152　部門別計算において，必ずしも全ての製造費用を部門別に計算する必要はない。部門に集計する原価要素の範囲は，製品原価の正確な計算および原価管理の必要によってこれを定める。

A □□□ 153　部門別計算では，まず，原価要素の全部又は一部を各製造部門および補助部門に賦課又は配賦する。この場合，部門に集計する原価要素の範囲は，製品原価の正確な計算および原価管理の必要によってこれを定める。たとえば，個別原価計算においては，製造間接費のほか，直接労務費をも製造部門に集計することがあり，総合原価計算においては，すべての製造原価要素又は加工費を製造部門に集計することがある。

A □□□ 154　実際部門別個別原価計算では，原価要素の全部又は一部は，まずこれを各製造部門および補助部門に賦課又は配賦する。たとえば，製造間接費のほか，直接労務費も製造部門に集計することがある。

A □□□ 155　補助部門の固定費は，関連部門に対して用役を提供するための供給能力の維持費であり，その発生額の大きさは，補助部門の用役供給能力の規模に依存する。したがって，補助部門における固定費は，補助部門が関係部門へ実際にどれだけの用役を供給したかとは無関係に発生する。これに対して，補助部門で発生する変動費は，補助部門が用役を関連部門へ供給すれば供給するほど発生する。複数基準配賦法では，補助部門費を固定費と変動費に分け，固定費は関係部門がその補助部門の用役を消費する能力の割合に基づき，変動費は関係部門がその補助部門の用役を実際に消費した割合に基づいて関係部門へ配賦する。

A □□□ 156　補助部門費を関係部門に配賦するに当たり，正確な配賦を通じて経営管理に役立てる観点からは，複数基準配賦法よりも単一基準配賦法を用いる方が有効である。

A □□□ 157　補助部門費を関係部門に配賦するに当たり，「原価計算基準」は，複数の配賦法を認めている。その中でも，階梯式配賦法は，補助部門間のすべての用役授受を促え，適切に各部門に配賦できるという点で他の配賦法よりも優れている。

A □□□ 158　階梯式配賦法において補助部門の順位を決めるとき，我が国で一般に説明されている順位決定ルールでは，まず，より多くの他部門にサービスを提供している部門を上位とする。サービス提供先が同数の場合には，相互の配賦額を比較して多い方を上位とする，あるいは第一次集計額が多い方を上位とする，のいずれかの方法によって決定する。

A □□□ 159　製造部門に集計された原価要素は，必要に応じさらにこれをその部門における小工程又は作業単位に集計する。この場合，小工程又は作業単位には，その小工程等において管理不能な原価要素又は直接労務費を集計し，そうでないものは共通費および他部門配賦費とする。

151 【○】 （「基準」一七，一八(二)参照）　　　　　　　　　　　　　　　平成7年

152 【○】 （「基準」一八（一）参照）　　　　　　　　　　　　　　　　　平成30年
　　　　　　　　　　　　　　　　　　　　　　　　　　　　　　　　　　　第Ⅱ回

153 【○】 （「基準」一八（一）参照）　　　　　　　　　　　　　　　　　平成27年
　　　　　　　　　　　　　　　　　　　　　　　　　　　　　　　　　　　第Ⅰ回

154 【○】 （「基準」一八（一）参照）　　　　　　　　　　　　　　　　　令和4年
　　　　　　　　　　　　　　　　　　　　　　　　　　　　　　　　　　　第Ⅰ回

155 【○】　　　　　　　　　　　　　　　　　　　　　　　　Ⅰp. 118　　平成29年
　　　　　　　　　　　　　　　　　　　　　　　　　　　Ⅰp. 122　　第Ⅱ回

156 【×】 複数基準配賦法の方が望ましい。　　　　　　　　　　　　　　　令和2年
　　　　　　　　　　　　　　　　　　　　　　　　　　　　　　　　　　　第Ⅱ回

157 【×】 補助部門間のすべての用役授受を捉え，適切に各部門に配賦　Ⅰp. 108　令和2年
　　　　できるのは，階梯式配賦法ではなく，相互配賦法である。　Ⅰp. 110　第Ⅱ回

158 【○】　　　　　　　　　　　　　　　　　　　　　　　　Ⅰp. 104　　令和5年
　　　　　　　　　　　　　　　　　　　　　　　　　　　　　　　　　　　第Ⅱ回

159 【×】 製造部門に集計された原価要素は，必要に応じさらにこれを　　　平成27年
　　　　その部門における小工程又は作業単位に集計する。この場合，　　　第Ⅱ回
　　　　小工程又は作業単位には，その小工程等において管理可能の原
　　　　価要素又は直接労務費のみを集計し，そうでないものは共通費
　　　　および他部門配賦費とする（「基準」一八（三）参照）。

A　□□□　160　原価の製品別計算とは，単位製品の製造原価を算定する手続をいい，原価計算における第三次の計算段階である。製品別計算のためには，加工費を集計する一定の製品単位すなわち原価単位を定める。原価単位は，これを個数，時間数，度量衡単位等をもって示し，業種の特性に応じて適当に定める。

A　□□□　161　原価の製品別計算は，経営における生産形態の種類別に対応して四つの類型に区分されるが，これらはいずれも，原価集計の単位が期間生産量であることを特質とする。

A　□□□　162　製品別計算は，経営における生産形態の種類別に対応して，単純総合原価計算，等級別総合原価計算，組別総合原価計算，個別原価計算の類型に区分される。いずれも原価集計の単位が期間生産量であることを特質とする。

A　□□□　163　製品別計算は，経営における生産形態の種類別に対応して，単純総合原価計算，等級別総合原価計算，組別総合原価計算，そして個別原価計算に区分される。

A　□□□　164　製品別計算を個別原価計算と総合原価計算の 2 つの基本形態に区別する原理を理解するうえで重要なことは，製造される製品の同質性の程度である。つまり，個別原価計算においては，多数の製品があるときにその全てがカスタム・メイド（custom made）で異質の製品である状況が想定される。異質の製品であるがゆえに，製造費用を各単位に個別に集計する必要が生じる。

A　□□□　165　単純総合原価計算は，同種製品を反復連続的に生産する生産形態に適用する。単純総合原価計算にあっては，一原価計算期間に発生したすべての原価要素を集計して当期製造費用を求め，これに期首仕掛品原価を加え，この合計額を，完成品と期末仕掛品とに分割計算することにより，完成品総合原価を計算し，これを製品単位に均分して単位原価を計算する。

A　□□□　166　単純総合原価計算では，期首仕掛品原価に当期製造費用を加算した合計額を完成品と期末仕掛品とに分割計算することにより，完成品総合原価を計算し，これを製品単位に均分して単位原価を計算する。このため，期首仕掛品原価と期末仕掛品原価が異なっていても，原理的には，当期製造費用と完成品総合原価は同じとなる。

A　□□□　167　わが国の「原価計算基準」によると，等級別総合原価計算では，各等級製品について適当な等級係数を定め，一期間における完成品の総合原価ではなく，一期間の製造費用を等価係数に基づき各等級製品にあん分してその製品原価を計算する。

160 【×】　製品別原価計算のためには，<u>原価を集計する一定の製品単位すなわち原価単位</u>を定める（「基準」一九参照）。　　令和5年 第Ⅱ回

161 【×】　原価の製品別計算の四つの類型は，単純総合原価計算，等級別総合原価計算，組別総合原価計算，個別原価計算の四つである。このうち，<u>個別原価計算の原価集計の単位は，期間生産量ではなく，特定製造指図書の生産命令数量である</u>（「基準」二〇，二四,三一参照）。　　令和2年 第Ⅰ回

162 【×】　個別原価計算にあっては，<u>特定製造指図書</u>について個別的に直接費および間接費を集計し，製品原価は，これを当該指図書に含まれる製品の生産完了時に算定する。単純総合原価計算，等級別総合原価計算および組別総合原価計算は，いずれも原価集計の単位が期間生産量であることを特質とする（「基準」二〇，二四，三一参照）。　　令和5年 第Ⅱ回

163 【○】　（「基準」二〇参照）　　平成18年

164 【○】　　令和4年 第Ⅱ回

165 【○】　（「基準」二一参照）　　平成29年 第Ⅰ回 令和4年 第Ⅰ回

166 【×】　期首仕掛品原価と期末仕掛品原価が異なっている場合には，<u>当期製造費用と完成品総合原価は一致しない</u>（「基準」二一参照）。　　平成18年

167 【×】　等級別総合原価計算において，各等級製品について適当な等価係数を定め，<u>一期間における完成品の総合原価を等価係数に基づき各等級製品にあん分してその製品原価を計算することも認められている</u>（「基準」二二柱書参照）。　　平成25年 第Ⅱ回

45

A　□□□　168　等級別総合原価計算においては，各等級製品について適当な等価係数を定め，原則として，一期間における完成品の総合原価を等価係数に基づき各等級製品にあん分してその製品原価を計算する。

A　□□□　169　等級別総合原価計算は，同一工程において，同種製品を連続生産するが，その製品を形状，大きさ，品位等によって等級に区別する場合に適用する。等級別総合原価計算にあっては，各等級製品について適当な等価係数を求め，一期間における完成品の総合原価又は一期間の製造費用を等価係数に基づき各等級製品にあん分してその製品原価を計算する。

A　□□□　170　単純総合原価計算は，同種製品を反復連続的に生産する生産形態に適用するのに対し，等級別総合原価計算は，同一工程において，異種製品を連続生産する中で，その製品を形状，大きさ，品位等によって等級に区別する場合に適用する。

A　□□□　171　各等級製品の重量，長さ，面積，純分度，熱量，硬度等原価の発生と関連ある製品の諸性質に基づいて等価係数を算定し，これを各等級製品の一期間における生産量に乗じた積数の比をもって，一期間の完成品の総合原価を一括的に各等級製品にあん分してその製品原価を計算することができる。

A　□□□　172　等価係数は，各等級製品の販売価格，重量，長さ，面積，純分度，熱量，硬度等原価の発生と関連ある製品の諸性質に基づいて算定する。

A　□□□　173　原価要素別又は原価要素群別に定めた等価係数を個別的に適用しないで，各原価要素又は原価要素群の重要性を加味して総括し，この総括的等価係数に基づいて，一期間の完成品の総合原価を一括的に各等級製品にあん分して，その製品原価を計算することができる。

A　□□□　174　等級別総合原価計算において，一定の要件の下で，等級品の正常市価を基準として定めた等価係数に基づき，一期間の総合原価を各等級品にあん分して計算することができる。

B　□□□　175　わが国の「原価計算基準」に基づくと，等級製品の原価計算に採用される等価係数は，価値移転的原価計算からの観点から，製造原価発生と関係のある何らかの基準によるものと，市価の高い製品にはそれだけ多くの製造原価を負担させるという負担能力主義に基づく正常市価基準によるものが認められる。

168 【×】　　等級別総合原価計算にあっては，各等級製品について適当な等価係数を定め，一期間における完成品の総合原価又は一期間の製造費用を等価係数に基づき各等級製品にあん分してその製品原価を計算する（「基準」二二参照）。

平成14年・改
令和5年
第Ⅰ回
令和6年
第Ⅰ回・改

169 【○】　（「基準」二二参照）

平成26年
第Ⅱ回

170 【×】　　等級別総合原価計算は，同一工程において，同種製品を連続生産する中で，その製品を形状，大きさ，品位等によって等級に区分する場合に適用する（「基準」二一，二二参照）。

令和6年
第Ⅰ回

171 【○】　（「基準」二二（一）参照）

172 【×】　　等価係数は，各等級製品の重量，長さ，面積，純分度，熱量，硬度等原価の発生と関連のある製品の諸性質に基づいて算定する。なお，販売価格は原価の発生と関連のある製品の諸性質ではない（「基準」二二（一）参照）。

令和6年
第Ⅰ回

173 【○】　（「基準」二二（二）参照）

令和6年
第Ⅰ回

174 【×】　　等級別総合原価計算において，等価係数の算定は，各等級製品の重量，長さ，面積，純分度，熱量，硬度等原価の発生と関連ある製品の諸性質に基づくか，一期間の製造費用を構成する各原価要素につき，又はその性質に基づいて分類された数個の原価要素群につき，各等級製品の標準材料消費量，標準作業時間等各原価要素又は原価要素群の発生と関連ある物量的数値等に基づき算定されることとなる（「原価計算基準」二二参照）。したがって，等級品のあん分は原価発生原因主義に基づき設定され，負担能力主義に基づく正常市価を用いるのは連産品の計算である。

平成31年
第Ⅱ回

175 【×】　　「原価計算基準」では，等級製品の原価計算に採用される等価係数に負担能力主義に基づく正常市価基準は規定されていない。

平成27年
第Ⅰ回

A □□□　**176**　「原価計算基準」において，等級別総合原価計算および連産品の計算に関しては「同一工程において」という製品製造工程を限定する言葉が使用されているが，組別総合原価計算に関してはその言葉は使用されていない。したがって，組別総合原価計算は異なる工程で異種製品を連続製造する生産形態にも適用することが可能である。

A □□□　**177**　組別総合原価計算では，一期間の製造費用を組直接費と組間接費又は原料費と加工費とに分け，個別原価計算とは異なり，組直接費又は原料費は，各組の製品に賦課し，組間接費又は加工費は，適当な配賦基準により各組に配賦する。

A □□□　**178**　組別総合原価計算では，まず，一期間の製造費用を組直接費と組間接費又は原料費と加工費とに分け，個別原価計算に準じて組直接費又は原料費は，各組の製品に賦課し，組間接費又は加工費は，適当な配賦基準により各組に配賦する。次いで，一期間における組別の製造費用と期首仕掛品原価とを，当期における組別の完成品とその期末仕掛品とに分割することにより，当期における組別の完成品総合原価を計算する。

A □□□　**179**　組別総合原価計算では，一期間の製造費用を組直接費と組間接費又は原料費と加工費とに分け，等級別総合原価計算に準じ，組直接費又は原料費は，各組の製品に賦課し，組間接費又は加工費は，適当な配賦基準により各組に配賦する。次いで一期間における組別の製造費用と期首仕掛品原価とを，当期における組別の完成品とその期末仕掛品とに分割することにより，当期における組別の完成品総合原価を計算し，これを製品単位に均分して単位原価を計算する。

A □□□　**180**　わが国の「原価計算基準」によると，組別総合原価計算では，まず，一期間の製造費用を組直接費と組間接費または原料費と加工費とに分け，個別原価計算に準じて，組直接費または原料費は，各組の製品に賦課し，組間接費または加工費は，適当な配賦基準により各組に配賦する。次いで，組別の製造費用と期首仕掛品原価に基づいて　単純総合原価計算を行う。

A □□□　**181**　組別総合原価計算は，同種製品を組別に連続生産する生産形態に適用する。

A □□□　**182**　組別総合原価計算においては，一原価計算期間の製造費用を組直接費と組間接費又は原料費と加工費とに分け，個別原価計算に準じ，組直接費又は原料費は，各組の製品に賦課し，組間接費又は加工費は，適当な配賦基準により各組に配賦する。

A □□□　**183**　組別総合原価計算においては，一原価計算期間における組別の製造費用と期首仕掛品原価とを，当期における組別の完成品とその期末仕掛品とに分割することにより，当期における組別の完成品総合原価を計算し，これを製品単位に均分して単位原価を計算する。

A □□□　**184**　単純総合原価計算，等級別総合原価計算および組別総合原価計算は，いずれも原価集計の単位が期間生産量であることを特質とする。

176 【○】 （「基準」二二，二三，二九参照） 平成11年

177 【×】 　組別総合原価計算にあっては，一期間の製造費用を組直接費と組間接費又は原料費と加工費とに分け，<u>個別原価計算に準じ</u>，組直接費または原料費は，各組の製品に賦課し，組間接費又は加工費は，適当な配賦基準により各組に配賦する（「基準」二三参照）。 令和4年
第Ⅰ回

178 【○】 　（「基準」二三参照） 平成30年
第Ⅱ回

179 【×】 　組別総合原価計算では，一期間の製造費用を組直接費と組間接費又は原料費と加工費とに分け，<u>個別原価計算に準じ</u>，組直接費又は原料費は，各組の製品に賦課し，組間接費又は加工費は，適当な配賦基準により各組に配賦する。次いで一期間における組別の製造費用と期首仕掛品原価とを，当期における組別の完成品とその期末仕掛品とに分割することにより，当期における組別の完成品総合原価を計算し，これを製品単位に均分して単位原価を計算する（「基準」二三参照）。 平成29年
第Ⅰ回

180 【○】 　（「基準」二三参照） 平成25年
第Ⅱ回

181 【×】 　組別総合原価計算は，<u>異種製品</u>を組別に連続生産する生産形態に適用する（「基準」二三参照）。 平成24年
第Ⅱ回

182 【○】 　（「基準」二三参照） 令和5年
第Ⅱ回

183 【○】 　（「基準」二三参照） 令和5年
第Ⅱ回

184 【○】 　（「基準」二四参照） 平成24年
第Ⅱ回

A　□□□　185　単純総合原価計算，等級別総合原価計算および組別総合原価計算は，いずれも原価集計の単位が期間投入量であることを特質とする。すなわち，いずれも継続製造指図書に基づき，一期間における投入量について総製造費用を算定し，これを期間投入量に集計することによって完成品総合原価を計算する点において共通する。

B　□□□　186　純粋先入先出法により完成品の単位原価を算定すると，当月作業と前月作業による原価を識別することができるので，修正先入先出法に比べて価格決定目的に有効な資料を得ることができる。

A　□□□　187　総合原価計算において，期末仕掛品の評価に，「将来における財貨の予定消費量と予定価格とをもって計算した原価」又は「経営における異常な状態を排除し，経営活動に関する比較的長期にわたる過去の実際数値を統計的に平準化し，これに将来のすう勢を加味した正常な能率および操業度並びに価格に基づいて決定した原価」を用いることができる。

A　□□□　188　組別総合原価計算において，特定製品の期末仕掛品を予定原価又は正常原価で評価することができるのは，当該製品の期末仕掛品の数量が毎期ほぼ等しい場合である。

A　□□□　189　等級別総合原価計算において，加工費を全て各等級の完成品に負担させ，各等級の期末仕掛品は直接材料費のみをもって計算することがありうる。

A　□□□　190　総合原価計算において，加工費について期末仕掛品の完成品換算量を計算することが困難な場合には，当期の加工費総額は，すべてこれを完成品に負担させ，期末仕掛品は，直接材料費のみをもって計算することができる。

A　□□□　191　総合原価計算では，当期製造費用および期首仕掛品原価を，先入先出法などの方法により，完成品と期末仕掛品とに分割して，完成品総合原価を計算する。なお，加工費について期末仕掛品の完成品換算量を計算することが困難な場合であっても，当期の加工費総額は，すべてこれを完成品に負担させることができない。

A　□□□　192　実務上，総合原価計算において，加工費について期末仕掛品の完成品換算量を計算することが困難な場合，期末仕掛品を直接材料費だけで計算することが見受けられるが，この処理方法はわが国の「原価計算基準」では認められていない。

A　□□□　193　総合原価計算において，期末仕掛品の数量が毎期ほぼ等しい場合であっても，総合原価の計算上これを無視し，当期製造費用をもってそのまま完成品総合原価とすることはできない。

185 【×】　単純総合原価計算，等級別総合原価計算および組別総合原価計算は，いずれも原価集計の単位が<u>期間生産量</u>であることを特質とする。
すなわち，いずれも継続製造指図書に基づき，一期間における<u>生産量</u>について総製造費用を算定し，これを期間生産量に分割負担させることによって完成品総合原価を計算する点において共通する（「基準」二四参照）。

平成26年
第Ⅱ回
平成30年
第Ⅰ回
令和4年
第Ⅰ回

186 【×】　純粋先入先出法により完成品の単位原価を算定すると，当月作業と前月作業の実績を識別することができて，期間比較の資料として有用であり，<u>原価管理</u>には有効である。
価格決定目的には，平均法的な単位原価算定の修正先入先出法の方が有用だという考えがある。

Ⅰp.176

平成22年
第Ⅱ回

187 【○】　期末仕掛品は，<u>必要ある場合には</u>，予定原価又は正常原価をもって評価することができる（「基準」二四（二）5，四（一）2参照）。

令和2年
第Ⅰ回

188 【×】　期末仕掛品は，<u>必要ある場合には</u>，予定原価又は正常原価をもって評価することができる（「基準」二四（二）5参照）。

平成31年
第Ⅱ回

189 【○】　（「基準」二四（二）4参照）

平成31年
第Ⅱ回

190 【○】　（「基準」二四（二）4参照）

令和4年
第Ⅱ回・改

191 【×】　加工費について期末仕掛品の完成品換算量を計算することが困難な場合には，当期の加工費総額は，すべてこれを完成品に負担させ，期末仕掛品は，直接材料費をもって計算することが<u>できる</u>（「基準」二四（二）4参照）。

平成28年
第Ⅱ回

192 【×】　期末仕掛品を直接材料費のみをもって計算することは「基準」二四（二）4において<u>認められている</u>。

平成25年
第Ⅱ回

193 【×】　期末仕掛品の数量が毎期ほぼ等しい場合には，総合原価の計算上これを無視し，当期製造費用をもってそのまま完成品総合原価とすることが<u>できる</u>（「基準」二四（二）6参照）。

令和4年
第Ⅱ回・改

A　□□□　194　総合原価計算において，期末仕掛品の数量が前期とほぼ等しい場合には，総合原価の計算上これを無視し，当期製造費用をもってそのまま完成品総合原価とすることができる。

A　□□□　195　工程別総合原価計算において，各工程の製造費用をもってそのまま各工程の完成品総合原価とすることがありうる。

A　□□□　196　総合原価計算において，期首仕掛品がない場合には，平均法，先入先出法，後入先出法による期末仕掛品原価は同一となる。

A　□□□　197　振替差異とは，工程間に振り替えられる工程製品の価額を予定原価や正常原価で計算することから生ずる原価差異であるが，実際原価計算制度においてこのような処理を活用することもある。

A　□□□　198　工程別総合原価計算においては，工程間に振り替えられる工程製品の計算は，予定原価または正常原価によることができる。

A　□□□　199　総合原価計算において，製造工程が二以上の連続する工程に分けられ，工程ごとにその工程製品の総合原価を計算する場合には，一工程から次工程へと振り替えられた工程製品の総合原価を当該工程の完成品として当該工程の勘定に残しておき，次工程に振り替えない。

A　□□□　200　製造工程が二以上の連続する工程に分けられ，工程ごとにその工程製品の総合原価を計算する場合には，一工程から次工程へ振り替えられた工程製品の総合原価を，前工程費又は原料費として次工程の製造費用に加算する。この場合，工程間に振り替えられる工程製品の計算は，予定原価又は正常原価によることができる。

A　□□□　201　総合原価計算において，製造工程が二以上に連続する工程に分けられ，工程ごとにその工程製品の総合原価を計算する方法を工程別総合原価計算という。工程別総合原価計算の累加法によると，一工程から次工程へ振り替えられた工程製品の総合原価を，前工程費又は原料費として次工程の製造費用に加算する。この場合，工程間に振り替えられる工程製品の計算は，予定原価又は正常原価によることができる。

A　□□□　202　加工費法とは，全ての原料が最初の工程の始点で投入され，その後の工程でこれを加工する場合に，工程別に一期間の加工費を集計し，それに原料費を加算して完成品総合原価を計算する方法である。

A　□□□　203　原料が最初の工程の始点で投入され，その後の工程でも他の原料を加えつつこれを加工する場合には，各工程別に一期間の加工費を集計し，それに原料費を加算することにより，完成品総合原価を計算する。この方法を加工費工程別総合原価計算（加工費法）という。

Personal－Date－Check

194 【×】　　期末仕掛品の数量が<u>毎期ほぼ等しい場合には，総合原価の計</u>算上これを無視し，当期製造費用をもってそのまま完成品総合原価とすることができる（「基準」二四（二）6参照）。

平成17年

195 【○】　（「基準」二四（二）6参照）

平成31年
第Ⅰ回

196 【○】

平成31年
第Ⅰ回

197 【○】　（「基準」二五，四五（八）参照）

平成7年

198 【○】　（「基準」二五参照）

平成24年
第Ⅱ回

199 【×】　　総合原価計算において，製造工程が二以上の連続する工程に分けられ，工程ごとにその工程製品の総合原価を計算する場合（この方法を「工程別総合原価計算」という。）には，一工程から次工程へ振り替えられた工程製品の総合原価を，<u>前工程費又は原料費として次工程の製造費用に加算する</u>（「基準」二五参照）。

平成26年
第Ⅰ回

200 【○】　（「基準」二五参照）

令和4年
第Ⅱ回

201 【○】　（「基準」二五参照）

令和4年
第Ⅰ回

202 【○】　（「基準」二六参照）

平成31年
第Ⅱ回

203 【×】　　<u>追加原料が存在する場合は加工費法の適用は</u><u>できない</u>（「基準」二六参照）。

A　□□□　**204**　総合原価計算においては，仕損の費用は，原則として，特別に仕損費の費目を設けたうえで，これをその期の完成品と月末仕掛品とに負担させる。

A　□□□　**205**　総合原価計算においては，仕損の費用は，原則として，特別に仕損費の費目を設けることをしないで，これをその期の完成品と期末仕掛品とに負担させる。なお，加工中に蒸発，粉散，ガス化，煙化等によって生ずる原料の減損の処理は，原価差異に準ずる。

A　□□□　**206**　正常仕損費の処理を，仕損品の発生時点と仕掛品の進捗度により判断するケースにおいて，仕損が発生する進捗度が期末仕掛品の進捗度より高い場合は，度外視法で計算しても，非度外視法によっても，期末仕掛品原価の金額は等しくなる。

A　□□□　**207**　正常仕損が工程の終点で発生し，正常仕損費を完成品のみに負担させる場合，度外視法で計算した月末仕掛品原価と非度外視法で計算した月末仕掛品原価は一致する。しかし，正常仕損が工程の始点で発生し，正常仕損費を完成品と月末仕掛品の両者に負担させる場合，度外視法で計算した月末仕掛品原価と非度外視法で計算した月末仕掛品原価は一致しない。

A　□□□　**208**　総合原価計算において仕損品が生じる場合に，この発生額が軽微であるなら，通常の処理方法ではなく，これを売却して得た収入を原価計算外の収益とすることも「原価計算基準」で認められている。

A　□□□　**209**　総合原価計算において仕損品が生じた場合には，その売却収入を原価計算に反映しなければならず，原価計算外の収益とすることはできない。

A　□□□　**210**　総合原価計算において，副産物が発生する場合には，その価額を算定して主産物の総合原価から控除するが，その価額は，そのまま外部に売却できるものは見積売却価額に販売費及び一般管理費並びに通常の利益の見積額を加えたものである。

B　□□□　**211**　総合原価計算において，副産物が発生した場合は，軽微なものを除き，売却による見積販売価額や節約物品の見積購入価額のような時価を基礎とした評価額が，その価額となる。

A　□□□　**212**　わが国の「原価計算基準」に基づくと，主産物の製造過程から副産物が生じる場合，一期間の総合原価は副産物にあん分することなく，算定された副産物の価額を控除して主産物の総合原価となる。ただし，副産物が軽微な場合は，当該副産物を売却して得た収入を原価計算外の収益とすることができる。

A　□□□　**213**　主産物の製造過程から副産物が生じる場合には，その価額を算定して，これを主産物の総合原価から控除する。副産物が軽微な場合には，これを売却して得た収入を主産物の総合原価から控除しなければならない。

204 【×】 「仕損の費用は，原則として，特別に仕損費の費目を設ける
ことをしないで〜」とある（「基準」二七参照）。

平成24年
第Ⅱ回

205 【×】 前段は正しい。加工中に蒸発，紛散，ガス化，煙化等によっ
て生ずる原料の減損の処理は，仕損に準ずる（「基準」二七参
照）。

令和4年
第Ⅱ回・改

206 【○】 完成品のみ負担のため，どちらの金額も等しくなる。

平成22年
第Ⅱ回

207 【×】 度外視法で計算した月末仕掛品原価と非度外視法で計算した
月末仕掛品原価は，正常仕損が工程の終点で発生した場合のみ
ならず，工程の始点で発生した場合にも一致する。

平成28年
第Ⅰ回

208 【○】 （「基準」二八参照）

平成22年
第Ⅱ回

209 【×】 軽微な副産物は，前項の手続によらないで，これを売却して
得た収入を，原価計算外の収益とすることができる。
作業くず，仕損品等の処理および評価は，副産物に準ずる
（「基準」二八参照）。

平成31年
第Ⅰ回

210 【×】 販売費及び一般管理費並びに通常の利益見積額は，見積売却
価額から控除して，副産物の評価額とするのである（「基準」二
八（一）参照）。

平成10年

211 【○】 （「基準」二八参照）

平成7年

212 【○】 （「基準」二八参照）

平成27年
第Ⅰ回

213 【×】 軽微な副産物は，これを売却して得た収入を，原価計算外の
収益とすることができる（「基準」二八参照）。

平成30年
第Ⅱ回

A □□□　214　副産物は，主産物の製造過程から必然に派生する物品であり，一定の方法により その価額を算定し，これを主産物の総合原価から控除する。ただし，軽微な副産物は，これを売却して得た収入を，原価計算外の収益とすることができる。

A □□□　215　副産物で，そのまま外部に売却できるものは，見積売却価額から販売費および一般管理費又は販売費，一般管理費および通常の収益の見積額を控除した額を副産物の価額とする。

A □□□　216　副産物で，加工の上売却できるものは，加工製品の見積売却価額から加工費，販売費および一般管理費又は加工費，販売費，一般管理費および通常の利益の見積額を控除した額を副産物の価額とする。

A □□□　217　副産物で，加工の上自家消費されるものは，これによって節約されるべき物品の見積購入価額から一般管理費の見積額を控除した額を副産物の価額とする。

A □□□　218　わが国の「原価計算基準」によると，副産物とは，主産物の製造過程から必然に派生する物品をいう。副産物で，そのまま自家消費されるものは，これによって節約されるべき物品の見積購入価額を副産物の価額とする。

A □□□　219　実務上，連産品のうち一部の製品を副産物に準じて計算し，これを一期間の総合原価から控除した金額をもって，他の連産品の価額とすることが見受けられるが，この処理方法はわが国の「原価計算基準」でも認められている。

A □□□　220　等級別総合原価計算において，必要がある場合には，等級品の一種又は数種の価額を副産物に準じて計算し，これを一期間の総合原価から控除した額をもって他の等級品の価額とすることができる。

B □□□　221　連産品であるA製品とB製品を製造している場合に，そのまま外部に売却できるB製品の価額を見積売却価額から販売費および一般管理費と通常の利益の見積額を控除した額とし，これを一期間の総合原価から控除した額をもってA製品の価額とすることができる。

A □□□　222　連産品の価額は，連産品の正常市価等を基準として定めた現価係数に基づき，一期間の総合原価を連産品にあん分して計算する。

214　【○】　（「基準」二八参照）　　　　　　　　　　　　　　　令和5年
　　　　　　　　　　　　　　　　　　　　　　　　　　　　　　　　第Ⅰ回

215　【×】　　副産物で，そのまま外部に売却できるものは，見積売却価額　平成29年
　　　　　　から販売費および一般管理費又は販売費，一般管理費および通　第Ⅱ回
　　　　　　常の<u>利益</u>の見積額を控除した額を副産物の価額とする　（「基
　　　　　　準」二八（一）参照）。

216　【○】　（「基準」二八（二）参照）　　　　　　　　　　　　　平成29年
　　　　　　　　　　　　　　　　　　　　　　　　　　　　　　　　第Ⅱ回

217　【×】　　副産物で，加工の上自家消費されるものは，これによって節　平成29年
　　　　　　約されるべき物品の見積購入価額から<u>加工費</u>の見積額を控除し　第Ⅱ回
　　　　　　た額を副産物の価額とする（「基準」二八（四）参照）。

218　【○】　（「基準」二八（三）参照）　　　　　　　　　　　　　平成28年
　　　　　　　　　　　　　　　　　　　　　　　　　　　　　　　　第Ⅰ回

219　【○】　（「基準」二九但書参照）　　　　　　　　　　　　　　平成25年
　　　　　　　　　　　　　　　　　　　　　　　　　　　　　　　　第Ⅱ回

220　【×】　　必要ある場合には，<u>連産品の一種又は数種の価額</u>を副産物に　平成31年
　　　　　　準じて計算し，これを一期間の総合原価から控除した額をもっ　第Ⅰ回
　　　　　　て，他の<u>連産品</u>の価額とすることができる（「基準」二九参
　　　　　　照）。

221　【○】　　必要ある場合には，連産品の一種又は数種の価額を副産物に　令和2年
　　　　　　準じて計算し，これを一期間の総合原価から控除した額をもっ　第Ⅰ回
　　　　　　て，他の連産品の価額とすることができる（「基準」二九参
　　　　　　照）。したがって，そのまま外部に売却できるB製品の価額を
　　　　　　副産物に準じて見積売却価額から販売費および一般管理費と通
　　　　　　常の利益の見積額を控除した額（「基準」二八参照）とすれ
　　　　　　ば，問題文記載の処理を行うことができる。

222　【×】　　「連産品の価額は，連産品の正常市価等を基準として定めた　平成24年
　　　　　　<u>等価係数</u>に基づき〜」とある（「基準」二九参照）。　　　　第Ⅱ回

A　□□□　223　連産品と等級製品は同一工程から同種製品が連続生産される点は類似している
が，等級製品は別個に生産することが可能であるのに対して，連産品は複数の製
品が必然的に生産される点で異なっている。

A　□□□　224　連産品とは，同一工程において同一原料から生産される異種の製品であって，
相互に主副を明確に区別できないものをいう。連産品の価額は，連産品の正常市
価等を基準として定めた等価係数に基づき，一期間の総合原価を連産品にあん分
して計算する。この場合，連産品で加工の上売却できるものについては，加工製
品の見積売却価額から加工費の見積額を控除した額をもって，その正常市価とみ
なし，等価係数算定の基礎とする。

A　□□□　225　連産品の価額は，連産品の正常市価等を基準として定めた等価係数に基づき，
一期間の総合原価を連産品にあん分して計算する。この場合，連産品で，加工の
上売却できるものは，加工製品の見積売却価額から加工費の見積額を控除した額
をもって，その正常市価とみなし，等価係数算定の基礎とする。ただし，必要あ
る場合には，連産品の一種又は数種の価額を副産物に準じて計算し，これを一期
間の総合原価から控除した額をもって，他の連産品の価額とすることができる。

B　□□□　226　わが国の「原価計算基準」に基づくと，同一工程から生産される複数製品が連
産品の場合，総合原価は，生産量などの物量尺度を用いて測定した，分離点にお
ける連産品の割合に基づいてあん分される。分離点以降固有の原価の発生が無く
連産品の販売価格が異なる場合，連産品ごとの売上総利益率は異なることとな
る。

A　□□□　227　わが国の「原価計算基準」に基づくと，同一工程から生産される複数製品が連
産品の場合，総合原価は，分離点における連産品の正常市価に数量を乗じた金額
に基づいてあん分される。分離点以降固有の原価の発生が無く連産品の販売価格
が異なる場合，連産品ごとの売上総利益率は同率になる。

A　□□□　228　同一工程から生産される複数製品が連産品の場合，総合原価は，分離点におけ
る連産品の正常市価に数量を乗じた金額に基づいてあん分される。分離点以降固
有の原価の発生がなく連産品の正常市価が異なる場合，連産品ごとの売上総利益
率は同じにならない。

A　□□□　229　総合原価計算において，一期間における製造費用のうち変動費のみを集計して
製品の直接原価を計算し，固定費は製品に集計せずに期末においてその発生総額
を当期の売上原価及び製品並びに期末仕掛品に配賦することができる。

A　□□□　230　総合原価計算において，必要ある場合には，一期間における製造費用のうち，
変動直接費及び変動間接費のみを部門に集計して部門費を計算し，これに期首仕
掛品を加えて完成品と期末仕掛品とにあん分して製品の直接原価を計算し，固定
費を製品に集計しないことができる。この場合，会計年度末においては，当該会
計期間に発生した固定費額は，これを期末の仕掛品および製品とに配賦する。

A　□□□　231　わが国の「原価計算基準」では，総合原価計算において制度として直接原価計
算を実施することを認めているが，その場合，会計年度末において，当該会計期
間に発生した固定費額は，これを期末の仕掛品および製品と当年度の売上品とに
配賦することとしている。

223 【×】　連産品は<u>異種製品</u>である（「基準」二九参照）。

平成22年
第Ⅱ回

224 【○】　（「基準」二九参照）

平成26年
第Ⅱ回
令和5年
第Ⅰ回・改

225 【○】　（「基準」二九参照）

平成30年
第Ⅱ回

226 【×】　「原価計算基準」では，連産品の総合原価の計算に生産量などの物量尺度を用いて測定した計算は規定されていない。

平成27年
第Ⅰ回

227 【○】　（「基準」二九参照）

平成27年
第Ⅰ回

228 【×】　分離点以降固有の原価の発生がなければ連産品の正常市価が異なる場合でも，連産品ごとの売上総利益率は同じになる。

平成30年
第Ⅱ回

229 【○】　（「基準」三〇参照）　直接原価計算に関する規定である。

平成10年

230 【×】　会計年度末においては，当該会計期間に発生した固定費額は，これを<u>期末の仕掛品および製品と当年度の売上品とに配賦</u>する（「基準」三〇参照）。固定費調整に関する規定である。

平成26年
第Ⅱ回

231 【○】　（「基準」三〇参照）

平成27年
第Ⅰ回

A □□□ 232 総合原価計算において，必要がある場合には，一期間における製造費用のうち，変動直接費および変動間接費のみを部門に集計して部門費を計算し，これに期首仕掛品を加えて完成品と期末仕掛品とにあん分して製品の直接原価を計算し，固定費を製品に集計しないことができる。ただし，会計年度末においては，当該会計期間に発生した固定費額は，これを期末の製品と当年度の売上品とに配賦する。

A □□□ 233 実際原価の計算において，製品との関連における分類とは，製品に対する原価の発生が一定単位の製品の生成に関して直接的に認識されるかどうかの性質上の区別による分類である。原価要素は，これによって，直接費と間接費とに分類できる。「原価計算基準」によれば，総合原価計算において，必要ある場合には，一定期間における製造費用のうち，直接費のみを部門に集計して部門費を計算し，これに期首仕掛品を加えて完成品と期末仕掛品に按分して製品の直接原価を計算し，間接費を製品に集計しないで期間原価とすることができる。この場合，当該会計期間に発生した間接費額は，これを期末の仕掛品および製品と当年度の売上品に配賦することになる。

A □□□ 234 原価計算基準三〇「総合原価計算における直接原価計算」でいう「製品の直接原価」は，同基準八(三)「製品との関連における分類」でいう直接費・間接費のうちの直接費と同じものである。

A □□□ 235 直接原価計算による営業利益を，固定費調整をすることにより全部原価計算による営業利益と一致させることができるが，この処理は原価計算基準においては認められていない。

A □□□ 236 直接原価計算では，製造原価のなかの固定費をピリオド・コストとして処理することを特徴としている。

A □□□ 237 自家用の建物，機械，工具等の製作又は修繕は，経営の目的とする製品の生産ではないため，特定指図書発行の対象とならず，個別原価計算の方法によって原価を算定しない。

A □□□ 238 個別原価計算は，販売目的としている製品を生産する場合に適用される原価計算の方法であり，自家用の工具の制作や試作品の原価を算定するために利用することはできない。

B □□□ 239 個別原価計算は，会社の本来の販売目的としている製品を生産する場合に適用される原価計算の方法であり，自家用の工具の製作や試作品の原価を算定するために利用することは適切ではない。

232 【×】　　総合原価計算において，必要ある場合には，一期間における製造費用のうち，変動直接費および変動間接費のみを部門に集計して部門費を計算し，これに期首仕掛品を加えて完成品と期末仕掛品とにあん分して製品の直接原価を計算し，固定費を製品に集計しないことができる。この場合，会計年度末においては，当該会計期間に発生した固定費額は，これを期末の<u>仕掛品および製品</u>と当年度の売上品とに配賦する。（「基準」三〇参照）。

令和2年
第Ⅰ回・改
令和5年
第Ⅰ回

233 【×】　　上3行は，正しい記述である。4行目以降は，直接原価計算の記述であるが，5行目の「直接費のみ」との記載が誤っており，「変動直接費および変動間接費のみ」が正しい。直接原価計算における「直接」とは，製品との関連における分類における直接費の「直接」とは無関係である。直接原価計算における「直接」とは，当期の収益にダイレクトに対応するという意味である（「基準」八（三），三〇参照）。

平成23年
第Ⅱ回

234 【×】　　原価計算基準三〇でいう「製品の直接原価」は，<u>一期間における製造費用のうち，変動直接費および変動間接費のみを部門に集計して部門費を計算し，これに期首仕掛品を加えて完成品と期末仕掛品とにあん分したものをいい，同基準八（三）でいう直接費とは異なる</u>（「基準」八（三），三〇参照）。

平成15年

235 【×】　　固定費調整は，原価計算基準において<u>認められている</u>（「基準」三〇参照）。

平成22年
第Ⅰ回

236 【〇】　（「基準」三〇参照）

Ⅱp.93　平成8年

237 【×】　　自家用の建物，機械，工具等の製作又は修繕，試験研究，試作，仕損品の補修，仕損による代品の製作等に際しても，<u>これを特定指図書を発行して行なう場合は，個別原価計算の方法によってその原価を算定する</u>（「基準」三一参照）。

令和2年
第Ⅰ回

238 【×】　　個別原価計算は，自家用の工具の製作や試作品の原価を算定するために利用することは<u>できる</u>（「基準」三一参照）。

平成31年
第Ⅰ回

239 【×】　　経営の目的とする製品の生産に際してのみでなく，自家用の建物，機械，工具等の製作又は修繕，試験研究，試作，仕損品の補修，仕損による代品の製作等に際しても，これを特定指図書を発行して行なう場合は，個別原価計算の方法によってその原価を算定する（「基準」三一参照）。

平成27年
第Ⅱ回

A □□□　240　個別原価計算は，建築物，船舶，航空機などの有形の製品の製造に限らず，無形の映画やアニメの制作にも適用することができる。

A □□□　241　個別原価計算を採用する製造活動には，例えば，種類や規格を異にする製品の受注に基づく個別生産や，土木設備工事や建築工事などの請負契約工事は含まれるが，仕様・数量を指定する受注に基づく同一規格製品のロット別生産は含まれない。

A □□□　242　受注に基づき同一年度内に同じ製品を複数製造している場合，個別原価計算を適用することができる。

A □□□　243　同じ製品を複数製造している場合でも個別原価計算を適用することができる。

A □□□　244　個別原価計算を英語で一般にジョブ・コスティング（job costing）という。ここでいうジョブとは，「別個の識別し得る製品ないしサービスを市場に提供するうえで，資源消費の対象となる仕事（task）」を意味する。例えば，船舶メーカーが受注して商業用船舶を製造するとき，その船舶の製造が 1 つのジョブとなる。

A □□□　245　個別原価計算は，建築物，ソフトウェア，船舶などに適用され，特別仕様の製造用機械には適用されない。

A □□□　246　個別原価計算は，注文によって異なる製品やサービスを個別に生産する受注生産形態，総合原価計算は同一あるいは同種製品を大量かつ反復的に生産する見込生産形態において採用される。企業は自社の事業特性や生産形態に応じて，両方を採用することができる。

A □□□　247　個別原価計算は，種類を異にする製品を連続的に生産する生産形態に適用する。個別原価計算にあっては，特定製造指図書について個別的に直接費および間接費を集計し，製品原価は，これを当該指図書に含まれる製品の生産完了時に算定する。経営の目的とする製品の生産にさいしてのみでなく，自家用の建物，機械，工具等の製作又は修繕，試験研究，試作，仕損品の補修，仕損による代品の製作等にさいしても，これを特定指図書を発行して行なう場合は，個別原価計算の方法によってその原価を算定する。

A □□□　248　自己使用の建物や設備などの自家建造又は修繕・試作・試験研究作業などに際しても，特定指図書を発行する場合，個別原価計算の方法によってその原価を算定することができる。

A □□□　249　個別原価計算は，種類を異にする製品を連続的に生産する生産形態に適用される。個別原価計算にあっては，特定製造指図書について直接費および間接費を集計し，製品原価は，これを当該指図書に含まれる製品の生産完了時に算定する。

A □□□　250　個別原価計算では正確な製品原価を計算し，原価管理を効果的に実施するために，原則として，直接費を部門毎に把握し，これを適切な配賦基準により各製品の指図書に配賦する。

240　【○】　無形の映画やアニメの制作の他にも通信業やサービス業等幅広く適用できる。 平成31年　第Ⅰ回

241　【×】　ロット別個別原価計算を想定されたい。 令和4年　第Ⅱ回

242　【○】 令和2年　第Ⅰ回

243　【○】　ロット別個別原価計算のことである。 平成19年

244　【○】 令和4年　第Ⅱ回

245　【×】　個別原価計算は，特別仕様の製造用機械にも適用される。 平成19年

246　【○】　業種，経営規模，その他当該企業の個々の条件に応じて，実情に即した原価計算が適用されるべきである。 平成31年　第Ⅰ回

247　【×】　個別原価計算は，種類を異にする製品を個別的に生産する計算形態に適用する（「基準」三一参照）。 平成29年　第Ⅰ回

248　【○】　（「基準」三一参照） 平成26年　第Ⅰ回・改　令和5年　第Ⅰ回

249　【×】　個別原価計算は，種類を異にする製品を個別的に生産する生産形態に適用する（「基準」三一参照）。 令和3年

250　【×】　間接費を部門毎に把握し，これを適切な配賦基準により各製品の指図書に配賦する。 平成31年　第Ⅰ回

A　□□□　251　我が国の「原価計算基準」に照らせば，個別原価計算における直接費は原則として当該指図書に関する予定発生額をもって賦課し，間接費は原則として予定配賦率をもって各指図書に配賦する。

A　□□□　252　個別原価計算にあっては，特定製造指図書について個別的に直接費および間接費を集計し，製品原価は，これを当該指図書に含まれる製品の引渡完了時に算定する。

A　□□□　253　直接材料費は，当該指図書に関する実際消費量に，その消費価格を乗じて計算する。なお，自家生産材料の消費価格は，実際原価又は予定価格等をもって計算する。また，直接労務費は，当該指図書に関する実際の作業時間又は作業量に，その賃率を乗じて計算する。さらに，直接経費は，原則として当該指図書に関する実際発生額をもって計算する。

A　□□□　254　直接費は，発生の都度又は定期に整理して，これを関連する製造指図書に賦課し，間接費は，原則として予定配賦率をもって各指図書に配賦する。

A　□□□　255　個別原価計算では正確な製品原価を計算するために，原則として，直接費を部門毎に把握し，これを適切な配賦基準により各製品の指図書に配賦する必要がある。

B　□□□　256　個別原価計算における直接費は，発生のつど又は随時に整理分類して，これを当該指図書に配賦する。

A　□□□　257　直接費は，発生のつど又は定期に整理分類して，これを当該指図書に賦課する。例えば，直接労務費は当該指図書に関する実際の作業時間又は作業量に，その賃率を乗じて計算する。賃率は，実際の個別賃率又は，職場もしくは作業区分ごとの平均賃率による。

A　□□□　258　正確な製品原価を算定するために，個別原価計算における直接費は発生につど又は定期に整理分類して，これを適切な配賦基準にしたがって製品ごとの指図書に配賦する。

A　□□□　259　我が国の「原価計算基準」に照らせば，個別原価計算における直接費は，発生のつど又は定期に整理分類して，これを当該指図書に賦課する。自家生産材料の消費価格については，実際原価又は予定価格等をもって計算することが求められる。

251 【×】 　直接費は原則として実際額により計算する（「基準」三二，三三（一）（二）参照）。 　　　令和4年第Ⅱ回

252 【×】 　製品原価は製品の引渡完了時に算定するのではなく，<u>生産完了時に算定</u>する（「基準」三一参照）。 　　　平成23年第Ⅱ回

253 【○】 （「基準」三二（一）（二）（三）参照） 　　　平成23年第Ⅱ回・改令和5年第Ⅰ回

254 【○】 （「原価計算基準」三二，三三（二）参照） 　　　令和2年第Ⅰ回

255 【×】 　個別原価計算では，<u>直接費は当該指図書に賦課し，間接費は原則として部門間接費として各指図書に配賦</u>する（「基準」三二（三），三三（一）参照）。 　　　平成18年

256 【×】 　個別原価計算における直接費は，発生のつど又は<u>定期</u>に整理分類して，これを当該指図書に<u>賦課</u>する（「基準」三二参照）。 　　　平成28年第Ⅱ回

257 【○】 （「基準」三二，一二（一）参照） 　　　令和2年第Ⅱ回

258 【×】 　個別原価計算における直接費は，発生のつど又は定期に整理分類して，これを当該指図書に<u>賦課</u>する（「基準」三二参照）。 　　　令和4年第Ⅰ回・改

259 【○】 （「基準」三二（一）参照） 　　　令和5年第Ⅱ回

A　□□□　260　製造間接費の総括配賦法とは，工場全体について単一の配賦率を求めて配賦計算を行う方法である。小規模企業では総括配賦法を採用することが認められているが，企業が一定の規模を超えれば，部門別配賦法を採用しなければならない。

A　□□□　261　個別原価計算における直接費は原則として当該指図書に関する予定発生額をもって賦課し，間接費は原則として予定配賦率をもって各指図書に配賦する。

A　□□□　262　実際個別原価計算では，製造間接費は，原則として，予定配賦率を使用して各製造指図書に配賦する。

A　□□□　263　個別原価計算における間接費は，原則として部門間接費として各指図書に配賦する。間接費は，原則として予定配賦率をもって各指図書に配賦する。

A　□□□　264　直接費は部門ごとに把握し，これを適切な配賦基準に基づいて製造指図書に配賦する必要がある。

B　□□□　265　一定期間における各部門の固定間接費予定額および変動間接費予定額は，過去におけるそれぞれの原価要素の実績を把握し，それらのうち固定費を除いた変動費については，将来における物価の変動予想，製造条件の変更等，変動費に影響する条件の変化を考慮してこれを修正する。

A　□□□　266　一定期間における各部門の間接費予定額又は各部門の固定間接費予定額および変動間接費予定額は，次のように計算する。まず，間接費を固定費および変動費に分類して，過去におけるそれぞれの原価要素の実績を把握する。この場合，間接費を固定費と変動費とに分類するためには，間接費要素に関する各費目を調査し，費目によって固定費又は変動費のいずれかに分類する。準固定費又は準変動費は，原則として実際値の変化の調査に基づき，これを固定費又は変動費とみなして，そのいずれかに帰属させる。

A　□□□　267　部門間接費の予定配賦率の計算において，一定期間における各部門の間接費予定額又は各部門の固定間接費予定額および変動間接費予定額は，次のように算定される。まず，間接費を固定費と変動費に分類して，過去におけるそれぞれの原価要素の実績をは握し，将来における物価の変動予想を考慮して，これに修正を加える。次いで変動費は，設備計画や生産能力の変更等を考慮し，固定費は，製造条件の変更等を考慮して，これを修正する。

260　【×】　「原価計算基準」三三（一）では，「個別原価計算における
間接費は，原則として部門間接費として各指図書を配賦す
る。」としているが，これは，部門別計算が原価計算の正確性
と原価管理をより有効にするために存在することを念頭におい
ており，企業が一定の規模を超えた場合に部門別配賦法を採用
しなければならないというものではない。

平成31年
第Ⅱ回

261　【×】　直接材料費は，原則として購入価格をもって計算する（実際
価格が原則）。直接労務費は，実際の個別賃率又は，職場もし
くは作業区分ごとの平均賃率により計算する（実際賃率が原
則）。直接経費は，原則として実際発生額をもって計算する。
間接費は，原則として予定配賦率をもって各指図書に配賦す
る。したがって，直接費は，実際が原則であり，間接費は予定
配賦が原則である（「基準」三二，三三（二）参照）。

平成26年
第Ⅰ回

262　【○】　（「基準」三三(二)参照）

平成8年

263　【○】　（「基準」三三（一）（二）参照）

平成27年
第Ⅱ回

264　【×】　間接費は部門ごとに把握し，これを適切な配賦基準に基づい
て製造指図書に配賦する必要がある。なお，個別原価計算にお
ける直接費は，発生のつど又は定期に整理分類して，これを当
該指図書に賦課する（「基準」三三（一），三二参照）。

令和3年

265　【×】　固定費に関しても，設備計画その他固定費に影響する計画の
変更等が考慮される（「基準」三三（四）参照）。

平成23年
第Ⅱ回

266　【×】　準固定費又は準変動費は，実際値の変化の調査に基づき，こ
れを固定費又は変動費とみなして，そのいずれかに帰属させる
か，もしくはその固定費部分および変動費率を測定し，これを
固定費と変動費とに分解する（「基準」三三(四)1参照）。

平成22年
第Ⅱ回

267　【×】　固定費は，設備計画その他固定費に影響する計画の変更等を
考慮し，変動費は，製造条件の変更等変動費に影響する条件の
変化を考慮して，これを修正する（「基準」三三（四）1，2，3
参照）。

平成29年
第Ⅰ回

A　☐☐☐　268　一定期間における各部門の間接費予定額又は各部門の固定間接費予定額および変動間接費予定額は，過去の実績や将来における物価の変動，および自社の計画を考慮して算定される。

A　☐☐☐　269　一定期間における各部門の間接費予定額又は各部門の固定間接費予定額および変動間接費予定額は，過去に生じた変動費と固定費の実績，将来の物価の変動予想および設備投資等の将来計画や製造条件の変動を考慮して決定する。

A　☐☐☐　270　製造間接費の発生予定額は，間接費の各費目において過去の実績を調査し，次いで，コストに影響を及ぼす諸要因を考慮して決定される。すなわち一年又は一会計期間に予想される操業度，物価水準，経営計画の変更等を考慮して過去の実績を修正する。

A　☐☐☐　271　予定配賦率は，製造間接費の発生予定額を同じ期間の配賦基準の予定数値で割ることで算定される。予定配賦率の計算において基準となる操業度には，理論的生産能力，実際的生産能力，正常操業度，期待実際操業度などがある。環境変化が激しい状況では，過去数年の操業度を平均化した正常操業度を予定配賦率の算定に用いることが認められる。

A　☐☐☐　272　異常な原因により実際的生産能力の一部を遊休にしたために被る不働費は原価性を有さないことから，これを製品に配賦することは不合理である。また，原価管理のためには，このような不働費は分離される必要がある。

A　☐☐☐　273　予定配賦率の計算において基準となる操業度には，技術的に達成可能な理論的生産能力，理論的生産能力から生産に不可避的な作業の中断を差し引いた実際的生産能力，景気や販売事情を加味した上で，次の1年間に予期される期待実際操業度，操業度の変動を長期的に平準化した正常操業度などがある。経済環境の変化が激しい状況では，外部環境に左右されない実際的生産能力を予定配賦率の算定に用いることが望ましい。

A　☐☐☐　274　予定操業度は，技術的に達成可能な最大操業度ではなく，この期間における生産ならびに販売事情を考慮して定める。

A　☐☐☐　275　予定配賦率の計算の基礎となる予定操業度は，原則として，1年又は1会計期間において予期される操業度であり，それは，技術的に達成可能な最大操業度を基礎とし，この期間における生産ならびに販売事情を考慮して定めた期待実際操業度である。

A　☐☐☐　276　操業度は，直接作業時間，機械運転時間，生産数量等間接費の発生と関連ある適当な物量基準によって，これを表示しなければならない。操業度は，原則としてこれを各部門に区分して測定表示する。

268 【○】　（「基準」三三（四）1，2，3参照）　　　　　　　　　　　令和3年

269 【○】　（「基準」三三（四）1，2，3参照）　　　　　　　　　　　令和5年
　　　　　　　　　　　　　　　　　　　　　　　　　　　　　　　　　第Ⅰ回

270 【○】　　過去の実績を踏まえつつそれに諸要因を反映して発生予定額　　平成31年
　　　　　を決定する。　　　　　　　　　　　　　　　　　　　　　　　第Ⅱ回

271 【×】　　基準操業度に理論的生産能力は用いられない。また，環境変　　平成31年
　　　　　化が激しい状況では短期予定操業度を用いる。　　　　　　　　第Ⅱ回

272 【○】　　異常な状態を原因とする価値の減少は非原価項目となる　　Ⅰp.23　平成31年
　　　　　（「基準」三（四）参照）。　　　　　　　　　　　　　　　　　　　第Ⅱ回
　　　　　　このような項目を原価から除外することにより，偶然的要因
　　　　　による影響を排除し，棚卸資産評価や価格決定などの原価計算
　　　　　の目的達成を図るのである。

273 【×】　　経済環境の変化が激しい状況では，次年度という短期の販売　Ⅰp.94　平成29年
　　　　　予測に基づく（短期）予定操業度を予定配賦率の算定に用いる　　　　第Ⅰ回
　　　　　ことが望ましい（「基準」三三（五）参照）。

274 【○】　（「基準」三三（五）参照）　　　　　　　　　　　　　　　　令和3年

275 【×】　　予定配賦率の計算の基礎となる予定操業度は，原則として1年　平成22年
　　　　　又は1会計期間において予期される操業度であり，それは，技術　第Ⅱ回
　　　　　的に達成可能な最大操業度ではなく，この期間における生産な　平成23年
　　　　　らびに販売事情を考慮して定めた操業度である（「基準」三三　第Ⅱ回
　　　　　（五）参照）。

276 【×】　　物量基準によって，これを表示しなければならないとの記述
　　　　　が誤りである。原価計算基準は，操業度の表示につき物量基準
　　　　　が原則であるとしているが，あくまで「原則」であるため例外
　　　　　として金額基準も認められると解される（「基準」三三（五）
　　　　　参照）。

A　□□□　277　予定配賦率の基礎となる基準操業度は，期待実際操業度，予算操業度，達成可能最大操業度や平均操業度など様々である。例えば，期待実際操業度は，利用可能な全ての時間を使って最高能率で生産を行った場合の生産量に基づくものである。

B　□□□　278　製造間接費の製品別配賦基準の選択は，価値移転又は価値回収の観点から行われる。価値移転の観点からは，投入と産出の因果関係を重視し，投入された原価財の中に入っていた価値が製品へ移転したと考え，その移転過程をできるだけ正確に捉えるために，製造間接費の発生と比例関係にある配賦基準が選択される。価値回収の観点に立てば，原価負担能力と比例関係にある配賦基準を選ばなければならない。直接材料費基準は，価値移転を重視した製造間接費の配賦基準である。

B　□□□　279　製造間接費の配賦基準としては，便益基準，因果基準，負担能力基準があるが，因果基準が最も優れた配賦基準であり，我が国の「原価計算基準」では因果基準に基づく配賦基準を採用しなければならない。

A　□□□　280　製造間接費の実際発生額に基づき製品別に配賦を行うと，製品の実際単位原価が操業度の変動によって著しく変化する。不況時には，一定額発生する固定製造間接費を少量の製品で負担するため，製品の実際単位原価が高くなり，逆に，好況時には，固定製造間接費を多数の製品で負担するため，製品の実際単位原価が低くなる。このため実際発生額に基づく製造間接費の製品別配賦は，好況時と不況時で利益が大きく変動する原因となりうる。

A　□□□　281　部門間接費の各指図書への配賦額は，各製造部門又はこれを細分した各小工程又は各作業単位別に間接費予定配賦率を算定し，各指図書に関する実際の配賦基準を乗じて計算する。

A　□□□　282　個別原価計算において，労働が機械作業と密接に結合して総合的な作業となり，そのために製品に配賦すべき直接労務費と製造間接費とを分離することが困難な場合その他必要ある場合には，直接労務費についてのみ部門別計算を行ない，部門加工費を各製造指図書に配賦することができる。

A　□□□　283　個別原価計算において，労働が機械作業と密接に結合して総合的な作業となり，そのために製品に配賦すべき直接労務費と製造間接費とを分離することが困難な場合その他必要ある場合には，加工費について費目別計算を行ない，当該加工費を各指図書に配賦することができる。

A　□□□　284　労働が機械作業と密接に結合して総合的な作業となり，そのため製品に賦課すべき直接労務費と製造間接費とを分離することが困難な場合，これらをともに直接労務費として，これを指図書に賦課することができる。

A　□□□　285　個別原価計算においては，原則として直接費と間接費に区分して計算し，総合原価計算のように直接労務費と製造間接費を加工費として一括して計算し，各指図書に配賦することはない。

277　【×】　　期待実際操業度は，一年又は一会計期間において予期される操業度であり，必要生産量に基づいて算定される（「準」三三（五）参照）。

令和5年
第Ⅱ回

278　【×】　　直接材料費の負担が大きい製品はそれに応じて売価も高く設定され，収益性の高い製品と判断される。したがって，直接材料費基準を使用する根拠は，売価の高い製品によって製造間接費を多く回収しようとする原価回収政策（価値回収的原価計算）に求められる。

平成29年
第Ⅱ回

279　【×】　　因果基準に基づく配賦基準を採用することが望ましいが，たとえば，従業員数を配賦基準とする場合等，因果基準でない基準も存在する。

平成30年
第Ⅱ回

280　【○】　　製造間接費を実際配賦すると，実際操業度の変化に応じて，製品単位当たりが負担する固定製造間接費が増減する。

Ⅰp.85

平成29年
第Ⅱ回

281　【○】　　（「基準」三三（六）参照）

平成23年
第Ⅱ回

282　【×】　　個別原価計算において，労働が機械作業と密接に結合して総合的な作業となり，そのため製品に賦課すべき直接労務費と製造間接費とを分離することが困難な場合その他必要ある場合には，加工費について部門別計算を行ない，部門加工費を各指図書に配賦することができる（「基準」三四参照）。

平成28年
第Ⅱ回

283　【×】　　個別原価計算において，労働が機械作業と密接に結合して総合的な作業となり，そのため製品に賦課すべき直接労務費と製造間接費とを分離することが困難な場合その他必要ある場合には，加工費について部門別計算を行ない，部門加工費を各指図書に配賦することができる（「基準」三四参照）。

平成14年・改
平成26年
第Ⅱ回
令和5年
第Ⅰ回・改

284　【×】　　製品に賦課すべき直接労務費と製造間接費とを分離することが困難な場合その他必要ある場合には，加工費について部門別計算を行ない，部門加工費を各指図書に配賦することができる（「基準」三四参照）。

令和2年
第Ⅰ回

285　【×】　　個別原価計算において，部門加工費を各指図書に配賦することもある（「基準」三四参照）。

平成23年
第Ⅱ回

A □□□　286　正常な仕損が発生する場合，個別原価計算においては，仕損費を当該製品の製造指図書に賦課するか，あるいは間接費として仕損の発生部門に賦課するが，総合原価計算においては，原則として特別に仕損費の費目を設けることをせず，その期の完成品と期末仕掛品とに負担させる。

A □□□　287　個別原価計算において，仕損費は仕損が発生した製品の指図書に賦課しなければならない。

A □□□　288　個別原価計算における仕損費の処理については，仕損費を間接費とし，これを仕損の発生部門に賦課しなければならない。このとき，間接費の予定配賦率の計算において，当該製造部門の予定間接費額中に，仕損費の予定額を算入する。

A □□□　289　個別原価計算において，仕損が補修によって回復でき，補修のために補修指図書を発行する場合には，補修指図書に集計された製造原価を仕損費とする。

A □□□　290　仕損が補修によって回復できず，代品を製作するために新たに製造指図書を発行する場合において，旧製造指図書の一部が仕損となったときは，旧製造指図書に集計された製造原価を仕損費とする。

A □□□　291　個別原価計算において，仕損が補修によって回復できず，代品を製作するために新たに製造指図書を発行する場合，旧製造指図書の全部が仕損となったときは，旧製造指図書に集計された製造原価を仕損費とし，旧製造指図書の一部が仕損となったときは，新製造指図書に集計された製造原価を仕損費とする。

A □□□　292　個別原価計算において，仕損の補修又は代品の製作のために別個の指図書を発行しない場合には，仕損の補修等に要する製造原価を見積ってこれを仕損費とする。

A □□□　293　個別原価計算において，仕損品が売却価値又は利用価値を有する場合には，その見積額を控除した額を仕損費とする。軽微な仕損については，仕損費を計上しないで，単に仕損品の見積売却価額又は見積利用価額を，当該製造指図書に集計された販売費および一般管理費から控除するにとどめることができる。

A □□□　294　個別原価計算においては，作業くずは，これを総合原価計算の場合に準じて評価し，当該製造指図書の製造原価から控除する。ただし，必要ある場合には，これを当該製造指図書の直接材料費から控除することができる。

286 【○】　（「基準」三五後段（一）（二），二七参照）　　　　　　　　平成10年

287 【×】　　個別原価計算における仕損費は当該指図書に賦課するか，間
接費として処理する（「基準」三五後段（一）（二）参照）。　　　　平成18年

288 【×】　　個別原価計算における仕損費は当該指図書に賦課するか，間接
費として処理する（「基準」三五後段（一）（二）参照）。　　　　平成30年
第Ⅰ回

289 【○】　（「基準」三五（一）参照）　　　　　　　　　　　　　　　平成28年
第Ⅰ回・改
令和4年
第Ⅰ回・改

290 【×】　　仕損が補修によって回復できず，代品を製作するために新た
に製造指図書を発行する場合において，旧製造指図書の一部が
仕損となったときは，新製造指図書に集計された製造原価を仕
損費とする。仕損が補修によって回復できず，代品を製作する
ために新たに製造指図書を発行する場合において，旧製造指図
書の全部が仕損となったときは，旧製造指図書に集計された製
造原価を仕損費とする（「基準」三五（二）参照）。　　　　　　平成22年
第Ⅱ回
平成26年
第Ⅰ回

291 【○】　（「基準」三五（二）参照）　　　　　　　　　　　　　　　平成30年
第Ⅰ回

292 【○】　（「基準」三五（三）参照）　　　　　　　　　　　　　　　平成28年
第Ⅰ回・改

293 【×】　　軽微な仕損については，仕損費を計上しないで，単に仕損品
の見積売却価額又は見積利用価額を，当該製造指図書に集計さ
れた製造原価から控除するにとどめることができる（「基準」
三五（三）参照）。　　　　　　　　　　　　　　　　　　　　　平成28年
第Ⅰ回・改

294 【×】　　本問の記述はいずれも例外的な処理方法である。作業くずの
発生部門の部門費から控除することが原則的な処理方法となる
（「基準」三六参照）。　　　　　　　　　　　　　　　　　　　平成22年
第Ⅱ回

A　□□□　295　個別原価計算において，作業くずは，これを総合原価計算の場合に準じて評価し，その発生部門の部門費から控除する。ただし，必要ある場合には，これを当該製造指図書の直接材料費又は製造原価から控除することができる。

A　□□□　296　個別原価計算において，作業くずは，これを総合原価計算の場合に準じて評価し，その発生部門の部門費から控除する。なお，総合原価計算において作業くずの処理と評価は，副産物に準ずるとされている。

A　□□□　297　原価計算制度においては，販売費及び一般管理費も費目別に計算したのち，製品別に配賦される。

A　□□□　298　原価要素は，職能別分類に従い，製造原価要素と販売費および一般管理費の要素とに分類できる。製品の製造に要する原価が製造原価であり，製品の販売に要する原価が販売費である。管理費は，これを製造活動の管理費（たとえば，製造部長の給料）と販売活動の管理費（たとえば，販売部長の給料）とに分けられ，前者は製造原価に，後者は販売費に含め，いずれにも分けられない管理費は，一般管理費である。販売費と一般管理費を合わせて，営業費と呼ぶことがある。

B　□□□　299　「原価計算基準」では，新製品又は新技術の開拓等の費用については，企業全般に関するものに限って製造原価に算入することができるとしている。これに対して，企業全般に係わるものでないものについては販売費および一般管理費の機能別分類項目とされている。

A　□□□　300　標準総合原価計算が適用される製品の場合には，一般的にパーシャル・プランや修正パーシャル・プランが採用され，そのとき仕掛品勘定（製造勘定）の借方には実際原価だけが記入される。

A　□□□　301　材料費の価格差異は，輸入材料に関する為替レートの変動のように，外部要因によるものなので管理不能である。

A　□□□　302　操業度を直接作業時間で測定しているとき，変動予算による製造間接費の差異分析において，二分法における管理可能差異と，四分法における予算差異との差額は，操業度差異を基準（正常）作業時間と標準作業時間との差として求める場合の三分法における能率差異の金額と一致する。

295　【○】　（「基準」二八，三六参照）　　　　　　　　　　　　　令和2年
　　　　　　　　　　　　　　　　　　　　　　　　　　　　　　　第Ⅱ回・改

296　【○】　（「基準」二八，三六参照）　　　　　　　　　　　　　令和5年
　　　　　　　　　　　　　　　　　　　　　　　　　　　　　　　第Ⅰ回

297　【×】　　販売費及び一般管理費は，<u>原則として，形態別分類を基礎と</u>　平成21年
　　　　　　<u>し，これを直接費と間接費とに大別し，さらに必要に応じ機能</u>
　　　　　　<u>別分類を加味して分類し，一定期間の発生額を計算する</u>（「基
　　　　　　準」三八参照）。

298　【○】　　　　　　　　　　　　　　　　　　　　　　　　　　　平成23年
　　　　　　　　　　　　　　　　　　　　　　　　　　　　　　　第Ⅱ回

299　【×】　　新製品又は新技術の開拓等の費用であって企業全般に関する　　平成11年
　　　　　　ものは，販売費および一般管理費として処理しなければならな
　　　　　　い。「原価計算基準」三九は，<u>販売費および一般管理費と区別</u>
　　　　　　<u>し個の項目として記載することができるといっているだけで</u>
　　　　　　<u>ある</u>（「基準」三九参照）。

300　【×】　　パーシャル・プランは仕掛品勘定の借方に原価要素別の実際　Ⅰp.272　平成22年
　　　　　　原価（実際単価×実際数量）を，修正パーシャル・プランは仕　Ⅰp.273　第Ⅰ回・改
　　　　　　掛品勘定の借方に実際消費量と標準単価で計算した金額を記入　Ⅰp.274
　　　　　　することになるが，仕掛品勘定の借方はこれらの記入のみに留　Ⅰp.275
　　　　　　まらない。たとえば月初仕掛品が存在する場合には，月初仕掛
　　　　　　品原価を標準原価で借方に記入する。また，有利な原価差異が
　　　　　　生じる場合には，当該原価差異を仕掛品勘定の借方に記入す
　　　　　　る。

301　【×】　　一般的に<u>製造現場では価格差異は管理不能である。</u>　　　　Ⅰp.256　平成22年
　　　　　　しかし，<u>急な発注により割高の材料を調達せざるを得なかった</u>　　　　　　第Ⅰ回
　　　　　　<u>場合など，管理可能なケースもある。</u>

302　【○】　　二分法における管理可能差異と，四分法における予算差異と　Ⅰp.262　平成22年
　　　　　　の差額は，変動費能率差異にあたるため，操業度差異を基準　　　　　　　第Ⅰ回
　　　　　　（正常）作業時間と標準作業時間との差として求める場合の三
　　　　　　分法における能率差異の金額と一致する。

A　□□□　303　標準原価カードにおいて，材料標準消費量の中に減損や仕損の正常量をあらかじめ含める方法と含めない方法がある。減損や仕損が工程の途中で生じる場合には，月初仕掛品や月末仕掛品に正常減損費や正常仕損費が計上できるので，あらかじめ含める方法のほうが含めない方法よりも正確な計算になる。

A　□□□　304　標準原価計算の目的は複数あるが，複式簿記と有機的に結合して行われる標準原価計算制度の最大のメリットは，実際原価の偶然的な変動を排除し，原価管理の規範としての信頼性を高めることである。反面，標準原価計算制度では，実際原価の集計に加えて，製品の標準原価の計算が追加的に必要となることから，計算・記帳手続が煩雑化するというデメリットがある。

A　□□□　305　実際原価のみが真実の原価であり，標準原価は真実の原価ではない。

A　□□□　306　標準原価計算は原価管理や予算管理を効果的に行うことに役立つが，実際原価の計算も行うことや，原価差異を算定する必要があるため，記帳の簡略化，迅速化を図ることは困難である。

A　□□□　307　標準原価計算の目的としては，原価管理，たな卸資産価額および売上原価算定，予算編成，記帳の簡略化および迅速化などがあげられる。これらの目的を達するには標準原価は，現状に即した標準でなければならないため，常にその適否を吟味し，機械設備，生産方式等の生産の基本条件および材料価格，賃率等に重大な変化が生じた場合には，現状に即するようにこれを改訂する。

A　□□□　308　原価標準には，様々な種類があるが，原価標準を適用する期間，つまり改訂の頻度によって，基準標準原価と当座標準原価が区別される。基準標準原価は，設定した標準を長期間にわたって適用し，生産条件や経営環境の大きな変化がない限り，改訂されない。これに対して，当座標準原価は，標準原価が実状に即しているかを頻繁に検討し，必要に応じて改訂される。

A　□□□　309　我が国の「原価計算基準」において想定される標準原価は，原価管理や予算編成，また，たな卸資産価額や売上原価算定のために現状に即した標準となるよう，しばしば改訂されることが要求されるが，このような標準原価を当座標準原価という。

A　□□□　310　標準直接材料費を算定する上での製品単位当たり標準消費量については，製品の生産に必要な各種素材，部品等の種類，品質，加工の方法および順序等を定め，科学的，統計的調査により製品単位当たりの各種材料の標準消費量を定める。標準消費量には，通常生ずると認められる程度の減損，仕損等の消費余裕を含めてはならない。

303 【×】　　減損や仕損が工程の途中で生じる場合には，月初仕掛品や月末仕掛品に正常減損費や正常仕損費を負担させるかさせないかを選択でき，かつ負担計算もより正確になるため，<u>あらかじめ含めない方法のほうが含める方法よりも正確になる。</u>
　　また，含めない方法によれば，不能率による数量差異等も正しく算定される。

Ⅰp.286
Ⅰp.291

平成22年
第Ⅰ回

304 【×】　　標準原価計算制度では，<u>計算・記帳手続は非常に簡略化される。</u>たとえば，パーシャル・プランにおいては，当月の製品完成量と月末仕掛品の完成品換算量に，原価標準を乗じることで，標準原価が直ちに計算されるため，計算・記帳手続は非常に簡略化されるといえる。

Ⅰp.245

令和3年

305 【×】　　標準原価も真実の原価である（「基準」四〇（二）参照）。

平成20年

306 【×】　　記帳の簡略化，迅速化を図ることも出来る（「基準」四〇（四）参照）。

平成19年

307 【○】　　（「基準」四〇，四二参照）

平成31年
第Ⅰ回

308 【○】

Ⅰp.247

令和4年
第Ⅰ回

309 【○】　　当座標準原価とは，標準が適用される期間の実状に応じて毎期改訂される標準原価である。よって，当座標準原価は，製品仕様や製造方法等，標準を設定する基礎的条件が変化したときはもちろんのこと，価格や能率水準が変化した場合にもしばしば改訂されるため，原価管理のみならず予算管理や棚卸資産評価にも適している（「基準」四二参照）。

Ⅰp.247

令和6年
第Ⅰ回

310 【×】　　標準消費量は，通常生ずると認められる程度の減損，仕損等の消費余裕を<u>含む</u>（「基準」四一（一）2参照）。

平成28年
第Ⅰ回

A　□□□　311　標準直接材料費は，直接材料の種類ごとに，製品単位当たりの標準消費量と標準価格とを定め，両者を乗じて算定する。その際に用いる標準価格は，予定価格又は正常価格とする。

A　□□□　312　標準直接労務費は，直接作業の区分ごとに，製品単位当たりの直接作業の標準時間と標準賃率とを定め，両者を乗じて算定する。その際に用いる標準賃率は，予定賃率又は正常賃率とする。

A　□□□　313　標準直接労務費を算定する際は，物量標準と価格標準の両面を原則として考慮する。前者については，直接作業の区分毎に，製品単位当たりの標準時間を定めるが，能率向上の観点から疲労や身体的必要あるいは手待などの時間的余裕は含められていない。

A　□□□　314　標準直接労務費は，直接作業の区分ごとに，製品単位当たりの直接作業の標準時間と標準賃率とを定め，両者を乗じて算定する。標準直接作業時間については，製品の生産に必要な作業の種類別，使用機械工具，作業の方法および順序，各作業に従事する労働の等級等を定め，作業研究，時間研究その他経営の実情に応ずる科学的，統計的調査により製品単位当たりの各区分作業の標準時間を定める。標準時間は，通常生ずると認められる程度の疲労，身体的必要，手待等の時間的余裕を含まない。

A　□□□　315　製造間接費の標準は，部門別に部門間接費予算として算定され，その部門間接費予算には変動予算と固定予算がある。各部門別の変動予算は，一定の限度内において原価管理に役立つのみでなく，製品に対する標準間接費配賦率の算定の基礎となる。固定予算とは，製造間接費予算を予算期間に予期される範囲内における種々の操業度に対応して算定した予算をいい，実際間接費額を当該操業度の予算と比較して，部門の業績を管理することを可能にする。

A　□□□　316　実査法によって変動予算を算定する場合には，基準操業度を中心として，予期される範囲内の種々の操業度を，一定間隔に設け，各操業度に応ずる複数の製造間接費予算をあらかじめ算定列記する。各操業度に応ずる間接費予算額は，個々の間接費項目につき，各操業度における額を個別的に実査して算定する。変動予算における基準操業度は，固定予算算定の基礎となる操業度である。

A　□□□　317　部門別製造間接費予算は，固定予算又は変動予算として設定する。変動予算の算定を実査法による場合には，一定の基準となる操業度を中心として，予期される範囲内の種々の操業度を，一定間隔に設け，各操業度に応ずる複数の製造間接費予算をあらかじめ算定列記する。

A　□□□　318　変動予算とは，製造間接費予算を，予算期間に予期される範囲内における種々の操業度に対応して算定した予算をいい，実際間接費額を当該操業度の予算と比較して，部門の業績を管理することを可能にする。

A　□□□　319　製造間接費の標準は，部門別に算定して部門間接費予算を用いる。部門間接費予算には，固定予算と変動予算があるが，固定費の管理を重視して，変動予算より固定予算の方が有用であるとされている。

311 【○】 （「基準」四一（一）1，3参照）。 平成29年 第Ⅱ回

312 【○】 （「基準」四一（二）1，3参照）。 平成30年 第Ⅰ回

313 【×】 通常生ずると認められる程度の疲労，身体的必要，手待等の時間的余裕を<u>含む</u>（「基準」四一（二）2参照）。 平成25年 第Ⅰ回

314 【×】 標準時間は，通常生ずると認められる程度の疲労，身体的必要，手待等の時間的余裕を<u>含む</u>（「基準」四一（二）2参照）。 平成30年 第Ⅱ回

315 【×】 変動予算と固定予算の説明が逆である（「基準」四一（三）1，2参照）。 平成26年 第Ⅱ回

316 【○】 （「基準」四一（三）2（1）参照）。 平成29年 第Ⅰ回・改

317 【○】 （「基準」四一（三）2（1）参照） 平成30年 第Ⅱ回

318 【○】 （「基準」四一（三）2参照） 平成9年

319 【×】 製造間接費の管理をより有効にするために，変動予算を設定する。（「基準」四一（三）参照） 平成25年 第Ⅰ回

A　□□□　320　標準製品原価は，製品の一定単位につき標準直接材料費，標準直接労務費等を集計し，これに標準間接費配賦率に基づいて算定した標準間接費配賦額を加えて算定する。標準間接費配賦率は変動予算算定の基礎となる操業度ならびにこの操業度における標準間接費を基礎として算定する。

A　□□□　321　製造間接費の差異分析における三分法（公式法変動予算による）には2種類ある。操業度差異が標準操業度と基準操業度の差に基づく場合，その能率差異は変動費と固定費からなり，また操業度差異が実際操業度と基準操業度との差に基づく場合，その能率差異は変動費のみからなる。

A　□□□　322　公式法変動予算に基づく，三分法による製造間接費差異分析で，操業度差異を標準作業時間と基準操業度となる作業時間（以下，基準作業時間）の差に固定費率を乗じて計算する場合，能率差異は変動費部分と固定費部分の両方を含む。また，操業度差異を実際作業時間と基準作業時間の差に固定費率を乗じて計算する場合，能率差異は変動費部分だけで構成される。

A　□□□　323　公式法変動予算による製造間接費の差異分析には，複数の方法がある。二分法における管理可能差異と四分法における予算差異との差額は，操業度差異を基準操業度となる作業時間と標準作業時間との差によって計算するタイプの三分法における能率差異の金額と一致する。

A　□□□　324　操業度を直接作業時間で測定しているとき，変動予算による製造間接費の差異分析において，二分法における操業度差異と，四分法における操業度差異との差額は，操業度差異を基準（正常）作業時間と標準作業時間との差として求める場合の三分法における能率差異の金額と一致する。

A　□□□　325　製造間接費差異のうち予算差異は，通常，変動費から生ずるが，固定費から生ずることもある。また，操業度差異の計算上，変動費の発生額は操業度差異の額に影響を与えることはない。

A　□□□　326　標準原価管理における原価標準とは，製品単位当たりの目標となる原価であり，完成品の標準原価は，原価標準に標準生産量を乗じて求める。

B　□□□　327　標準原価計算には種々の方法があるが，これを大別すれば，標準原価計算制度と統計的標準原価計算の二つに分けられる。前者は，標準原価計算を複式簿記機構と結合させ，常時，継続的に行う方法であり，後者は，標準原価計算を複式簿記機構から取り外し，これを統計的補助記録の中で行う方法である。

B　□□□　328　「原価計算基準」では，標準原価計算制度において標準原価の指示は一定の文書によりおこなわれ，これらの文書は標準原価会計機構の補助記録となるが，その種類，記載事項，形式は企業の自由に任されるとしている。

320 【×】　標準製品原価は，製品の一定単位につき標準直接材料費，標準直接労務費等を集計し，これに標準間接費配賦率に基づいて算定した標準間接費配賦額を加えて算定する。標準間接費配賦率は固定予算算定の基礎となる操業度ならびにこの操業度における標準間接費を基礎として算定する。（「基準」四一（四）参照）

平成28年第Ⅰ回

321 【×】　説明が逆である。<u>操業度差異が標準操業度と基準操業度の差に基づく場合，その能率差異は変動費のみからなり，また操業度差異が実際操業度と基準操業度との差に基づく場合，その能率差異は変動費と固定費からなる。</u>

Ⅰp.262　平成23年第Ⅰ回

322 【×】　公式法変動予算に基づく，三分法による製造間接費差異分析で，操業度差異を標準作業時間と基準操業度となる作業時間（以下，基準作業時間）の差に固定費率を乗じて計算する場合，能率差異は<u>変動費部分だけで構成される</u>。また，操業度差異を実際作業時間と基準作業時間の差に固定費率を乗じて計算する場合，能率差異は<u>変動費部分と固定費部分の両方を含む</u>。

Ⅰp.262　令和2年第Ⅱ回

323 【○】

Ⅰp.262　令和2年第Ⅱ回

324 【×】　四分法における固定費能率差異の金額と一致する。

Ⅰp.262　平成28年第Ⅱ回

325 【○】　製造間接費差異のうち予算差異は，通常，変動費から生ずるが，固定費から生ずることもある。一例として，保険料率の改訂に伴う固定費額の増減が挙げられる。

平成19年

326 【×】　完成品の標準原価は，原価標準に<u>実際生産量</u>を乗じて求める。

Ⅰp.253　令和5年第Ⅱ回

327 【○】

令和3年

328 【○】　標準原価を指示する文書の種類，記載事項および形式は，<u>経営の特質によって適当に定めるべきである</u>（「基準」四三参照）。

平成11年

A　□□□　329　標準原価は，一定の文書に表示されて原価発生に責任を持つ各部署に指示される。指示する文書の種類について，標準製品原価表，材料明細表，標準作業表および製造間接費予算表の四つが例として取り上げられている。

A　□□□　330　標準原価は，一定の文書に表示されて原価発生について責任をもつ各部署に指示されるとともに，この種の文書は，標準原価会計機構における補助記録となる。この種の文書には標準製品原価表，材料明細表，標準作業表，製造間接費予算表などがある。このうち標準製品原価表とは，製造指図書に指定された製品の一定単位当たりの標準原価を構成する各種直接材料費の標準，作業種類別の直接労務費の標準および部門別製造間接費配賦額の標準を数量的および金額的に表示指定する文書をいうのである。

A　□□□　331　「原価計算基準」によれば，標準原価計算制度において，原価差異が生ずる場合には，その大きさを算定記録し，これを分析する。その目的は，原価差異を財務会計上適正に処理して製品原価および損益を確定することと，その分析結果を各階層の経営管理者に提供することによって，原価の管理に資するためである。

A　□□□　332　加工費配賦差異とは，部門加工費を予定配賦率をもって製品に配賦することによって生ずる原価差異をいい，一期間におけるその製造間接費の配賦額と実際額との差額として算定する。

A　□□□　333　振替差異とは，工程間に振り替えられる工程製品の価額を予定原価又は正常原価をもって計算することによって生ずる原価差異をいい，一期間におけるその工程製品の振替価額と実際額との差額として算定する。

A　□□□　334　直接材料費差異とは，標準原価による直接材料費と直接材料費の実際発生額との差額をいい，これを材料種類別に価格差異と数量差異とに分析する。このうち数量差異とは，材料の標準消費数量と実際消費数量との差異に基づく直接材料費差異をいい，直接材料の標準消費数量と実際消費数量との差異に，標準消費価格を乗じて算定する。

A　□□□　335　標準原価計算制度における材料受入価格差異とは，材料の受入価格を標準価格をもって計算することによって生ずる原価差異をいい，標準受入価格と実際受入価格との差異に実際消費数量を乗じて算定する。この差異は当年度の材料の払出高と期末在高に配賦する。

A　□□□　336　標準原価計算制度において生じる材料受入価格差異とは，材料の受入価格を標準価格をもって計算することによって生ずる原価差異をいう。発生した材料受入価格差異は，当年度の材料の払出高と期末在高に配賦する必要がある。この場合，材料の期末在高については，材料の適当な種類群別に配賦する。

329 【○】 （「基準」四三参照） 平成25年
第Ⅰ回

330 【○】 （「基準」四三参照） 平成26年
第Ⅱ回

331 【○】 （「基準」四四参照） 平成23年
第Ⅰ回

332 【×】 　　加工費配賦差異とは，部門加工費を予定配賦率をもって製品 令和3年
に配賦することによって生ずる原価差異をいい，一期間におけ
るその加工費の配賦額と実際額との差額として算定する（「基
準」四五（六）参照）。

333 【○】 （「基準」四五（八）参照） 令和3年

334 【○】 　　（「基準」四六（二）2参照） 平成30年
第Ⅰ回

335 【×】 　　標準原価計算制度における材料受入価格差異とは，材料の受 平成23年
入価格を標準価格をもって計算することによって生ずる原価差 第Ⅰ回
異をいい，標準受入価格と実際受入価格との差異に，実際受入 平成31年
数量を乗じて算定する（「基準」四六（一）参照）。なお，残 第Ⅰ回
りの文章は正しい（「基準」四七（一）2参照）。

336 【○】 　　材料受入価格差異とは、材料の受入価格を標準価格をもって
計算することによって生ずる原価差異をいい、標準受入価格と
実際受入価格との差異に、実際受入数量を乗じて算定する（「基
準」四六(一)参照）。材料受入価格差異は、当年度の材料の払出
高と期末在高に配賦する。この場合、材料の期末在高について
は、材料の適当な種類群別に配賦する（「基準」四七(一)2参
照）。

83

A　□□□　337　標準原価計算における直接材料費差異のうち，価格差異とは，標準消費価格と実際消費価格との差に標準消費数量を乗じたものであり，直接労務費差異のうち，賃率差異とは，標準賃率と実際賃率との差に標準作業時間を乗じたものである。

A　□□□　338　標準原価計算制度における直接材料費差異は，材料種類別に価格差異と数量差異とに分析するが，このうち価格差異は，直接材料の標準消費価格と実際消費価格との差異に，実際受入数量を乗じて算定する。

A　□□□　339　標準原価計算制度における直接材料費差異は消費価格と消費数量に基づいて，価格に起因する差異と数量に起因する差異の2つに分解される。通常，価格差異は，直接材料の標準消費価格と実際消費価格の差に，標準消費数量を乗じて計算される。このようにして算出される価格差異には，一部，数量に起因する差異の影響が混入している。

A　□□□　340　標準原価差異の把握方法には，直接材料や直接作業の投入時に算出する方法と，ある期間の実際生産量が確定してから算出する方法があり，前者をシングル・プランといい，後者をパーシャル・プランという。

A　□□□　341　原価計算期末にその期間の産出量（完成品量と期末仕掛品の完成品換算量）に基づき原価差異を把握する方法を一般にアウトプット法という。これに対して，資源投入時点で差異を把握する方法を一般にインプット法という。インプット法は，標準原価差額の把握と分析を迅速に実施できるとともに，計算事務量を節約できるという長所を有している。

A　□□□　342　標準原価計算制度は，標準原価をどの段階で複式簿記機構の中に組み入れるかによってパーシャル・プランとシングル・プランとに大別される。パーシャル・プランでは，実際生産量（完成品量と期末仕掛品の完成品換算量）に原価標準を乗じて標準原価を計算し，これを複式簿記機構に組み入れる。シングル・プランは，資源の消費時点で標準原価を計算し，これを複式簿記機構の中に組み入れる方法である。

A　□□□　343　標準原価計算制度では，標準原価をどの計算段階で複式簿記機構の中に組み入れるかによって，原則として，パーシャル・プランとシングル・プランに大別される。シングル・プランでは，仕掛品勘定の借方は標準原価で記入される。これに対して，パーシャル・プランでは，仕掛品勘定の借方は実際原価で記入される。

A　□□□　344　直接材料費に関する原価差異のうち価格差異は，工程管理者にとっては多くの場合管理不能であり，原価報告書に含めるべきではなく，この点において，パーシャル・プランは修正パーシャル・プランに劣っている。

A　□□□　345　修正パーシャル・プランとは，直接材料費および直接労務費の各仕掛品勘定の借方に，直接材料費と直接労務費の実際消費量を実際価格でなく，標準価格で評価した金額を計上する方法である。責任会計の見地から，材料の価格差異，労働の賃率差異は管理不能であるために，こうした外部要因による差異を原価業績報告書に含めることのない修正パーシャル・プランは，通常のパーシャル・プランよりも優れている。

337 【×】　標準原価計算においても，<u>価格差異や賃率差異は，実際消費数量や実際作業時間を基準として計算する</u>（「基準」四六（二）1，（三）1参照）。　　　　　　　　　平成10年

338 【×】　価格差異は，直接材料の標準消費価格と実際消費価格との差異に，実際<u>消費数量</u>を乗じて算定する（「基準」四六（二）1参照）。　　　　　　　　　　　　　平成17年

339 【×】　価格差異は，直接材料の標準消費価格と実際消費価格との差異に，<u>実際消費数量</u>を乗じて算定する（「基準」四六（二）1参照）。　　　　　　　令和2年 第Ⅱ回

340 【×】　前者が「インプット法」，後者が「アウトプット法」である。　　Ⅰp.270　　平成19年

341 【×】　インプット法は，標準原価差額の把握と分析を迅速に実施できるという長所を有しているが，<u>計算事務量が多くなるという短所</u>を有している。　　Ⅰp.270 Ⅰp.278　　令和2年 第Ⅰ回

342 【○】　　　　　　　　　　　　　　　　　　　　　　　　　　　　Ⅰp.272 Ⅰp.273　　令和2年 第Ⅰ回

343 【○】　本肢はパーシャル・プランとシングル・プランの仕掛品勘定の記入法の違いを問うものである。従って，仕掛品勘定の借方に記入される原価要素別の原価が，標準原価なのか若しくは実際原価なのかという視点で説明されていると判断すべきでる。　　Ⅰp.272　　令和3年

344 【○】　修正パーシャル・プランによれば価格差異と数量差異が分けて記載される。　　Ⅰp.256 Ⅰp.273　　平成28年 第Ⅱ回

345 【○】　直接材料費について，価格差異が材料勘定で，数量差異が仕掛品勘定に記載される。直接労務費について，賃率差異が賃金勘定で，時間差異が仕掛品勘定に記載される。単価差異が各原価要素勘定において把握され，これを原価業績報告書に含めないことになるため，すべての原価差異を仕掛品勘定に記載する通常のパーシャルプランよりも優れているといえる。　　Ⅰp.272 Ⅰp.273　　令和2年 第Ⅰ回

A □□□ 346 標準原価差額の把握方法には，インプット法とアウトプット法がある。期末に実際生産量に原価標準を乗じて，標準原価を算定し，実際原価と比較することによって，標準原価差額を把握する方法をインプット法という。このとき，標準原価差額は，原価計算期末まで判明しない。原価管理を推進するためには，アウトプット法よりもインプット法のほうが望ましい。

A □□□ 347 多くの連続生産型企業では月末段階で材料の数量差異を把握し，パーシャル・プランを採用しているが，材料の投入段階で数量差異を把握することも可能であり，そのための方法が修正パーシャル・プランである。

A □□□ 348 原価差異をいつ把握するかという差異把握のタイミングと勘定記入法の区別は，必ずしも一対一で対応するものではないが，シングル・プランはインプット法，パーシャル・プランはアウトプット法と結び付きやすい。なお，製造間接費差異のうち，操業度差異および予算差異は，アウトプット法で把握することはできない。

A □□□ 349 インプット法の特徴は原価財の投入段階で差異を把握できる点にあるが，全ての差異を原価財の投入段階で把握できるわけではない。

A □□□ 350 化学薬品を生産している工場では，原料の数量差異を配合差異と歩留差異に区分して把握することは有効な原価管理の一方法といえる。このうち歩留差異を，原料別標準消費量から，当該原料の標準配合割合とすべての原料の実際消費量合計を乗じたものを控除したものに，標準価格を乗じて算出した場合に，この値が正（プラス）のときは，その原料の歩留は良好であったことを示しているといえる。

A □□□ 351 実際生産量と標準歩留率から計算された原料投入量を標準配合割合で分けた原料別投入量と，実際配合割合で分けた原料別投入量の差に，原料別標準価格を乗じたものが原料配合差異である。

B □□□ 352 加重平均標準価格を用いて原料配合差異と原料歩留差異を計算する場合，各原料の標準消費量（実際生産量から標準歩留率と標準配合割合を用いて計算された標準消費量）と実際消費量の差が両方の差異の計算に必要となる。

A □□□ 353 直接労務費差異は，理論的には，賃率差異，作業時間差異および混合差異に三分されるが，一般的には管理可能な作業時間差異を正確に把握することを重視するため，混合差異を作業時間差異に含めて計算することが多くなされている。

346　【×】　　期末に実際生産量に原価標準を乗じて，標準原価を算定し，実際原価と比較することによって，標準原価差額を把握する方法を<u>アウトプット法</u>という。　　Ⅰp. 270　　令和3年

347　【×】　　修正パーシャル・プランではない。　　Ⅰp. 270　　令和5年
　　　　　　　　　　　　　　　　　　　　　　　　　　　　　　　Ⅰp. 271　　第Ⅰ回
　　　　　　　　　　　　　　　　　　　　　　　　　　　　　　　Ⅰp. 272
　　　　　　　　　　　　　　　　　　　　　　　　　　　　　　　Ⅰp. 273
　　　　　　　　　　　　　　　　　　　　　　　　　　　　　　　Ⅰp. 278

348　【×】　　操業度差異および予算差異は一定期間終了後に把握されるものであるため，インプット法により資源投入時点で把握することはできない。アウトプット法では把握することができる。　　Ⅰp. 270　　令和2年
　　　　　　　　　　　　　　　　　　　　　　　　　　　　　　　Ⅰp. 278　　第Ⅰ回

349　【○】　　　　　　　　　　　　　　　　　　　　　　　　　Ⅰp. 270　　令和5年
　　　　　　　　　　　　　　　　　　　　　　　　　　　　　　　Ⅰp. 278　　第Ⅱ回

350　【○】　　　　　　　　　　　　　　　　　　　　　　　　　Ⅰp. 300　　平成19年

351　【×】　　実際生産量と<u>実際歩留率</u>から計算された原料投入量を標準配合割合で分けた原料別投入量と，実際配合割合で分けた原料別投入量の差に，原料別標準価格を乗じたものが原料配合差異である。　　Ⅰp. 300　　令和6年
　　　　　　　　　　　　　　　　　　　　　　　　　　　　　　　　　　　　　第Ⅰ回

352　【○】　　　　　　　　　　　　　　　　　　　　　　　　　Ⅰp. 308　　令和5年
　　　　　　　　　　　　　　　　　　　　　　　　　　　　　　　　　　　　　第Ⅱ回

353　【×】　　一般的には，混合差異は賃率差異に含めて計算することが多い。　　Ⅰp. 256　　平成28年
　　　　　　　　　　　　　　　　　　　　　　　　　　　　　　　　　　　　　第Ⅱ回

A　☐☐☐　**354**　直接労務費差異とは，標準原価による直接労務費と直接労務費の実際発生額との差額をいい，これを部門別又は作業種類別に賃率差異と作業時間差異とに分析する。この賃率差異とは，標準賃率と実際賃率との差異に基づく直接労務費差異をいい，標準賃率と実際賃率との差異に，標準作業時間を乗じて算定する。

A　☐☐☐　**355**　原価差異は，材料受入価格差異を除き，原則として当年度の製造原価に賦課する。材料受入価格差異は，当年度の材料の払出高と期末在高に配賦する。

A　☐☐☐　**356**　標準原価計算制度における原価差異の会計処理について，異常な状態に基づくと認められる原価差異は，これを非原価項目として処理する。

A　☐☐☐　**357**　標準原価計算制度において原価差異が発生した場合の会計処理は，原則として，実際原価計算における原価差異の処理方法に準じて実施するものとする。

A　☐☐☐　**358**　「原価計算基準」に照らして，標準原価計算制度における原価差異のうち，価格差異，賃率差異，操業度差異であって異常な状態に基づくと認められるものは，これを非原価項目として処理する。

A　☐☐☐　**359**　発生した数量差異が少額の場合は，すべて売上原価に賦課することができるが，異常な原因により発生した数量差異は売上原価と期末のたな卸資産に科目別に配賦する必要がある。

A　☐☐☐　**360**　標準賃率が不適当であったがために比較的多額の賃率差異が生じたとしても，その差異には原価性が認められる。

A　☐☐☐　**361**　経営状況が安定していて，比較的少額の原価差異が発生した場合，原価差異の処理は，個別原価計算の場合には，前年度の売上原価と期末におけるたな卸資産に，指図書別，又は科目別に配賦する。総合原価計算の場合には，前年度の売上原価と期末におけるたな卸資産に科目別に配賦する。

A　☐☐☐　**362**　予定価格等が不適当なため，比較的多額の原価差異が生ずる場合，直接材料費，直接労務費，直接経費および製造間接費に関する原価差異の処理は，個別原価計算の場合は，当年度の売上原価と期末におけるたな卸資産に科目別に配賦する方法のみが示されている。

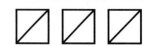

354 【×】　　賃率差異とは，標準賃率と実際賃率とに差異に基づく直接労務費差異をいい，標準賃率と実際賃率との差異に，<u>実際作業時間</u>を乗じて算定する（「基準」四六（三）参照）。

平成29年
第Ⅱ回

355 【×】　　原価差異は，材料受入価格差異を除き，原則として当年度の<u>売上原価</u>に賦課する（「基準」四七(一)1，2参照）。

平成13年

356 【○】　　（「基準」四七（二）1参照）

令和4年
第Ⅱ回

357 【○】　　（「基準」四七（二）2参照）

令和4年
第Ⅱ回

358 【×】　　「原価計算基準」によれば，<u>非原価項目として処理するのは，数量差異，作業時間差異，能率差異等であって異常な状態に基づくと認められるもの</u>である（「基準」四七(二)1参照）。
　　なお，「基準」四七（二）2において，「前記1の場合を除き，原価差異はすべて実際原価計算制度における処理の方法に準じて処理する。」とあるため．「基準」四七(二)1は数量差異，作業時間差異，能率差異等という記載になる。

平成16年

359 【×】　　異常な原因により発生した数量差異は，<u>非原価項目</u>となる（「基準」四七(二)1参照）。

平成19年

360 【○】　　（「基準」四七（一）3参照）

令和5年
第Ⅰ回

361 【×】　　比較的<u>多額</u>の原価差異が発生した場合，原価差異の処理は，個別原価計算の場合には，<u>当年度</u>の売上原価と期末におけるたな卸資産に，指図書別，又は科目別に配賦する。総合原価計算の場合には，<u>当年度</u>の売上原価と期末におけるたな卸資産に科目別に配賦する（「基準」四七（一）3参照）。

令和4年
第Ⅱ回

362 【×】　　予定価格等が不適当なため，比較的多額の原価差異が生ずる場合，直接材料費，直接労務費，直接経費および製造間接費に関する原価差異の処理は，個別原価計算の場合は，当年度の売上原価と期末におけるたな卸資産に指図書別に配賦する方法か，当年度の売上原価と期末におけるたな卸資産に科目別に配賦する方法かのいずれかの方法が示されている（「基準」四七（一）3（1）イロ参照）。

平成29年
第Ⅰ回

A　□□□　363　個別原価計算において，原価差異は，当年度の売上原価と期末におけるたな卸資産に科目別に配賦しなければならない。

A　□□□　364　標準原価計算制度における直接材料費差異は消費価格と消費数量に基づいて，通常，価格差異と数量差異の二つに分解される。この場合の価格差異は，直接材料の標準消費価格と実際消費価格との差異に，実際消費数量を乗じて算定されるが，この価格差異には一部数量差異の影響が含まれる。

A　□□□　365　材料受入価格差異は，当年度の材料の期首在高と購入高に配賦する。この場合，材料の期首在高については，材料の適当な種類群別に配賦する。材料受入価格差異以外の原価差異は，原則として，当年度の売上原価に賦課する。

A　□□□　366　原価差異は材料受入価格差異を除き，原則として当年度の売上原価に賦課する。材料受入価格差異は，当年度の材料の払出高と期末在高に配賦する。材料受入価格差異を除く，各種の差異が少額である場合には，全て売上原価に賦課することができるが，異常な原因により発生した差異については，売上原価と期末のたな卸資産に指図書別あるいは科目別に配賦する必要がある。

A　□□□　367　実際原価とは，経営の正常な状態を前提として，財貨の実際消費量をもって計算した原価である。「原価計算基準」では，実際原価は，厳密には実際の取得価格をもって計算した原価の実際発生額であるが，原価を予定価格等でもって計算しても，消費量を実際によって計算する限り，それは実際原価の計算であるとしている。すなわち，必要ある場合は，材料の購入原価を予定価格でもって計算することができ，作業時間または作業量の測定を行なう労務費の平均賃率を予定賃率等でもって計算することができ，経費も予定価格または予定額をもって計算することができる。その上で，原価差異（価格差異）が発生した場合，実際価格にできる限り近似させるため，当年度の売上原価と期末棚卸資産に配賦する会計処理をとることを原則としている。

A　□□□　368　販売数量と製造数量が予定製造数量と一致する場合には，直接原価計算によっても全部原価計算によっても，利益は同額となる。なお，固定費の配賦には予定配賦率を適用し，配賦差額は売上原価に賦課することを前提とする。

A　□□□　369　製造数量が販売数量よりも大きい場合には，全部原価計算によると，直接原価計算を用いた場合よりも，利益は小さく示される。なお，固定費の配賦には予定配賦率を適用し，配賦差額は売上原価に賦課することを前提とする。

A　□□□　370　販売数量が製造数量よりも大きい場合には，全部原価計算によれば，直接原価計算を用いた場合よりも，利益は小さく示される。なお，固定費の配賦には予定配賦率を適用し，配賦差額は売上原価に賦課することを前提とする。

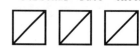

363 【×】　　原価差異は，材料受入価格差異を除き，原則として当年度の売上原価に賦課する。また，比較的多額の原価差異が生ずる場合の原価差異の処理は，個別原価計算の場合，次の方法のいずれかによる。
イ　当年度の売上原価と期末におけるたな卸資産に指図書別に配賦する。
ロ　当年度の売上原価と期末におけるたな卸資産に科目別に配賦する。
（「基準」四七（一）参照）

令和4年
第Ⅰ回・改

364 【○】　（「基準」四六（二）参照）

平成23年
第Ⅰ回

365 【×】　　材料受入価格差異は，当年度の材料の<u>払出高と期末在高</u>に配賦する。この場合，材料の<u>期末在高</u>については，材料の適当な種類群別に配賦する（「基準」四七（一）2参照）。

令和4年
第Ⅱ回

366 【×】　　<u>予定価格等が不適当なため生じた比較的多額の原価差異については</u>，売上原価と期末のたな卸資産に指図書別あるいは科目別に配賦する必要がある。なお，異常な状態に基づくと認められるものは，これを非原価項目として処理する（「基準」四七（一）3，四七（二）1参照）。

平成31年
第Ⅰ回

367 【×】　　前段は正しいが，後段での当年度の売上原価と期末棚卸資産に配賦する会計処理は例外である（「基準」四七（一）1参照）。

平成23年
第Ⅱ回

368 【○】

Ⅱp. 112　　平成14年

369 【×】　　製造数量が販売数量よりも大きい場合には，全部原価計算によると，直接原価計算を用いた場合よりも，利益は<u>大きく</u>示される。

Ⅱp. 112　　平成14年

370 【○】

Ⅱp. 112　　平成14年

A □□□　371　前期と比べ製造数量が増減しても販売数量が一定している場合には，直接原価計算によっても全部原価計算によっても，利益の金額は変わらない。なお，固定費の配賦には予定配賦率を適用し，配賦差額は売上原価に賦課することを前提とする。

A □□□　372　製造数量が前期と比べ一定している場合には，直接原価計算を用いても全部原価計算を用いても，利益は販売数量と正比例する。どちらの計算方式でも販売数量が増加すれば利益も増加し，販売数量が減少すれば利益も減少し，かつ金額も同一になる。なお，固定費の配賦には予定配賦率を適用し，配賦差額は売上原価に賦課することを前提とする。

A □□□　373　直接原価計算と全部原価計算とによって計算された2つの期間利益金額の開きは，計算期間が短い場合よりも，計算期間を長くとる方が大きくなる傾向がある。なお，固定費の配賦には予定配賦率を適用し，配賦差額は売上原価に賦課することを前提とする。

A □□□　374　全部原価計算を採用した場合でも，予算差異を，発生した期間の原価とせずに次期以降に繰り延べるなら，売上高と比例した営業利益を算定することができる。

A □□□　375　固定費と変動費の区別は絶対的なものではなく，その発生額を把握する期間が長くなるほど，より多くの費目が変動費となる。

A □□□　376　原価の発生源泉から変動費をアクティビティ・コスト，固定費をキャパシティ・コストと呼ぶことがある。さらに，キャパシティ・コストは経営管理者の管理可能性を基準として，管理可能なコミテッド・コストと管理不能なマネジド・コストとに分類される。

A □□□　377　キャパシティ・コストのうち，マネジド・キャパシティ・コストには広告宣伝費，販売促進費，研究開発費などがあるが，これらの費目は費用対効果が不明確なため通常は予算管理によって管理される。

A □□□　378　コミッティド・キャパシティ・コスト（committed capacity cost）は，キャパシティの保有に関する長期的な意思決定によって発生額が決まる原価である。その発生額を管理するには長期的な意思決定の合理性が求められ，短期的にはキャパシティの利用度を高めてコストの回収を図ることが重視される。

A □□□　379　実際原価の計算において，操業度との関連における分類とは，操業度の増減に対する原価発生の態様による分類である。原価要素は，これによって，固定費と変動費とに分類できる。ここで，操業度とは，生産設備を一定とした場合における利用度をいう。「原価計算基準」によれば，製造間接費を正常配賦する際に変動予算を利用する場合，固定費の実際発生額と基準操業度における予算額との差額を操業度差異といい，変動費の実際発生額と実際操業度における予算額との差額を予算差異という。

371 【×】　　前期と比べ製造数量が増減しても販売数量が一定している場
合には，直接原価計算を用いると，利益の金額は変わらない。
<u>しかし，全部原価計算を用いると，製造数量の増減に応じて利
益の金額は変化する。</u>　　　　　　　　Ⅱp.112　　　平成14年

372 【×】　　製造数量が前期と比べ一定している場合には，どちらの計算
方式を用いても，販売数量と利益の増減方向は一致する。しか
し，<u>金額は同一ではない。</u>　　　　　　Ⅱp.112　　　平成14年

373 【×】　　直接原価計算と全部原価計算とによって計算された2つの期間
利益金額の開きは，<u>計算期間が短い場合よりも，計算期間を長
くとる方が小さくなる傾向にある。</u>　　Ⅱp.112　　　平成14年

374 【×】　　全部原価計算を採用した場合でも，予算差異が生じておら
ず，操業度差異を発生した期間の原価とせずに次期以降に繰り
延べるなら，売上高と比例した営業利益を算定することができ
る。　　　　　　　　　　　　　　　　　　　　　　　　平成22年
　　　　　　　　　　　　　　　　　　　　　　　　　　第Ⅰ回

375 【○】　　　　　　　　　　　　　　　　　　　　　　　　平成22年
　　　　　　　　　　　　　　　　　　　　　　　　　　第Ⅰ回

376 【×】　　コミテッド・コストとマネジド・コストは<u>管理可能性を基準
に分類したものではない。</u>コミテッド・コスト（committed
costs：既決原価）とは，物的設備と人的資源の導入に関する意
思決定の結果として，数年間にわたり総額で一定額発生する原
価である。
　　マネジド・コスト（managed costs：自由裁量原価）とは，物
的設備と人的資源の維持に関連して発生する原価であり，毎期
の予算によって管理することが可能である。　Ⅱp.70　　平成23年
　　　　　　　　　　　　　　　　　　　　　　Ⅱp.114　第Ⅰ回
　　　　　　　　　　　　　　　　　　　　　　Ⅱp.115

377 【○】　　　　　　　　　　　　　　　　　　　Ⅱp.114　平成29年
　　　　　　　　　　　　　　　　　　　　　　Ⅱp.115　第Ⅱ回

378 【○】　　　　　　　　　　　　　　　　　　　Ⅱp.114　令和4年
　　　　　　　　　　　　　　　　　　　　　　　　　　第Ⅰ回

379 【×】　　固定費の実際発生額と基準操業度における予算額との差額も
予算差異である。　　　　　　　　　　　　　　　　　平成23年
　　　　　　　　　　　　　　　　　　　　　　　　　　第Ⅱ回

A　□□□　380　セグメント別損益計算書において，セグメント別営業利益を算出するには，まず各セグメントの売上高から変動製造原価および変動販売費を差し引いて貢献利益を計算する。次に各セグメントの貢献利益から管理可能個別固定費，管理不能個別固定費および共通固定費配賦額を差し引いてセグメント別営業利益を計算する。

380 【○】

Ⅱp. 112
Ⅱp. 113

平成29年
第Ⅱ回

第2部

会計情報等を利用した意思決定及び業績管理に関する領域

第1章

管理会計の基礎知識

A　□□□　　1　管理会計は，連結企業集団などの企業グループ全体の業績管理を対象とするのではなく，個別企業の業績管理だけを対象とする。

A　□□□　　2　管理会計は，意思決定，資源配分，業績評価を行うために必要となる情報を組織内の構成員に提供する会計システムである。

A　□□□　　3　管理会計は，経営者が企業の新事業進出，設備投資や撤退を決定したり，経営者の部下である管理者の経済的意思決定に影響を与えるとともに，経営者がその部下の業績評価を行う際に情報を提供するツールである。

A　□□□　　4　管理会計システムを選択する際，そのシステムから入手できる情報のベネフィットと情報を入手するためのコストとのバランスを考慮すべきである。

A　□□□　　5　コスト・マネジメント・システムとは，管理者の意思決定がコストにどのような影響を与えるかを識別するための一連のツール・技法である。このため，活動基準原価計算システムはコスト・マネジメント・システムとみなされるが，全部原価計算システムはコスト・マネジメント・システムとはみなされない。

B　□□□　　6　ホテル業界や航空業界などで主に導入されている収益管理の手法にレベニュー・マネジメント（revenue management）がある。これは，需要に応じて販売価格等を変えることで企業利益の最大化を目指す手法である。

A　□□□　　7　個別企業の全社業績は損益計算書などの財務諸表で測定されるので，その業績管理は管理会計の対象ではない。

A　□□□　　8　管理会計では，事業部や社内カンパニーなどの組織単位ごとに，損益計算書に加えて貸借対照表を作成する場合があるが，全社の目標整合性やコーポレート・ガバナンスの観点から，組織単位ごとの貸借対照表を合算した数値は，全社の貸借対照表の数値と一致する必要がある。

A　□□□　　9　製造活動については，原価計算により製造原価が計算されているので，管理会計がそれ以外につけ加える情報はない。

A　□□□　10　研究開発部門で行われる活動は知的な創造活動であり，その活動の成果を定量的に測定することはむずかしいが，研究開発部門に予算管理などの管理会計手法を適用することはできる。

1 【×】　管理会計は，<u>企業グループ全体の業績管理を対象とすること</u><u>もある。</u>　Ⅱp. 12　平成22年第Ⅰ回

2 【○】　Ⅱp. 13　Ⅱp. 14　平成28年第Ⅰ回

3 【○】　前者は意思決定会計，後者は業績管理会計と呼ばれる。　Ⅱp. 13　平成29年第Ⅰ回

4 【○】　システムは費用対効果（コスト・ベネフィット）を考慮すべきである。　平成28年第Ⅱ回

5 【×】　全部原価計算システムもコスト・マネジメント・システムとみなされる。　平成28年第Ⅱ回

6 【○】　令和3年

7 【×】　個別企業の全社業績管理は，<u>管理会計の対象である。</u>すなわち，予算・実績分析等の業績管理を行う必要がある。　Ⅱp. 13　平成22年第Ⅰ回

8 【×】　事業部や社内カンパニーなどの組織単位ごとの貸借対照表を合算した数値は，<u>全社の貸借対照表の数値と必ずしも一致する</u><u>必要はない。</u>
　なお，事業部や社内カンパニーなどの組織単位ごとに作成される損益計算書も，事業部の業績を測定する必要から内部管理用に作成されるものであるため，組織単位ごとの損益計算書を合算した数値は，全社の損益計算書の数値と必ずしも一致する必要はない。　平成22年第Ⅰ回・改　平成27年第Ⅰ回・改　平成31年第Ⅱ回　令和6年第Ⅰ回・改

9 【×】　意思決定会計上の特殊原価等は，管理会計がつけ加えるべき情報である。　Ⅱp. 174　Ⅱp. 175　Ⅱp. 176　平成22年第Ⅰ回

10 【○】　研究開発費は割当型予算で管理することとなるため，研究開発部門に予算管理などの管理会計手法を適用することはできる。　Ⅱp. 114　Ⅱp. 115　平成22年第Ⅰ回

A　□□□　11　管理会計は組織単位で適用されるので，個別のプロジェクト単位で適用することは，組織の業績評価との関係をあいまいにするので好ましくない。

A　□□□　12　管理会計の報告・責任単位は組織単位と対応しているので，個別のプロジェクト単位に管理会計の手法を適用することは，責任・権限関係をあいまいにするので認められない。

A　□□□　13　経営戦略の策定に至る諸ステップのなかで，管理会計は代替案の探索の場面においてとくに大きな貢献を果たす。

B　□□□　14　企業を取り巻く環境変化に伴い，戦略との関連を意識することが，管理会計において近年ますます重要となっている。このうち企業戦略とは，既に選択された各事業領域においての競争的行動に関する戦略を指し，関連する代表的な手法として価値連鎖（value chain）の分析がある。

B　□□□　15　事業戦略とは，選択した事業において持続的競争優位を確保するための基本方針である。このうち，資源アプローチの視点から見た事業戦略の基本的なパターンには，コスト・リーダーシップ戦略や差別化戦略，ニッチ戦略がある。

11 【×】　　設備投資の意思決定は管理会計を個別のプロジェクト単位で　　　Ⅱp. 12　　平成22年
適用した形であるといえるが，この意思決定の結果はある組織　　Ⅱp. 172　　第Ⅰ回
（たとえば，事業部）全体の業績評価と密接に関わり合ってい
る。こうした点から，管理会計を個別のプロジェクト単位で適
用することが，<u>組織の業績評価との関係をあいまいにするとは
言えない</u>。

12 【×】　　個別のプロジェクト単位に管理会計の手法を適用すること　　　　　　　　平成27年
は，責任・権限関係をあいまいにするということにはならな　　　　　　　　第Ⅰ回
い。

13 【×】　　管理会計は<u>探索された代替案を評価する場面</u>においてとくに　　　　　　平成22年
大きな貢献を果たす。　　　　　　　　　　　　　　　　　　　　　　　　第Ⅱ回

14 【×】　　既に選択された各事業領域においての競争的行動に関する戦　　　　　　　令和2年
略は，企業戦略ではなく<u>事業戦略</u>である。企業環境が激変する　　　　　　第Ⅱ回
近年において，企業が持続的競争優位を保持するためには，生
産者中心主義から顧客中心主義へ転換し，顧客が望む多種多様
の製品を効率的に製造し販売しなければならない。製造企業の
活動は，経済的資源を顧客の必要とする製品やサービスに転換
する活動であり，こうした一連の価値付加活動を価値連鎖とい
う。
　　なお，企業戦略（全社戦略）とは，企業全体を対象にして経
営活動の基本方針を示したものである。

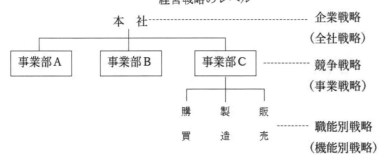

経営戦略のレベル

高橋浩夫・大山泰一郎著『現代企業経営学』（同文舘）127ページを元に作成

15 【×】　　<u>ポジショニングアプローチ</u>の視点から見た事業戦略の基本的　　　　　　令和5年
なパターンには，コスト・リーダーシップ戦略や差別化戦略，　　　　　　第Ⅰ回
ニッチ戦略がある。
　　競争優位とは，市場における顧客の獲得をめぐる競争におい
て競合他社に対して優位に立つことをいう。ポジショニングア
プローチでは，企業の競争優位の源泉を企業の外部構造に求め
る。一方，資源（ベース）アプローチでは，企業の競争優位の
源泉を企業内部の資源や能力に求めている。

A　□□□　16　管理会計は，戦略そのものの策定よりも，むしろ戦略遂行ないし実行の支援において大きな貢献を担っており，そのプロセスはマネジメント・コントロールと呼ばれている。

A　□□□　17　管理会計情報は，内部利害関係者に提供されるが，貨幣情報が原則であり，物量などの非財務情報が含まれることはない。

A　□□□　18　管理会計システムのアウトプット情報としては，財務情報と非財務情報がある。

A　□□□　19　会計情報の測定尺度として，財務会計では財務情報すなわち貨幣価値情報が用いられ，管理会計では財務情報と，定量情報や定性情報の全ての非財務情報が用いられる。

C　□□□　20　管理会計システムでは，財務的な情報ばかりでなく，戦略の策定に必要な非定量的な情報もアウトプットしており，かつ後者の非定量的な情報の割合は近年ますます大きくなってきている。

A　□□□　21　管理会計システムからアウトプットされる情報は未来情報であり，過去情報が含まれることはない。

A　□□□　22　管理会計では正確性の高い情報を提供する必要があるので，過去に確定したデータのみを使用し，未来情報は使用しないほうがよい。

A　□□□　23　管理会計と財務会計は異なる目的を持つので，管理会計では財務会計で用いられるデータを使用することはない。

A　□□□　24　管理会計と財務会計は異なる目的を持つが，管理会計では財務会計で用いられるデータを使用してもかまわない。

A　□□□　25　財務会計情報は外部利害関係者に提供されるのに対して，管理会計情報は内部利害関係者に提供される。

A　□□□　26　管理会計情報は，経理部以外の部門，例えば経営企画部などでも作成されることもあれば，利用されることもある。

16 【○】　管理会計は，あくまでデータを入力→シミュレーションによる財務諸表を作成→財務諸表による経営指標の計算→目標分析→戦略の順位づけ→戦略の決定というプロセスを支援するものである。したがって，戦略そのものの策定よりも，むしろ戦略遂行ないし実行の支援において大きな貢献を担っているといえる。　平成22年　第Ⅱ回

17 【×】　管理会計情報は物量などの<u>非財務情報も含まれる。</u>　Ⅰp.11　平成21年・改　Ⅱp.12　平成31年　第Ⅱ回

18 【○】　管理会計システムのアウトプット情報としては，財務情報（金額やROI等）と非財務情報（kgや時間等）がある。　Ⅱp.11　平成24年　Ⅱp.12　第Ⅱ回

19 【×】　管理会計において定量情報や定性情報の<u>全ての非財務情報が用いられるわけではない。</u>なお，定量情報とは，たとえば燃料および蒸気のCO_2排出係数などを含むGHG排出量，管理職に占める女性比率，育児休業取得者数などが挙げられ，定性情報とは，たとえばガバナンス体制，IR活動方針，ESG格付状況などが挙げられる。　Ⅱp.12　平成28年　第Ⅱ回

20 【×】　管理会計システムでは，戦略の策定に必要な非定量的な情報はアウトプットしていない。
本肢単体で○×判断は難しいが，本試験では他の肢との兼ね合いで×と判断できる。　Ⅱp.12　平成22年　第Ⅱ回

21 【×】　管理会計システムからアウトプットされる情報に過去情報は含まれる。事後統制では，活動終了後に，実際の結果を測定してこれを予算と比較し，活動の責任者や各部門の業績評価を行なう。　Ⅰp.11　平成23年　Ⅱp.11　第Ⅰ回　Ⅱp.150

22 【×】　意思決定会計等においては，<u>未来情報（キャッシュ・フローの見積もり等）が利用されるべきである。</u>　Ⅰp.11　平成21年　Ⅱp.172

23 【×】　管理会計では財務会計で用いられるデータを<u>使用することがある。</u>　Ⅰp.11　平成21年　Ⅱp.18

24 【○】　管理会計は，経営者が資金をその事業に投下して効率的に運用するための財務情報を，経営者自身に提供する情報処理のシステムである。　Ⅱp.11　平成21年

25 【○】　主な情報の利用者は財務会計は外部者，管理会計は内部者となる。　Ⅱp.11　平成28年　第Ⅱ回

26 【○】　管理会計情報は経理部以外の部門でも作成や利用される可能性もある。　平成21年

A　□□□　27　会計情報の質について，財務会計においては正確性や適法性などの概念が適用され，管理会計においては目的適合性や適時性などの概念が適用される。

A　□□□　28　管理会計では，経営管理への役立ちという観点から，企業内部の経営管理者に対して目的適合的で有用な情報を提供することが求められる。そのため，管理会計情報では，適時性と迅速性が重視される。

A　□□□　29　財務会計情報の役割は利害関係者の利害調整や利益配分に重点が置かれるが，管理会計情報の役割は経営者の経営責任を明らかにすることに重点が置かれている。

A　□□□　30　管理会計においては，外部報告ではなく内部管理を目的とし，有用性の観点が重視されるため，財務会計的な解釈や技法が適用されることは認められない。

A　□□□　31　管理会計情報の備えるべき性質の一つは有用性である。それゆえ，経営管理者の必要があれば，月の途中で，物量情報のみならず金額情報についても前日までの実績を集計し，月次の予定との比較を行う。

A　□□□　32　管理会計にも決められたルールがあり，企業独自の工夫は客観性の観点から認められない。

A　□□□　33　管理会計には会計原則などのルールは存在しないが，比較可能性や客観性を維持するためにも企業独自の工夫は最小限にすべきである。

A　□□□　34　管理会計はいかなる法規制にも影響をされないといわれるが，実務にあっては，法規制からまったく無縁なシステムなど存在しない。

A　□□□　35　ＩＦＲＳ（国際財務報告基準）の導入は，管理会計と財務会計が同じ会計フレームワークを使用することを強制する。

A　□□□　36　管理会計の目的は，経営管理に有用な情報を提供することである。管理会計によって提供される情報は，目的適合性や適時性が重視され，財務情報だけでなく非財務情報も含まれる。

27 【○】　　　管理会計は「役に立つかどうか」である。　　　　　　　　　　Ⅱp. 11　　　　平成28年
　　　第Ⅱ回

28 【○】　　　　　　　　　　　　　　　　　　　　　　　　　　　　　　　　Ⅱp. 11　　　　令和4年
　　　第Ⅱ回

29 【×】　　　経営者の経営責任を明らかにすることに重点が置かれている　　Ⅱp. 11　　　　平成28年
　　　　　わけではない。　　　　　　　　　　　　　　　　　　　　　　　　　　　　　　　第Ⅱ回

30 【×】　　　管理会計において，財務会計的な解釈や技法が適用されるこ　　Ⅱp. 11　　　　平成30年
　　　　　とも認められる。　　　　　　　　　　　　　　　　　　　　　　　Ⅱp. 12　　　　第Ⅱ回

31 【○】　　　　　　　　　　　　　　　　　　　　　　　　　　　　　　　　Ⅱp. 11　　　　平成31年
　　　　　　　　　　　　　　　　　　　　　　　　　　　　　　　　　　　　Ⅱp. 12　　　　第Ⅰ回

32 【×】　　　企業独自の工夫も認められる。　　　　　　　　　　　　　　　Ⅱp. 11　　　　平成21年
　　　　　　管理会計情報が備えていなければならない唯一の要件とされ
　　　　　るのは有用性である。ここで有用性とは，経営管理者の情報
　　　　　ニーズと実際に提供される情報の適合性を意味する。したがっ
　　　　　て，経営者がどのような情報を欲しているかによって，その内
　　　　　容は変わってくることから，管理会計には企業独自の工夫も求
　　　　　められる。

33 【×】　　　管理会計では情報の性質として特に有用性が重視されるた　　Ⅱp. 11　　　　平成27年
　　　　　め，有用性を確保するためであれば企業独自の工夫はなされて　　　　　　　　　　第Ⅰ回
　　　　　かまわない。　　　　　　　　　　　　　　　　　　　　　　　　　　　　　　　　令和6年
　　　第Ⅰ回

34 【○】　　　財務会計は会計情報の作成にあたって拠り所となる法律や制　　　　　　　　　　平成23年
　　　　　度（会社法や金融商品取引法，税法や一般に公正妥当と認めら　　　　　　　　　　第Ⅰ回
　　　　　れた会計原則，会計基準等）が存在し，制度的に強制されるこ
　　　　　とになる。管理会計も財務会計システムから完全に独立してい
　　　　　る訳ではないし，また財務会計システムから独立していたとし
　　　　　ても，実務にあっては法規制を考慮すべきである。

35 【×】　　　ＩＦＲＳ（国際財務報告基準）の導入は，管理会計と財務会　　Ⅱp. 11　　　　平成24年
　　　　　計が同じ会計フレームワークを使用することを強制するもので　　　　　　　　　　第Ⅱ回
　　　　　はない。管理会計は，経営管理者の情報ニーズに合わせて任意
　　　　　に作成されるものであり，会計情報作成に当たって強制される
　　　　　法律や制度は存在しない。

36 【○】　　　　　　　　　　　　　　　　　　　　　　　　　　　　　　　　Ⅱp. 11　　　　令和2年
　　　　　　　　　　　　　　　　　　　　　　　　　　　　　　　　　　　　Ⅱp. 12　　　　第Ⅱ回

A　☐☐☐　　37　管理会計情報は，製造部門の原価管理だけを目的として作成される。

A　☐☐☐　　38　財務尺度は，経営管理者が短期的な財務業績を優先しようとするモチベーションを助長することはない。

A　☐☐☐　　39　財務数値は一般に要約されすぎており，戦略の見直しのためのフィードバック情報としては十分でない。

A　☐☐☐　　40　財務尺度では，競争優位の源泉として近年みられている無形資産の蓄積を測定，評価することが一般的に困難である。

A　☐☐☐　　41　市場競争が激しく，製造企業の価格決定権が低下している場合，当該企業では利益計画の精度を確保することが困難になる。

A　☐☐☐　　42　近年多発し始めた日本企業の品質問題の原因の一つに，安易な原価低減を実現するためのアウトソーシングがある。

A　☐☐☐　　43　管理会計は企業活動について事前情報を把握することを重視していない。

A　☐☐☐　　44　中期利益計画は，経営戦略を与件として作成されるので，中期利益計画の編成を通じて経営戦略の見直しが行われることはない。

A　☐☐☐　　45　全社の中長期利益目標を達成するために，自らが業務を統括していたカンパニーの統廃合の決定を考えることも取締役として必要な場合がある。

A　☐☐☐　　46　管理会計の機能は，意思決定に対する情報提供であり，情報の中身や伝達の仕方が組織成員の行動に影響を及ぼすことがあったとしても，それは本質的な機能ではない。

A　☐☐☐　　47　管理会計を経営機能によって体系付ける場合，経営管理過程に即して計画会計と統制会計に分類したり，臨時的・非反復的に設定される個別計画に関連する意思決定会計と経常的に設定される期間計画および統制に関連する業績管理会計とに分類したりする。

37 【×】　　　管理会計情報は意思決定や業績評価等を目的として作成されるものであり，製造部門の原価管理だけを目的とするわけではない。　　　Ⅱp. 13　　　平成21年

38 【×】　　　財務尺度によっては，経営管理者が短期的な財務業績を優先しようとするモチベーション（投下資本を引き下げる等）を助長することがある。　　　Ⅱp. 258　　　平成21年

39 【○】　　　財務数値は一般に「売上原価」や「機械装置」のように要約されて表示されている。したがって，戦略の見直しのためのフィードバック情報としては十分でない。　　　平成21年

40 【○】　　　財務尺度では，競争優位の源泉として近年みられている無形資産（特許や商標，ノウハウ等）の蓄積を測定，評価することが一般的に困難である。　　　Ⅱp. 316　　　平成21年

41 【○】　　　市場競争が激しく，製造企業の価格決定権が低下している場合，外的な要因（管理不能な要因）で販売価格が引き下げられるため，当初予定していた利益計画の精度を確保することが困難になる。　　　平成20年

42 【○】　　　日本で製品を生産するとどうしても人件費が多くかかってしまうため，製品の生産を比較的人件費の安価な他国にアウトソーシング（外注）するという安易な原価低減がなされてしまうと，粗悪な製品となる危険性を高めてしまう。　　　平成19年

43 【×】　　　管理会計は企業活動について<u>事前情報を把握することも重視している</u>。たとえば，企業活動について事前情報を把握していないと予算編成を行うことができない。　　　Ⅱp. 11　　　平成24年第Ⅱ回

44 【×】　　　中期利益計画の編成時にも<u>経営戦略の見直しは行われる</u>。　　　Ⅱp. 324　　　平成19年

45 【○】　　　平成19年

46 【×】　　　管理会計は情報システムである一方，<u>影響システムとしての機能もある</u>。たとえば，部門が原価情報を用いて生産現場でのタスク・コントロールを効率的に行なうように方向付けること等があげられる。　　　Ⅱp. 14　　　平成23年第Ⅰ回

47 【○】　　　Ⅱp. 13　　　平成29年第Ⅰ回

管理会計 ┬ 計画会計 ┬ 個別計画のための会計 ── 意思決定会計
　　　　　│　　　　 └ 期間計画のための会計 ┐
　　　　　└ 統制会計　　　　　　　　　　　　 ┘ 業績管理会計

A □□□　48　管理会計は，意思決定会計と統制会計に体系的に区分されてきた。この場合，差額原価収益分析は前者の代表的な手法となり，標準原価管理は後者の代表的な手法となる。

A □□□　49　管理会計を意思決定会計と業績管理会計に体系化する場合，期間計画設定のための管理会計を意思決定会計とし，また，個別計画を統制の出発点と捉え，個別計画と統制を併せて業績管理会計とする。

A □□□　50　企業内の管理活動は管理者によって実行されるが，管理者の階層によって担当する管理活動の内容には差がある。トップ・マネジメント（社長，執行役員など）は，主として全社的視点からの戦略的意思決定を担当し，ミドル・マネジメント（部長，課長など）は，主として統制の活動を担当し，ロアー・マネジメント（現場管理者）は，戦略を実行するための計画および統制を担当する。

A □□□　51　R. N. アンソニーのモデルによれば，企業内の管理活動は，戦略的計画（Strategic Planning），マネジメント・コントロール（Management Control），タスク・コントロール（Task Control）ないしオペレーショナル・コントロール（Operational Control）に区分される。このうち戦略的計画に含まれる意思決定の実例としては，製品系列の新規追加，アファーマティブ・アクションの採用方針の決定などが挙げられる。

A □□□　52　組織の経営管理のプロセスは，戦略的計画，マネジメント・コントロール，オペレーショナル・コントロールに分類される。この 3 つのプロセスでは，組織における階層の違いを想定していない。

A □□□　53　管理会計を経営管理の階層によって体系付ける場合，戦術的計画のための管理会計，マネジメント・コントロールのための管理会計，オペレーショナル・コントロールのための管理会計に分類される。

B □□□　54　事業戦略と管理会計に役立つ手法には，自社の内部環境における強み（Strengths）と弱み（Weaknesses），外部環境における機会（Opportunities）と脅威（Threats）を分析し，戦略の策定に役立てる SWOT 分析がある。

A □□□　55　R. N. アンソニーのモデルにおけるマネジメント・コントロールとは，組織の諸戦略を実行するために管理者が組織構成員に影響を与えるプロセスをいう。マネジメント・コントロールに含まれる意思決定の実例としては，製品改善の選択，マイノリティ採用計画の実行などが挙げられる。

A □□□　56　マネジメント・コントロールとは，特定の課業を有効かつ能率的に実行することを確保するプロセスである。

A □□□　57　マネジメント・コントロールは，組織目標を達成するために，経営管理者が資源を効果的・効率的に取得・利用することを確保するプロセスであると伝統的にいわれてきた。この意味で，予算管理は典型的なマネジメント・コントロールの手法である。

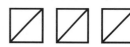

48 【×】　　管理会計は意思決定会計と<u>業績管理会計</u>もしくは，<u>計画会計</u><u>と統制会計</u>に体系的に区分される。　　　　　　　　　　　Ⅱp. 13　　令和2年
第Ⅱ回

49 【×】　　管理会計を意思決定会計と業績管理会計に体系化する場合，個別計画設定のための管理会計を意思決定会計とし，また，期間計画を統制の出発点と捉え，期間計画と統制を併せて業績管理会計とする。　　　　　　　　　　　　　　　　　　　　　　Ⅱp. 13　　平成30年
第Ⅰ回

50 【×】　　企業内の管理活動は管理者によって実行されるが，管理者の階層によって担当する管理活動の内容には差がある。トップ・マネジメント（社長，執行役員など）は，主として全社的視点からの戦略的意思決定を担当し，<u>ミドル・マネジメント（部長，課長など）は，戦略を実行するための計画および統制を担当し，ロアー・マネジメント（現場管理者）は，主として統制の活動を担当する。</u>

51 【○】　　なお，アファーマティブ・アクションとは，差別や不利益を被ってきたマイノリティの，職業，教育上の差別撤廃措置のことをいう。具体的には，入学者数，雇用者数に受け入れ枠や目標値を定めて，白人男性が歴史的に圧倒的多数派を形成してきた領域での，黒人，ヒスパニック，女性などの就学，雇用の機会を保証しようとするものである。　　　　　　　　　　　　Ⅱp. 14

52 【×】　　戦略的計画，マネジメント・コントロール，オペレーショナル・コントロールという3つの分類は組織における経営管理階層による分類体系であるため，組織における階層の違いを<u>想定している</u>。　　　　　　　　　　　　　　　　　　　　　　　　Ⅱp. 14　　令和4年
第Ⅱ回

53 【×】　　管理会計を経営管理の階層によって体系付ける場合，戦略的計画のための管理会計，マネジメント・コントロールのための管理会計，オペレーショナル・コントロールのための管理会計に分類される。　　　　　　　　　　　　　　　　　　　　Ⅱp. 14　　平成29年
第Ⅰ回

54 【○】　　　　　　　　　　　　　　　　　　　　　　　　　　　　　　　　　　　　令和4年
第Ⅱ回

55 【○】　　R. N. アンソニーのモデルにおけるマネジメント・コントロールとは，組織の諸戦略を実行するために管理者が組織構成員に影響を与えるプロセスをいう。マネジメント・コントロールに含まれる意思決定の実例としては，製品改善の選択，マイノリティ採用計画の実行などが挙げられる。　　　　　　　Ⅱp. 14

56 【×】　　オペレーショナル・コントロール（タスク・コントロール）とは，特定の課業を有効かつ能率的に実行することを確保するプロセスである。　　　　　　　　　　　　　　　　　　　　　Ⅱp. 14　　平成29年
第Ⅰ回

57 【○】　　　　　　　　　　　　　　　　　　　　　　　　　　　Ⅱp. 14　　令和2年
第Ⅱ回

A □□□　**58**　マネジメント・コントロールは，人間若しくは人間が行う意思決定を対象とし，動機付けやその他の行動的な効果が期待できる管理技法の適用が望まれるため，財務情報だけでなく非財務情報も重視される。

A □□□　**59**　R. N. アンソニーのモデルにおけるタスク・コントロールないしオペレーショナル・コントロール（以下，単にタスク・コントロール）とは，個々の特定業務が効果的かつ効率的に実行されるよう保証するプロセスをいう。タスク・コントロールに含まれる意思決定の実例としては，原料発注，人事記録の保持などが挙げられる。

A □□□　**60**　管理会計情報が具備すべき性質として，レリバンス（relevance：関連性），適時性（timeliness），影響力（influence）等様々なものを挙げることができるが，これらは有用性という言葉に集約して考えることができ，その場合，管理会計情報が具備すべき性質は有用性のみであるといえる。

A □□□　**61**　管理会計情報が備えなくてはならない要件とは，株主の情報ニーズと実際に提供される情報との適合性である。

A □□□　**62**　管理会計は外部の利害関係者との調整機能を有しているため，管理会計システムの設計を行う場合，企業内の管理者・従業員のみならず，外部の利害関係者による利用をも考慮に入れながら設計を行うべきである。

C □□□　**63**　上場企業において，組織の最下層の部門まで会社の理念や戦略に合致した予算編成が行われているかどうかのチェックについては，公正で独立の立場である内部監査人と社外取締役による共同遂行が義務づけられている。

C □□□　**64**　四半期決算の施行によって，上場企業における予算目標は，月ごとに設定することが廃止され，国際標準である四半期ごとの設定に一本化された。

C □□□　**65**　責任会計のもとで責任センター長に任命された者は，予算策定時に表明した年次目標が未達に終わった場合，次年度終了時までは，経営者，他の従業員，株主，銀行など社内外のステークホルダーに対して，原因と対策に関する説明責任を有する。

C □□□　**66**　近年，管理会計の役割として戦略の策定や実行について注目されるようになってきた。このうち，戦略マップは戦略の策定および実行に関して有効なツールの一つである。

A □□□　**67**　価値連鎖（value chain）とは，製品やサービスに価値を与えるための一連の活動であり，製品やサービスへの価値は生産プロセスにおいて付加されると考えられるので，販売後に行われる製品保証等のサポート活動は価値連鎖に含まれない。

58 【○】　　　　　　　　　　　　　　　　　　　　　　　　　　　Ⅱp. 14　　平成30年
　　　　　　　　　　　　　　　　　　　　　　　　　　　　　　　Ⅱp. 316　　第Ⅰ回
　　　　　　　　　　　　　　　　　　　　　　　　　　　　　　　　　　　　令和6年
　　　　　　　　　　　　　　　　　　　　　　　　　　　　　　　　　　　　第Ⅰ回

59 【○】　　R．N．アンソニーのモデルにおけるタスク・コントロールな　Ⅱp. 14
　　　　　いしオペレーショナル・コントロール（以下，単にタスク・コ
　　　　　ントロール）とは，個々の特定業務が効果的かつ効率的に実行
　　　　　されるよう保証するプロセスをいう。タスク・コントロールに
　　　　　含まれる意思決定の実例としては，原料発注，人事記録の保持
　　　　　などが挙げられる。

60 【○】　　管理会計情報が具備すべき性質として，レリバンス　　　　　Ⅱp. 11
　　　　　（relevance：関連性），適時性（timeliness），影響力
　　　　　（influence）等様々なものを挙げることができるが，これらは
　　　　　有用性という言葉に集約して考えることができ，その場合，管
　　　　　理会計情報が具備すべき性質は有用性のみであるといえる。

61 【×】　　管理会計情報が備えなくてはならない要件とは，経営管理者　Ⅱp. 11　　平成24年
　　　　　の情報ニーズと実際に提供される情報との適合性である。　　　　　　　　第Ⅱ回

62 【×】　　財務会計：株主，債権者等といった企業外部の利害関係者に　Ⅱp. 11　　平成28年
　　　　　経済的情報を提供する会計　　　　　　　　　　　　　　　　　　　　　第Ⅰ回
　　　　　　管理会計：企業内部の経営管理者に経済的情報を提供する会
　　　　　計
　　　　　外部の利害関係者による利用をも考慮に入れる必要はない。

63 【×】　　内部監査人と社外取締役による共同遂行は義務づけられてい　　　　　　平成25年
　　　　　ない。　　　　　　　　　　　　　　　　　　　　　　　　　　　　　　第Ⅰ回

64 【×】　　四半期ごとの設定に一本化されたといようなことはない。　　　　　　　平成25年
　　　　　　　　　　　　　　　　　　　　　　　　　　　　　　　　　　　　　　第Ⅰ回

65 【×】　　責任センター長（例えば，プロフィットセンターであれば工　　　　　　平成25年
　　　　　場長）は社内外のステークホルダーに対しての説明責任を有さ　　　　　　第Ⅰ回
　　　　　ない。

66 【○】　　　　　　　　　　　　　　　　　　　　　　　　　　　Ⅱp. 322　　平成27年
　　　　　　　　　　　　　　　　　　　　　　　　　　　　　　　Ⅱp. 323　　第Ⅰ回

67 【×】　　企業と顧客との価値連鎖として，自社の活動のみならず，最　　　　　　平成28年
　　　　　終顧客にとっての価値を最大化し，コストを最小化するために　　　　　　第Ⅰ回
　　　　　は何をなすべきかの検討が必要である。よって，問題文の「販
　　　　　売後に行われる製品保証等のサポート活動」は価値連鎖に含ま
　　　　　れる。

A　□□□　**68**　価値連鎖（value chain）とは，製品又はサービスの売り手にとっての価値を創り出す諸活動の繋がりを意味する。価値連鎖の枠組みを企業内部に限定せず，その枠組みを拡大して上流や下流の企業と連携することが，持続的な競争優位を確保するためには重要である。

A　□□□　**69**　マネジメント・コントロールとは，特定の課業を有効かつ能率的に実行することを確保するプロセスである。

A　□□□　**70**　マネジメント・コントロールは，組織目標を達成するために，経営管理者が資源を効果的・効率的に取得・利用することを確保するプロセスであると伝統的にいわれてきた。この意味で，予算管理は典型的なマネジメント・コントロールの手法である。

B　□□□　**71**　プロダクト・ポートフォリオ・マネジメント（product portfolio management, PPM）はボストン・コンサルティング・グループが開発したモデルが最も基本的である。PPMの図の二つの軸には，市場成長率と自社の絶対的マーケット・シェアの指標が採用される。

68 【×】　　価値連鎖（value chain）とは，製品又はサービスの買い手に　　　　令和3年
　　　　とっての価値を創り出す諸活動の繋がりを意味する。

69 【×】　　オペレーショナル・コントロール（タスク・コントロール）　　Ⅱp.14　　平成29年
　　　　とは，特定の課業を有効かつ能率的に実行することを確保する　　　　　　第Ⅰ回
　　　　プロセスである。

70 【○】　　　　　　　　　　　　　　　　　　　　　　　　　　　　　　　Ⅱp.14　　令和2年
　　　　　　　　　　　　　　　　　　　　　　　　　　　　　　　　　　　　　　第Ⅱ回

71 【×】　　ＰＰＭの図の二つの軸には，市場成長率と自社の相対的マー　　　　　令和2年
　　　　ケット・シェアの指標が採用される。下記のように4つのタイプ　　　　　　第Ⅰ回
　　　　に分類する。

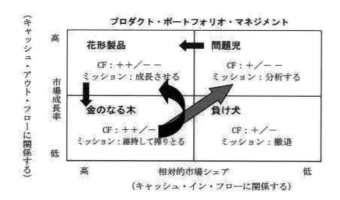

淺羽茂著『経営戦略の経済学』32 ページを元に作成

B　□□□　72　ボストン・コンサルティング・グループが開発したプロダクト・ポートフォリオ・マネジメント（product portfolio management）のモデルは，いくつかの前提の下に構築されている。それには経験曲線効果が含まれる。

B　□□□　73　ボストン・コンサルティング・グループにより開発されたプロダクト・ポートフォリオ・マネジメント（product portfolio management）は，個別の事業単位ではなく，事業の組合せが企業全体のキャッシュ・フローに与える効果の観点から企業戦略を策定する分析ツールである。

A　□□□　74　近年，管理会計の役割として戦略の策定や実行について注目されるようになってきた。このうち，戦略マップは戦略の策定および実行に関して有効なツールの一つである。

A　□□□　75　ＢＳＣは業績評価のツールであるため，戦略実行のツールとして活用できない。

B　□□□　76　バランスト・スコアカードは，目標管理(management by objectives)や方針管理などに共通した多くの方法論的特徴を有している。

B　□□□　77　バランスト・スコアカードは，株主を第一義的に重視する一方で，企業は多様なステークホルダーと関わりを有する社会的存在であるという認識に立脚し，企業経営の在り方を展望する。

A　□□□　78　バランスト・スコアカードは，戦略を実現に導く具体的な目標とアクションを体系的に識別するのを支援する。

72 【○】　PPMの前提となっている仮説に経験効果（経験曲線）がある。経験効果（経験曲線）とは，企業がある製品を生産していくと，その累積生産量が倍増するごとに単位当たりコストが低下するという現象を表したものである。このような効果が生じる原因は累積生産量の増大に伴って，以下のような現象が生じることに求められる。
・習熟による労働者の能率向上／・作業の標準化と作業方法の改善
・製造工程の改善・改良／・生産設備の能率向上／・製品の標準化

令和3年

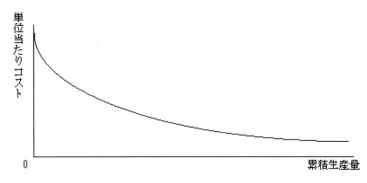

73 【○】

令和5年
第Ⅰ回

74 【○】

Ⅱp.322
Ⅱp.323

平成27年
第Ⅰ回

75 【×】　ＢＳＣは戦略実行のツールとしても活用できる。

Ⅱp.324
Ⅱp.153

平成20年

76 【○】　目標管理（ＭＢＯ）とは，個人の業務の目標を設定し，目標達成度により個人の業績を評価し，昇任や昇給，あるいはボーナスなどに反映させる仕組みである。
　方針管理とは，経営方針に基づき，中長期経営計画や短期経営方針を定め，それらを効率的に達成するために、企業組織全体の協力の下に行われる活動である。

Ⅱp.151
Ⅱp.325

平成21年

77 【○】

Ⅱp.320

平成21年

78 【○】

Ⅱp.316
Ⅱp.317

平成21年

B □□□　79　バランスト・スコアカードでは，すべての重要成功要因に対して定量的目標及び定性的目標が設定される。

A □□□　80　バランスト・スコアカードは，財務尺度（financial measures）よりも非財務尺度（non- financial measures）による業績評価を重視している。

A □□□　81　バランスト・スコアカードは，ＳＢＵ（strategic business unit）に限らず，コーポレート・レベルで導入することもある。

A □□□　82　非上場企業や非営利組織においてもＢＳＣが実施されている。

A □□□　83　バランスト・スコアカードは，病院のような医療組織だけでなく，官庁，地方公共団体のような政府組織にも適用することができる。

A □□□　84　バランスト・スコアカードは，戦略策定のためのマネジメントツールであり，アクションプランは不要である。

A □□□　85　バランスト・スコアカードの4つの視点に置かれる「学習と成長」の視点では，組織全体の成長を目指しており，従業員個人のスキルの成長に関する成果尺度（outcome measures）は設定されない。

A □□□　86　管理会計システムを構築する際，短期的な成果と長期的な成果を評価できるような評価尺度の利用を考慮すべきである。

79 【×】　　すべての重要成功要因に対して定量的目標および定性的目標　Ⅱp.320　　平成21年
が設定できるわけではない。

80 【×】　　バランスト・スコアカードは，非財務尺度をも取り入れて戦　Ⅱp.316　　平成22年
略の遂行を支援するものであるが，財務尺度よりも非財務尺度　　　　　　　　　　　第Ⅱ回
による業績評価を重視しているわけではない。

81 【○】　　なお，ＳＢＵとは戦略的事業単位のことである。　　　　　　Ⅱp.325　　平成22年
　　　　　　　　　　　　　　　　　　　　　　　　　　　　　　　　　　　　　　　第Ⅱ回

82 【○】　　　　　　　　　　　　　　　　　　　　　　　　　　　　　　Ⅱp.325　　平成25年
　　　　　　　　　　　　　　　　　　　　　　　　　　　　　　　　　　　　　　　第Ⅱ回

83 【○】　　バランスト・スコアカードはあらゆる組織体に適用できる。　Ⅱp.325　　平成23年
　　　　　　　　　　　　　　　　　　　　　　　　　　　　　　　　　　　　　　　第Ⅱ回

84 【×】　　バランスト・スコアカードは戦略マップを用いて，ビジョン　Ⅱp.316　　平成22年
と戦略の効果的な策定と実行を支援する。　　　　　　　　　　　Ⅱp.317　　　　　第Ⅱ回
　　なお，アクションプランは施策，イニシアティブ，戦略的実
施項目などとも呼ばれるものであり，バランスト・スコアカー
ドには必要な項目である。

85 【×】　　「学習と成長」の視点において，従業員個人のスキルに関す　Ⅱp.318　　平成22年
る成果尺度が設定されることもある。　　　　　　　　　　　　　Ⅱp.320　　　　　第Ⅱ回

86 【○】　　短期的な成果のみ評価すると，近視眼的な行動を促すリスク　Ⅱp.316　　平成28年
がある。一方で，長期的な成果のみを評価すると，予算達成が　　　　　　　　　　　第Ⅱ回
危うくなる。両者のバランスを考慮すべきである。その代表例
がバランスト・スコアカードである。

A　□□□　**87**　バランスト・スコアカードでは，成果尺度だけでなく，パフォーマンス・ドライバー（performance drivers）に関連した尺度をも設定することが重要である。

A　□□□　**88**　バランスト・スコアカードでは，業務遂行の結果現れる成果に対し，その成果をもたらす推進要因となる具体的な行動指標がパフォーマンス・ドライバーとして機能する。

A　□□□　**89**　バランスト・スコアカードでは，ＰＤＣＡ（Ｐlan-Do-Check-Action）サイクルにビジョンや戦略を反映させ，かつトップダウンおよびボトムアップのダブルループの学習プロセスを活用することで，既存の戦略の実現のみならず新たな戦略を生み出すことが可能となる。

B　□□□　**90**　戦略マップは，優れた製品開発力，顧客サービスのノウハウ，組織学習力といった組織の無形資産から価値が創出されるプロセスも可視化できる。

87 【○】　　バランスト・スコアカードでは，財務の視点，顧客の視点，ビジネス・プロセスの視点および学習と成長の視点を設け，それぞれの視点から，事業部門などの組織単位の具体的な戦略目標，戦略目標の達成度を測定する<u>成果尺度</u>，ターゲット，その成果を導くドライバー，<u>イニシアティブ</u>を明らかにする。　Ⅱp.317　平成22年第Ⅱ回

＜ＢＳＣのスコアシートの具体例＞

視点	戦略目標	遅行指標			先行指標			施策
		尺度	目標値	実績値	尺度	目標値	実績値	
財務								
顧客								
社内ビジネスプロセス								
学習と成長								

※遅行指標は，成果指標，事後尺度，遅行尺度などとも呼ばれる。
※先行指標は，パフォーマンス・ドライバー，先行尺度，事前尺度などとも呼ばれる。
※施策は，アクションプラン，イニシアティブ，戦略的実施項目などとも呼ばれる。
参考文献：「スタンダードテキスト管理会計」山本浩二，尾畑裕，小菅正伸他　中央経済社

88 【○】　Ⅱp.317　平成23年第Ⅱ回

89 【○】　Ⅱp.324　Ⅱp.153　平成23年第Ⅱ回

（参考）予算とＢＳＣ（シングル・ループとダブル・ループ）の関係

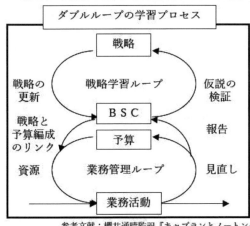

（注）
シングルループの学習プロセス：既存の枠組みの中で行う修正・学習活動をいう。

ダブルループの学習プロセス：既存の枠組みを超えて行う修正・学習活動をいう。

参考文献：櫻井通晴監訳『キャプランとノートンの戦略バランスト・スコアカード』東洋経済新報社

90 【○】　Ⅱp.316　Ⅱp.322　Ⅱp.323　平成23年第Ⅱ回

A　□□□　91　業績評価システムに非財務指標を組み込むことで，成果に至るプロセスのコントロールが強化され，業績評価システムの影響システムとしての側面が強調される。

A　□□□　92　非財務指標と財務指標との間に因果関係が想定でき，非財務指標を財務指標の先行指標として設定できる場合，非財務指標のみで業績を管理すれば良い。

A　□□□　93　当期の非財務指標において改善が見られても，財務指標の向上までにタイムラグがあり，次期以降の財務業績になると考えられる場合，このような非財務指標は当期の業績評価指標として使用されない。

B　□□□　94　非財務指標を通じて，戦略の実現に必要な行動が業績評価システムで管理されることによって，組織における戦略課題の浸透と実現が期待できる。

A　□□□　95　財務指標中心の業績評価システムに非財務指標を組み込むことは，株主の視点に立った業績向上の考え方とは矛盾するものである。

A　□□□　96　損益計算書やキャッシュ・フロー計算書に表示されていない科目も，ＢＳＣの「財務の視点」の指標として利用可能である。

A　□□□　97　ＢＳＣは将来の財務的成果の先行指標である非財務指標を含むため，四半期毎に開示されるＢＳＣ情報は多くの投資家にとって投資判断の重要な材料となっている。

A　□□□　98　バランスト・スコアカードには，財務の視点，顧客の視点，業務プロセスの視点，利害関係者の視点の「4つの視点」の因果関係が示される。

A　□□□　99　バランスト・スコアカードには，戦略目的，測定尺度，目標値，戦略的実施項目が示される。

A　□□□　100　バランスト・スコアカードには，財務尺度に偏重していた伝統的な管理会計への反省から，財務の測定尺度の数よりも非財務の測定尺度の数を多く示すことが求められる。

A　□□□　101　バランスト・スコアカードの役割は，組織構成員の業績評価に限られるものではない。

A　□□□　102　バランスト・スコアカードにおいて，設定された目標値に対する実績値は，月次や四半期等のサイクルで定期的にレビューされる。

91 【○】 Ⅱp. 316 平成24年
第Ⅰ回

92 【×】　　先行指標としての非財務指標のみで業績を管理するだけでは Ⅱp. 317 平成24年
なく，遅行指標としての指標を用いた業績の管理をすることが Ⅱp. 320 第Ⅰ回
望ましい。

93 【×】　　このような非財務指標は当期の業績評価指標として使用され Ⅱp. 317 平成24年
ることもある。 Ⅱp. 320 第Ⅰ回

94 【○】 Ⅱp. 316 平成24年
第Ⅰ回

95 【×】　　財務指標中心の業績評価システムに非財務指標を組み込んだ Ⅱp. 316 平成24年
としても，株主の視点に立った業績向上の考え方と矛盾するわ 第Ⅰ回
けではない。

96 【○】 Ⅱp. 316 平成25年
Ⅱp. 318 第Ⅱ回
Ⅱp. 319
Ⅱp. 320

97 【×】 平成25年
第Ⅱ回

98 【×】　「利害関係者の視点」ではなく，「学習と成長の視点」であ Ⅱp. 318 平成26年
る。 Ⅱp. 319 第Ⅰ回

99 【○】 Ⅱp. 317 平成26年
Ⅱp. 320 第Ⅰ回

100 【×】　　バランスト・スコアカードには，非財務の測定尺度の数を多 Ⅱp. 316 平成26年
く示すことが求められているわけではない。両者をバランスさ Ⅱp. 320 第Ⅰ回
せて作成する。

101 【○】 Ⅱp. 316 平成26年
Ⅱp. 320 第Ⅰ回

102 【○】 平成26年
第Ⅱ回

A　□□□　103　非財務指標の値を財務指標に換算することにより，財務指標と非財務指標の間の
バランスが確保される。

A　□□□　104　年功に基づく賃金体系を採用する企業にも，バランスト・スコアカードを導入す
ることは可能である。

B　□□□　105　全社と事業部のそれぞれでバランスト・スコアカードを作成する場合に，目標整
合性を確保する観点から，事業部の全指標を網羅したものが全社の指標となる。

A　□□□　106　マネジメント・コントロール・システムにより，管理者・従業員は，組織目標を
達成するために必要となる行動を理解することができる。

A　□□□　107　マネジメント・コントロール・システムでは，企業内部で得られる情報のみなら
ず，企業外部から得られる情報も利用される。

A　□□□　108　ＢＳＣは，戦略の策定と実行のマネジメント・システムであり，戦略を可視化す
る戦略マップと尺度や目標値を設定するアクション・プランからなる。

A　□□□　109　ＢＳＣは，企業のビジョンや戦略を多次元な視点における戦略目標に置き換え
る。非営利組織の病院経営においてBSC を用いる場合，「顧客の視点」を頂点とし
て，各視点の戦略目標間の因果関係を重視する場合もある。

B　□□□　110　戦略マップは，企業の中長期的な指針となる戦略を可視化し，記述する包括的な
フレームワークである。その意味では，戦略マップはボトムアップで作成されるこ
とが望ましい。

A　□□□　111　学習と成長の視点では，人的資本，情報資本，組織資本などの無形資産
（Intangibles）を戦略に方向付け，その実行に向けて貢献することが求められて
いる。

B　□□□　112　バランスト・スコアカードは，非財務情報が将来的な財務成果に結び付くという
因果関係が識別可能であるので，それはマネジメント・コントロールの技法の一つ
である。

103 【×】 Ⅱp. 320 平成26年 第Ⅱ回

104 【○】 平成26年 第Ⅱ回

105 【×】 平成26年 第Ⅱ回

106 【○】　バランスト・スコアカードは，非財務情報が将来的な財務成
果に結びつくという因果関係が識別可能であるので，それはマ
ネジメント・コントロールの技法の一つであるといえる。バラ
ンスト・スコアカードにより，管理者・従業員は，組織目標を
達成するために必要となる行動を理解することができる。

Ⅱp. 316
Ⅱp. 317
Ⅱp. 318
Ⅱp. 319
Ⅱp. 320
Ⅱp. 322
Ⅱp. 323
平成27年 第Ⅱ回

107 【○】 平成27年 第Ⅱ回

108 【×】　尺度や目標値を設定するのはアクション・プランではなく，
スコアシートである。
　なお，アクション・プランは施策・イニシアティブ・戦略的
実施項目などとも呼ばれる。

Ⅱp. 316
Ⅱp. 317
Ⅱp. 322
平成27年 第Ⅱ回

109 【○】 Ⅱp. 325 平成27年 第Ⅱ回

110 【×】　ボトムアップではなく，トップダウンで作成されることが望ま
しい。
平成27年 第Ⅱ回

111 【○】 Ⅱp. 323 平成27年 第Ⅱ回

112 【○】 Ⅱp. 316
Ⅱp. 317
Ⅱp. 318
Ⅱp. 319
Ⅱp. 320
平成30年 第Ⅱ回

A　□□□　113　バランスト・スコアカード（BSC）では，非財務の視点と財務の視点との間で因果関係が想定される。ここにおいて，非財務的な業績の向上が財務的な業績の向上に至るまでのタイム・ラグは考慮されない。

A　□□□　114　バランスト・スコアカード（BSC）には，財務の視点，顧客の視点，内部プロセスの視点，学習と成長の視点の四つの視点が存在する。BSCにおける因果関係とは，四つの視点間の関係を示すものではなく，戦略目標とそれを具体的に示す尺度，その目標値とそれを達成するための戦略的実施項目という目的・手段の関係を意味するものである。

A　□□□　115　バランスト・スコアカード（BSC）における戦略マップとは，財務の視点，顧客の視点，内部ビジネス・プロセスの視点，学習と成長の視点の四つの視点において設定された戦略目標を矢印で結び，戦略目標間の因果関係を表現する手法である。

A　□□□　116　バランスト・スコアカード（balanced scorecard，BSC）を必要とした主たる理由として，財務目標に偏ったため経営が短期志向になっていること，戦略を立案したもののその実行が伴ってこなかったこと，戦略的に重要な資産である無形資産の価値を評価してこなかったこと，がある。現在では，BSCは，単なる業績測定システムのみならず，戦略マネジメント・システムへと発展している。

113 【×】　　前段は正しい。非財務的な業績の向上が財務的な業績の向上
に至るまでのタイム・ラグは<u>考慮される。</u>　　　　Ⅱp. 320　　令和4年
　　　　　　　　　　　　　　　　　　　　　　　　　　　　　　　　第Ⅱ回

114 【×】　　ＢＳＣにおける因果関係とは，四つの視点間の関係をも示す
ものである。　　　　　　　　　　　　　　　　　　　Ⅱp. 318　　平成31年
　　　　　　　　　　　　　　　　　　　　　　　　　　　　　　　　第Ⅰ回

115 【○】　　　　　　　　　　　　　　　　　　　　　　Ⅱp. 318　　平成31年
　　　　　　　　　　　　　　　　　　　　　　　　　Ⅱp. 319　　第Ⅱ回

116 【○】　　　　　　　　　　　　　　　　　　　　　　Ⅱp. 316　　令和2年
　　　　　　　　　　　　　　　　　　　　　　　　　　　　　　　　第Ⅰ回

第2章
財務情報分析

A　□□□　　1　財務情報分析とは，企業の利害関係者が合理的な経済的意思決定を行うために，その企業の現状と問題点を把握する必要上，企業が公表した財務情報を分析し，比較し，解釈することである。

A　□□□　　2　財務情報分析をするためには，通常，分析する会社の3年から5年分の財務諸表が必要であるが，分析する会社以外の資料が利用されることはない。

A　□□□　　3　財務情報分析において，収益性，安全性，成長性などは相互に影響しあうことはなく，それぞれ別個に分析することが望ましい。

A　□□□　　4　経営資本営業利益率は，売上高を媒介として売上高営業利益率と経営資本回転率に分解できる。売上高営業利益率は生産・販売のマージンを示し，経営資本回転率は，経営資本を年間何回転させたかという経営資本の利用度を示す。

A　□□□　　5　企業の短期支払能力を知るための比率の1つとして流動比率がある。流動比率が高ければ，短期の支払能力が高く，資金繰りも良好であると考えられる。しかし，売掛金，受取手形や棚卸資産等の資産を実際より小さく表示したり，買掛金，支払手形や短期借入金等の負債を簿外表示する等によって，粉飾を行っている場合には，流動比率は見かけ上高い比率となることがあるといった問題がある。

$$（注）流動比率(\%)=\frac{流動資産}{流動負債}\times100$$

A　□□□　　6　財務安全性を見るのに流動比率があるが，この比率は，200 ％以上あるのが望ましいといわれている。ただし，同じ流動比率で200 ％を超える高い企業があっても，これらの支払能力は同等とは限らない。

A　□□□　　7　流動比率と固定長期適合比率は，表裏の関係にあり，流動比率が100％を超えると，固定長期適合比率は100％を下回る関係にある。つまり，両比率をともに計算しなくとも，流動比率をみれば固定長期適合比率の良否を判断することができる関係になっている。

$$（注）固定長期適合比率(\%)=\frac{固定資産}{純資産＋固定負債}\times100$$

1 【○】 Ⅱp. 18

2 【×】 財務情報分析をするためには，通常，分析する会社の3年から5年分 Ⅱp. 18
の財務諸表が必要であるが，分析する会社以外（競争企業や業界平均
値）の資料も外部比較基準値として必要とされる。

3 【×】 財務情報分析において，収益性，安全性，成長性などは相互に影響
しあう。例えば，株主の観点から収益性を改善するためには，負債に
よる資金調達を拡大することが有効であるが，これは安全性（流動
性）を損なうものである。また，成長性を高めるためには，研究開発
など様々な投資を実施する必要があるが，こうした投資が費用の増大
をもたらすならば短期的には収益性は低下する。

4 【○】 儲かる製品を売ることで売上高営業利益率が上昇する。そして，売 Ⅱp. 26
れ方が早ければ経営資本回転率が上昇する。このように経営活動の収 Ⅱp. 30
益性は，売上高営業利益率と経営資本回転率の2つの要素に依存す
る。

5 【×】 流動比率の問題点 Ⅱp. 38
① 流動資産の中には，不良債権（たとえば，滞留債権）や滞留在庫が
含まれている場合には，表面的に流動比率が高く見えることがある。
② 売掛金，受取手形や棚卸資産等の資産を実際より大きく表示した
り，買掛金，支払手形や短期借入金等の負債を簿外表示する等によっ
て，粉飾を行っている場合には，流動比率は見かけ上高い比率となる
ことがある。

6 【○】 流動比率の望ましい水準は業種によって異なる。一例としては，不 Ⅱp. 38 平成30年
動産売買業では，不動産という高額な資産（商品）が流動資産に計上 第Ⅰ回
されるので，流動比率はとても高くなるが，だからといって支払能力
が高いことにはならない。

7 【○】 流動比率が100%を超えると，固定長期適合比率は100%を下回る関 Ⅱp. 38
係にある。なお，両者が逆数になるわけではない（流動比率が125% Ⅱp. 40
のときに，固定長期適合比率が80%（1.00/1.25）になるわけではな
い。）。

A　□□□　　8　A社とB社が同じ元手（総資本）を使っており，かつ売上高経常利益率が同じ場合で，売上高がA社の方が大きい場合，A社の方が資本の効率が低いため，その結果として，A社の方が総資本経常利益率が高くなる。

A　□□□　　9　コンビニエンスストアでは，限られた売り場面積のため，利益率と回転率の高い売れ筋商品をそろえることが基本である。それを前提にすると，消費者にとって魅力あるオリジナルブランド商品を開発し，それに少しでも高い価格を設定するとともに，できるだけ安く商品を仕入れ，その商品の販売比率を高めようとする努力は，コンビニエンスストアにとって合理的なことである。

A　□□□　　10　企業が事業基盤をより強固なものにするために投資を行う場合など，いろいろな経営政策を実行しようとする場合には，資金が必要になってくる。このように，経営者がなんらかの政策を実行に移そうとしたときに，自由に使える資金がないと何もできない。経営者が自由に使えるこのような資金のことを，フリー・キャッシュ・フローという。

B　□□□　　11　営業キャッシュ・フロー比率は，会計方針の相違の影響を受けない収益性の指標といわれている。たとえば，減価償却方法の相違による影響で考えてみると，営業キャッシュ・フロー比率は，減価償却方法に関する会計方針の相違による影響を受けていない。一方，営業利益率は採用している会計方針次第で変わってしまう。

$$（注）営業キャッシュ・フロー比率（\%）＝ \frac{営業キャッシュ・フロー}{売上高}$$

8 【×】　以下のような数値例に照らすと，A社とB社が同じ元手(総資本)を使っており，かつ売上高経常利益率が同じ場合で，売上高がA社の方が大きい場合，A社の方が資本の効率が<u>高い</u>ため，その結果として，A社の方が総資本経常利益率が高くなる。　　　　　　　　　　Ⅱp.26

$$\frac{経常利益}{総資本} = \frac{経常利益}{売上高} \times \frac{売上高}{総資本}$$

A社：$\dfrac{150}{2,000}$ ＝ $\dfrac{150}{1,000}$ × $\dfrac{1,000}{2,000}$
　　　　7.5%　　　15%　　　0.5回転

B社：$\dfrac{75}{2,000}$ ＝ $\dfrac{75}{500}$ × $\dfrac{500}{2,000}$
　　　　3.75%　　　15%　　　0.25回転

9 【○】　売り場面積が限られているため，売れ残りの商品は売り場面積を圧迫し無駄にしてしまう。したがって，回転率の高い（売れ行きの良い）商品をそろえることが基本である。また，利益率の低い商品より高い商品をそろえるべきといえる。　　　　　　　　　　　　平成20年
　　消費者にとって魅力あるオリジナルブランド商品（プライベートブランド商品）を開発し，利益率の高いこの商品の販売比率を高めようとする努力は，合理的といえる。

10 【○】　FCF（フリー・キャッシュ・フロー）とは，企業本来の事業活動から生じるキャッシュ・フローをいう。営業キャッシュ・フローから設備投資額を控除したものであり，経営者が自由に使えるという意味でフリーである。　　　　　　　　　　　　　　　　　　　Ⅱp.298
　　営業キャッシュ・フロー＝税引後営業利益＋減価償却費－運転資本増加額
　　FCF＝営業キャッシュ・フロー － 設備投資額

11 【○】　① 営業キャッシュ・フロー比率とは
　　営業キャッシュ・フロー比率は，獲得した営業キャッシュ・フローの売上高に対する比率，つまり，本業によるキャッシュの獲得効率を表しているといわれている。なお，営業キャッシュ・フロー比率は，キャッシュフロー・マージンともいわれる。
　　② 収益性指標としての長所
　　ここでは，減価償却方法の相違による影響を，本業による利益の獲得効率を表す収益性の指標である営業利益率で考えてみる。
　　というのも営業利益は，定率法を採用しているのか，それとも定額法を採用しているのかで減価償却費の額が相違し，営業利益の額も違ってくる。すると，当然営業利益率も違ってきてしまう。つまり，採用している会計方針次第で，営業利益率が変わってしまうのである。
　　これに対して，営業キャッシュ・フロー比率は，減価償却費を除いた実際のキャッシュの流入額に対する売上の比率であるから，減価償却方法に関する会計方針の相違による影響を受けていない。
　　その意味で，収益性の指標としても客観性が高いといわれている。本業によるキャッシュの獲得効率は，収益性も客観的に表しているのである。

B　□□□　**12**　営業キャッシュ・フロー対流動負債比率は，短期的に支払いが生じる負債の返済能力を把握することができる指標であるため，当座比率のキャッシュ・フロー版ともいわれている。

$$（注）営業キャッシュ・フロー対流動負債比率（\%）= \frac{営業キャッシュ・フロー}{流動負債}$$

B　□□□　**13**　設備投資営業キャッシュ・フロー比率は，人材派遣業などのサービス業では高めになる傾向があり，通信事業や鉄道業などのような企業では低めになる傾向が強い。

$$（注）設備投資営業キャッシュ・フロー比率（\%）= \frac{設備投資額}{営業キャッシュフロー}$$

B　□□□　**14**　投資キャッシュ・フロー対営業キャッシュ・フロー比率が高い場合に，営業キャッシュ・フローで賄えない部分を財務キャッシュ・フローで充当する必要がある。

$$（注）投資キャッシュ・フロー対営業キャッシュ・フロー比率（\%）= \frac{投資キャッシュ・フロー}{営業キャッシュ・フロー}$$

A　□□□　**15**　営業レバリッジ（または経営レバリッジ）は，負債の利用によるテコの作用から生じる。負債の割合を多くすることにより，営業レバリッジがより多く働き，総資本利益率の変動以上に自己資本利益率の変動を大きくすることができる。その営業レバリッジの程度を測定するものが営業レバリッジ度（DOL）である。

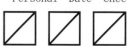

12 【○】　① 営業キャッシュ・フロー対流動負債比率とは　　　　　　Ⅱp.45

　　　　　営業キャッシュ・フロー対流動負債比率は，営業活動によって獲得したキャッシュの増減額から，流動負債の返済能力がどれくらいあるのかを見るための指標である。（テキストⅡp. 41参照）

　　　　　この営業キャッシュ・フロー対流動負債比率は，営業キャッシュ・フローが大きければ流動負債の返済能力は高いと考える。そのため，この比率が高いほど，財務安全性が高いと考える。また，営業キャッシュ・フロー対流動負債比率は，短期的に支払いが生じる負債の返済能力を把握することができる指標でもあるため，当座比率のキャッシュ・フロー版ともいわれている。

　　　　② 営業キャッシュ・フロー対流動負債比率の長所

　　　　　財務安全性を見るための指標には当座比率もある。しかし，当座資産には，現金預金，受取手形，売掛金，一時所有の有価証券などが含まれている。そのため，それらには，滞留化した売掛金やジャンプした受取手形などの不良資産が含まれている可能性がないとはいえない。その点，営業キャッシュ・フローは実際に獲得したキャッシュなので，当座比率に比べて財務安全性の指標としての信頼性は高いといわれている。

　　　　（注）手形のジャンプ：手形の支払期日延期のための手形更新のこと。

13 【×】　設備投資営業キャッシュ・フロー比率は，本業から生み出されたキャッシュ・フローを，どの程度設備投資に向けてきているのかを表す比率である。つまり，どの程度積極的に設備投資を実施しているのかを分析するものである。成長期には高めになり，場合によっては100％を超えることも考えられるが，安定してくると100％を下回り，業種ごとに一定の水準になる可能性が高い。また，通信事業や鉄道業などのような設備投資型の企業では高めになる傾向があり，人材派遣業などのサービス業では低めになる傾向が強い。なお，この比率が高すぎる場合には過大投資の危険性があり，逆に，低すぎる場合には将来のために必要最低限の投資も行われていない可能性がある。したがって，その水準を企業を取り巻く環境の変化と結びつけて分析していくことも必要である。

14 【○】　投資キャッシュ・フロー対営業キャッシュ・フロー比率は，投資活動に投入されるキャッシュ・フローがどの程度営業キャッシュ・フローによってカバーされているかをあらわす指標である。投資キャッシュ・フロー対営業キャッシュ・フロー比率が高い場合に，営業キャッシュ・フローで賄えない部分を財務キャッシュ・フローで充当する必要がある。

15 【×】　ここで説明されているのは営業レバリッジ（ＤＯＬ）ではなく，財務レバリッジである。営業レバリッジは営業量の変化率に対する営業利益の変化率を表す数値である。

Ⅱp.34　平成23年度
Ⅱp.35　　　第Ⅰ回
Ⅱp.74
Ⅱp.75

B　□□□　**16**　上場会社の決算短信で記載される「自己資本当期純利益率」の自己資本は，純資産の部の株主資本と同義ではない。

B　□□□　**17**　ROEを分解すると，（売上高当期純利益率）×（総資産回転率）×（自己資本比率）になる。

A　□□□　**18**　ROE（return on equity）を分解すると，（売上高当期純利益率）×（総資産回転率）×（財務レバレッジ）になる。

A　□□□　**19**　総資本利益率を算定する場合に，営業利益に金融収益（受取利息および受取配当金）を加算して事業利益を算定するのは，株主に対するリターンと債権者に対するリターンの双方を加味するためである。

A　□□□　**20**　総資本利益率を算定する場合の利益として，営業利益に金融収益（受取利息および受取配当金）を加算した事業利益を用いる場合がある。これは，株主と債権者の両方に対するリターンを考慮するためである。

A　□□□　**21**　総資本利益率における総資本に対比すべき利益として，損益計算書上の経常利益の数値をそのまま用いるのが理論的に妥当する。

A　□□□　**22**　自己資本純利益率の算式には負債は含まれていない。負債が増加しても，自己資本や純利益に影響を及ぼさず，自己資本純利益率は変動しない。

A　□□□　**23**　ROA（return on assets）10 %，ROE（return on equity）8 %，負債資本倍率〔算式：負債÷自己資本〕2 倍，実効税率50 %の場合，負債利子率は4 %である。

A　□□□　**24**　流動資産を流動負債で割った比率は流動比率となり，また，流動資産から流動負債を差し引くと正味運転資本が算定される。

16 【○】　純資産の部は株主資本＋評価・換算差額等＋新株予約権＋非支配株主持分で構成されており，決算短信で記載される「自己資本当期純利益率」は，自己資本当期純利益率＝当期純利益／（純資産の部の合計－新株予約権－非支配株主持分）である。したがって，「自己資本当期純利益率」の自己資本と純資産の部の株主資本は同義ではない。　Ⅱp.23　平成23年度　第Ⅰ回

17 【×】　ＲＯＥを分解すると以下のようになる。　Ⅱp.34　平成23年度　Ⅱp.41　第Ⅰ回

$$\frac{当期純利益}{自己資本} = \frac{当期純利益}{売上高} \times \frac{売上高}{総資産} \times \frac{総資産}{自己資本}$$

ＲＯＥ　　売上高当期純利益率　総資産回転率　財務レバリッジ

18 【○】　Ⅱp.34　令和5年　Ⅱp.41　第Ⅱ回

19 【○】　総資本に対応するリターンは，株主持分と債権者持分の両方に対するリターンが含まれ，営業利益に金融収益も加えた事業利益で算定する必要がある。　Ⅱp.22　平成27年　第Ⅱ回

20 【○】　Ⅱp.22　令和5年　第Ⅱ回

21 【×】　総資本に対比すべき利益は，事業利益（経常利益＋支払利息等）を用いるのが理論的である。　Ⅱp.22　令和3年

22 【×】　負債が増加した場合，自己資本純利益率は変動する。　Ⅱp.34　平成27年　第Ⅱ回

$$ＲＯＥ（自己資本純利益率）＝ＲＯＡ＋（ＲＯＡ－ｒ）\times \frac{負債}{自己資本}$$

ｒ：負債コスト率

23 【×】　D：負債，E：自己資本，ｒ：負債利子率，ｔ：実効税率とする。
ＲＯＥ＝{ＲＯＡ＋（ＲＯＡ－ｒ）×（D／E）}×（1－ｔ）
よって，
8％＝{10％＋（10％－ｒ）×2}×（1－0.5）
ｒ＝7％　Ⅱp.34　令和3年

24 【○】　Ⅱp.38　平成30年　Ⅱp.158　第Ⅰ回

A □□□　25　良好な収益性の状態を維持するには，売上高利益率を上げることが困難な場合，売上高利益率が低くとも総資本回転率を上げれば総資本利益率の上昇は達成でき，これを実現するためには薄利多売戦略を行うことが考えられる。

A □□□　26　棚卸資産回転率が年間8 回転の場合，棚卸資産回転月数は1.5 か月で，棚卸資産回転日数は45.625 日である。ただし，1 年は365 日とする。

A □□□　27　固定長期適合率と流動比率との関係において，固定長期適合率が1 より大きい場合は，流動比率が1 より大きいことに対応し，固定長期適合率が1 より小さい場合は，流動比率が1 より小さいことに対応する。

A □□□　28　自己資本がプラスの企業において，固定長期適合率が 100 ％を上回る場合であっても，固定比率が 100 ％以下となる場合がある。

A □□□　29　企業の資本調達上，負債を利用する度合を財務レバレッジというが，資本調達に関して企業間比較を行う場合，財務レバレッジの高い企業の方が自己資本純利益率の変動についてのリスクは低くなる。

A □□□　30　売上高利益率と自己資本比率を一定とした場合で総資本回転率が上昇しているときは，自己資本利益率は低下する。

A □□□　31　総資本利益率を一定とした場合で自己資本比率が上昇しているときは，自己資本利益率は上昇する。

A □□□　32　自己資本比率が低い企業の場合，自己資本比率が高い企業と比べて，他の条件を同じとするならば，業績悪化時には減益幅が拡大する。

25 【○】 Ⅱp.26 平成30年
第Ⅰ回

26 【○】 棚卸資産回転率が年間8回転（＝売上高÷棚卸資産）ということ Ⅱp.31 令和3年
は，その逆数である棚卸回転期間（年数）が，0.125年（＝棚卸資産
÷売上高）となる。したがって，月数は1.5カ月（＝0.125×12カ
月），日数は45.625日（＝0.125×365日）となる。

27 【×】 固定長期適合率が1より大きい場合は，流動比率は1より小さいこと Ⅱp.38 平成30年
に対応し，固定長期適合率が1より小さい場合は，流動比率が1より大 Ⅱp.40 第Ⅰ回
きいことに対応する。

28 【×】 固定長期適合率＝固定資産÷（固定負債＋自己資本） Ⅱp.40 令和5年
固定比率＝固定資産÷自己資本 第Ⅱ回
上記の算式の通り，固定長期適合率が100％を上回る場合，固定比
率は100％以下とならない。

29 【×】 財務レバレッジの高い企業の方が自己資本純利益率の変動について Ⅱp.34 平成30年
のリスクは高くなる。 Ⅱp.35 第Ⅰ回

30 【×】 自己資本比率＝（$\frac{自己資本}{総資本}$）が一定ということは，その逆数を意味する Ⅱp.34 平成25年
Ⅱp.41 第Ⅱ回

財務レバレッジ（$\frac{総資本}{自己資本}$）も一定ということである。したがって，下記

式の通り，総資本回転率が上昇しているときは，自己資本利益率は上昇する。

$$\underset{(一定)}{\frac{利益}{売上高}} \times \underset{(一定)}{\frac{総資本}{自己資本}} \times \underset{(上昇)}{\frac{売上高}{総資本}} = \underset{(上昇)}{\frac{利益}{自己資本}}$$

31 【×】 自己資本比率が上昇しているということは，逆数である財務レバ Ⅱp.34 平成25年
レッジ度は低下しているということである。 Ⅱp.41 第Ⅱ回

$$\underset{(一定)}{\frac{利益}{総資本}} \times \underset{(低下)}{\frac{総資本}{自己資本}} = \underset{(低下)}{\frac{利益}{自己資本}}$$

32 【○】 自己資本比率の逆数は財務レバレッジ度であるため，自己資本比率 Ⅱp.34 平成25年
が低いということは，財務レバレッジ度が高いことになる。財務レバ Ⅱp.41 第Ⅱ回
レッジ度の高い企業は，業績悪化時には減益幅は拡大する。

A ☐☐☐　**33**　財務諸表分析は，数値や比率の「比較」によって行われるが，財務諸表の実際の数値を使って分析する手法を外部分析といい，財務諸表上のある項目と他の項目との比率を求め，それを使って分析する手法を比率分析という。

C ☐☐☐　**34**　生産性とは，付加価値を生み出す企業の能力を意味する。ここで付加価値とは，企業が外部から購入した原材料やエネルギーに対して，新たに生み出した価値をいう。

C ☐☐☐　**35**　従業員1人当たりの付加価値額を増やすためには，従業員に多くの機械・設備を持たせるのが効果的である。しかし，むやみに設備投資をしても，その設備が利用されず，付加価値を生み出さなければ設備生産性は上がらない。設備生産性を上げるためには，機械・設備の操業度を下げるとともに，技術革新によって比較的少ない資源で，消費者のニーズに合ったよく売れる製品を製造販売する必要がある。

C ☐☐☐　**36**　×1期と×2期には，あまり大きな変化はなかったが，×3期には，資本の効率(総資本回転率)は若干低下するものの，付加価値率が大幅に改善した。すなわち，付加価値の高い商品を扱ったことになるが，急速な改善なので，粉飾の可能性も含めて，検討を加える必要がある。

	付加価値率	資本生産性	総資本回転率
×1期	7.77%	10.8%	？回
×2期	7.64%	？%	1.40回
×3期	？%	12.0%	1.30回

C ☐☐☐　**37**　労働分配率を引き下げる最も容易な方法は人件費をカットすることである。しかしながら，世間水準を大幅に上回るカットを行うと，優秀な人材を集めることが困難になったり，生産性の高い従業員の勤労意欲に負の影響を与えたりすることになる。

$$（注）労働分配率（\%）= \frac{人件費}{付加価値額} \times 100$$

C ☐☐☐　**38**　売上高成長率は，売上高が基準となる時点からどの程度伸びたのかを表す比率である。当然，成長という視点からは高いほうが望ましい。しかし，売上高の急激な増加は，売上債権や棚卸資産の増加を招き，一時的な資金繰りの改善につながる可能性がある。さらに，急激な成長は，一時的なブームや大ヒット商品に支えられているケースもあり，その場合には，将来的に急激な売上高の減少に直面するリスクをはらんでいる可能性がある。また，逆に，急激な減少は，イメージダウンや商品・製品・サービスの競争力の低下など，本業で大きな問題を抱えているケースも多いので，注意が必要である。

$$（注）売上高成長率（\%）= \frac{売上高増加額}{基準年度の売上高} \times 100$$

33 【×】　財務諸表の実際の数値を使って分析する手法を<u>実数分析</u>という。　Ⅱp. 18　平成30年
　　第Ⅱ回

34 【○】　　　　　　　　　　　　　　　　　　　　　　　　　　　　　　　　　　Ⅱp. 49　令和3年

35 【×】　　労働生産性は，労働装備率と設備生産性に，さらに，このうちの設　Ⅱp. 51
備生産性は，有形固定資産回転率と付加価値率に分解することができ　Ⅱp. 52
る。従業員1人当たりの付加価値額(労働生産性)を増やすためには，
従業員に多くの機械・設備を持たせる(労働装備率を高める)のが効果
的である。しかし，むやみに設備投資をしても，その設備が利用され
ず，付加価値を生み出さなければ設備生産性は上がらない。設備生産
性を上げるためには，機械・設備の操業度を上げる(有形固定資産回
転率を高める)とともに，技術革新によって比較的少ない資源で，消
費者のニーズに合ったよく売れる製品(付加価値率の高い製品)を製造
販売する必要がある。

36 【○】　　資本生産性＝付加価値率×総資本回転率　　　　　　　　　　　　　Ⅱp. 52

$$\frac{付加価値額}{総資本} = \frac{付加価値額}{売上高} \times \frac{売上高}{総資本}$$

	付加価値率	資本生産性	総資本回転率
×1 期	7.77%	10.8%	1.39 回
×2 期	7.64%	10.7%	1.40 回
×3 期	9.23%	12.0%	1.30 回

37 【○】　なお本指標は労働交渉で使用される機会も多い。　　　　　　　　　Ⅱp. 53

38 【×】　　売上高の急激な増加は，売上債権や棚卸資産の増加を招き，一時的　Ⅱp. 57
な資金繰りの悪化につながる可能性がある。

C　□□□　**39**　総資産成長率は，総資産が基準となる時点からどの程度大きくなったのかを表す
比率である。つまり，将来へ向けて，どの程度積極的な投資を行っているのかを表
しているものといえる。ただ，資産が成長していても，主に金融資産が増加してい
る場合には，事業に関連する投資は行われていないことになるので，増加した資産
の内容も確認することが望ましい。

$$（注）総資産成長率（\%）= \frac{総資産増加額}{基準年度の総資産残高} \times 100$$

39 【○】

第3章
短期利益計画のための管理会計

A　□□□　　1　勘定科目精査法，高低点法，最小自乗法，IE 法（インダストリアル・エンジニアリング法）は，原価の固変分解の方法である。

A　□□□　　2　スキャッター・チャート法は目分量で固定費と変動費の分解を実施するものであるため，容易ではあるが，実績に基づく他の予測法である高低点法に比べて正確性に劣る手法である。

B　□□□　　3　実績データに基づく原価予測法であったとしても，回帰分析法を採用するなら，信頼のおける操業度ゼロ地点の固定費額を算定することができる。

A　□□□　　4　CVP分析においては，操業度の変化のみならず，価格，固定費，あるいは変動費率の利益に与える影響を検討することができる。

A　□□□　　5　損益分岐点比率と安全余裕率とは，ともに実際または予定売上高と損益分岐点売上高の関係から企業経営の安全性（利益計上の安定性）を測定するものであり，両者の間には密接な関係がある。たとえば，損益分岐点比率が上昇すれば安全余裕率も上昇し，企業の経営安全性は改善したといえる。

A　□□□　　6　原価分解法の一つであるインダストリアル・エンジニアリング法（I E法）は，生産過程における投入と産出との間の物量的な関係を工学的に分析することにより，発生すべき原価を予測する方法である。これは過去の資料を用いることができない新製品の直接材料費や直接労務費の測定などに有効な方法である。

A　□□□　　7　固定費と変動費を分解する方法の一つにスキャッター・チャート法がある。この方法は，利用可能なすべてのデータをグラフに記入し，それらの点の真ん中を通る直線を目分量で引くため，この原価関数は主観的にならざるを得ず，他の予測法である高低点法に比べて正確性に劣る手法である。

1 【○】 　　　　　　　　　　　　　　　　　　　　　　　Ⅱp. 87　平成30年
　　　　　　　　　　　　　　　　　　　　　　　　　　　　Ⅱp. 88　第Ⅰ回
　　　　　　　　　　　　　　　　　　　　　　　　　　　　Ⅱp. 89

2 【×】 　　原価予測の方法として，<u>高低点法は，正常操業圏内における2つのデー</u>　　Ⅱp. 87　平成22年
<u>タ（最大操業度時と最低操業度時）のみを考慮するため，正確性に劣る方</u>　　Ⅱp. 88　第Ⅰ回
<u>法である。</u>これに対し，スキャッター・チャート法は，<u>全ての実績データ</u>　　Ⅱp. 89
<u>の点を利用して原価直線を決定するため高低点法に比較して正確性に優る</u>
<u>という長所を持つ。</u>

（各方法の長所・短所のまとめ）

	長所	短所
勘定科目精査法	手続きが簡便である	恣意性が介入しやすい
高低点法	計算が簡便である	2つのデータのみであるため正確性が劣る
スキャッター・チャート法	データを多く収集する点では高低点法よりも優れている	恣意性が介入する恐れがある
最小自乗法	客観性がある	手間がかかる
ＩＥ法	過去のデータがない場合にも原価態様を予測することができる	手間がかかる

3 【×】 　　回帰分析法（最小自乗法）は，正常操業圏内における理想的な直線を求　　平成22年
めるに過ぎず，<u>データのばらつき等いかんによっては信頼のおける操業度</u>　　第Ⅰ回
<u>ゼロ地点の固定費額を算定することができるとは限らない。</u>

4 【○】 　　ＣＶＰ感度分析のことである。　　　　　　　　　　　　　　　　　Ⅱp. 80　平成22年
　　　　　　　　　　　　　　　　　　　　　　　　　　　　　　　　　　第Ⅰ回

5 【×】 　　損益分岐点比率と安全余裕率の関係を式に表すと以下のようになる。　　Ⅱp. 72　平成22年
安全余裕率＝（1－損益分岐点比率）　　　　　　　　　　　　　　　　　第Ⅰ回
　　したがって，<u>損益分岐点比率が上昇すると，安全余裕率は下落する。</u>

6 【○】 　　　　　　　　　　　　　　　　　　　　　　　Ⅱp. 89　平成22年
　　　　　　　　　　　　　　　　　　　　　　　　　　　　第Ⅰ回

7 【×】 　　利用可能なすべてのデータを考慮するため，スキャッター・チャート法　　Ⅱp. 87　平成27年
は，2点しか考慮しない高低点法に比べて正確性に劣る手法ではない。　　Ⅱp. 88　第Ⅰ回
　　　　　　　　　　　　　　　　　　　　　　　　　　　　Ⅱp. 89

A　□□□　　8　営業量が少し変化すると利益が大きく変化する現象は，一般に財務レバレッジと呼ばれているが，その大きさは財務レバレッジ係数で測定される。財務レバレッジの現象は固定費の存在によって生じるのであり，財務レバレッジ係数は固定費の割合が大きいほど大きくなる。

A　□□□　　9　安全余裕率と損益分岐点比率は，どちらも企業経営の安全性を測定するものであり，実務上でもよく使用されている指標である。この両者には密接な関係がある。例えば，安全余裕率が20 ％の場合，損益分岐点比率は100 ％から安全余裕率を差し引いて，80 ％と算定される。

A　□□□　10　多品種製品のCVP分析における固定費は，個別固定費と各製品品種に共通に発生する共通固定費からなり，共通固定費の場合，どの品種にどれだけ必要とされるかを正しく計算することは不可能である。

A　□□□　11　限界利益率，損益分岐点比率，安全余裕率，経営レバレッジ係数は，ＣＶＰ分析において用いられる指標である。

A　□□□　12　損益分岐点比率は，実際の売上高と損益分岐点売上高との差額を実際の売上高で除して求められ，その値が高いほど収益性が高いことを意味する。

A　□□□　13　経営レバレッジ係数（degree of operating leverage）は，総費用に占める固定費の割合が大きくなるほど，売上高の変化率に比べて営業利益の変化率がより大きくなることの程度を測る指標である。この指標の数値は，売上高が減少して損益分岐点に近づくにつれて小さくなる。

8 【×】 問題文は「経営レバレッジ」の説明である。「財務レバレッジ」は負債 Ⅱp.34　平成27年
の利用度に応じて利益が変化する現象のことである。 Ⅱp.74　第Ⅰ回
　　　なお，経営レバレッジ係数は Ⅱp.75

$$経営レバレッジ係数＝\frac{限界利益}{営業利益}$$

　　また，財務レバレッジは

$$財務レバレッジ＝\frac{総資本}{自己資本}$$

9 【○】 Ⅱp.72　平成27年
第Ⅰ回

10 【○】 平成30年
第Ⅱ回

11 【○】 Ⅱp.64　平成30年
$$限界利益率＝\frac{限界利益}{売上高}$$ Ⅱp.71　第Ⅱ回
Ⅱp.72
Ⅱp.74

$$損益分岐点比率＝\frac{損益分岐点売上高}{売上高}$$

$$安全余裕率＝\frac{安全余裕額}{売上高}$$

なお,安全余裕額＝売上高－損益分岐点売上高

$$経営レバレッジ係数＝\frac{限界利益}{営業利益}$$

12 【×】 　安全余裕率は，実際の売上高と損益分岐点売上高との差額を実際の売上 Ⅱp.72　令和5年
高で除して求められ，その値が高いほど収益性が高いことを意味する。 第Ⅱ回

13 【×】 　経営レバレッジ係数は，「限界利益／営業利益」によって算定される。 Ⅱp.74　令和4年
ここで，損益分岐点に近づくにつれて分母である営業利益は0に近づくこ 第Ⅰ回
とになるため，経営レバレッジ係数自体は大きくなる（分子も0に近づい
ていくが，分子である限界利益は「営業利益＋固定費」であるため，一定
額である固定費の影響により，経営レバレッジ係数は大きくなる）。

A　□□□　**14**　短期利益計画に際し，原価・営業量・営業利益の関係の分析が有用である。この分析において，法人税率が上昇する場合，その他の条件を一定とすれば損益分岐点売上高は増大する。

A　□□□　**15**　ＣＶＰ分析は，原価を変動費と固定費に分解する直接原価計算方式により行うが，原価を直接費と間接費に分類する全部原価計算方式によりＣＶＰ分析を行う場合は，原価・営業量・利益の関係について正確な予測ができない。

A　□□□　**16**　短期利益計画では，単年度の利益目標を設定するためにCVP分析の手法を用いて各種の数値目標を策定する。一方，中長期経営計画では，期間が数年に及び不確実性が高いので数値目標を策定することはない。

14 【×】　　法人税率が上昇しても損益分岐点売上高は変わらない。（損益分岐点は　　Ⅱp.72　　令和3年
利益ゼロとなるため，税の控除は関係ない）

15 【×】　　全部原価計算方式は，原価を直接費と間接費に分類するのではなく，製　Ⅱp.82　　平成30年
造原価と販売費および一般管理費に分類する。　　　　　　　　　　　　　　Ⅱp.93　　　第Ⅱ回
　　　また，全部原価計算方式でも正確なＣＶＰ分析は可能である。

16 【×】　　中長期経営計画では，期間が数年に及び不確実性が高いが数値目標を策　　　　　　平成30年
定する。　　　　　　　　　　　　　　　　　　　　　　　　　　　　　　　　　　　　第Ⅱ回

第4章
予算管理

A □□□　　1　長期経営計画を策定し，長期利益計画を年度別に示す場合でも，短期利益計画や予算編成を行うことが望ましい。

A □□□　　2　一般管理費は，役員・職員の給料，旅費交通費，通信費，事務用品費および減価償却費など，一般管理業務の遂行に関して発生する価値犠牲額である。その管理方法として，割当予算ではなく変動予算が最も適合するとされる。

B □□□　　3　保管費，輸送費および荷役費などの注文履行費は，注文獲得費に比して，反復的で，ある程度は標準化が可能である。したがって，注文履行費に標準原価又は変動予算による管理を適用することができる。

A □□□　　4　予算は，企業の諸活動の具体的計画を貨幣的に表示したものであり，予算期間における企業の原価目標の達成に向けた，企業全般にわたる総合的管理の要具である。

A □□□　　5　予算編成に際し，トップ・マネジメントのスタッフが予算を作成し，それを一方的に現場部門に示達する方式があるが，現場の情報を活用するために部門管理者に各部門の予算を主体的に編成させる方式もある。後者の方式をとる場合，トップ・マネジメントが予算編成方針を示すことはない。

A □□□　　6　部門予算と総合予算とは，予算が適用される企業内組織の範囲に基づいた分類である。予算編成プロセスでは，各部門がそれぞれの活動を計画して部門予算を編成し，それらを調整せずに単純に足し合わせると企業全体の予算，すなわち総合予算が編成される。

A □□□　　7　予算編成時点において予測できなかった経営環境の変化を予算に反映させるためにローリング（ころがし）方式を採用する予算を継続的予算という。

B □□□　　8　期間予算又は定期的予算は，一定の計画期間（通常は1年）について編成され，次の計画期間に関して新たな予算が作成される。これに対し，一定の計画期間（例えば，半期，四半期，月次など）ごとにローリング方式（ころがし方式）で更新し，更新時に経過期間を加えて編成する予算を変動予算という。

A □□□　　9　変動予算は，予算期間内における実際のアウトプットに基づき計算される収益・費用からなり，予算編成プロセスの一環として予算期間開始時に策定される。

A □□□　　10　業務予算の編成は，売上高予算の作成に始まり，見積キャッシュ・フロー計算書の作成で終わる。

1 【○】　　長期経営計画をより具体的な形として短期利益計画に落とし込むべきである。　Ⅱp.62　Ⅱp.63　平成30年　第Ⅰ回

2 【×】　　一般管理費予算の費目を，コミテッド・コストとマネジド・コストとに分類し，それぞれの費目の特徴に応じた管理をしていくのが望ましい。　Ⅱp.114　Ⅱp.115　令和2年　第Ⅰ回

3 【○】　　注文履行費とは，獲得された注文を履行するのに関連して発生する費用であり，例として運送費が挙げられる。　Ⅱp.114　Ⅱp.115　令和2年　第Ⅰ回

4 【×】　　予算は，企業の諸活動の具体的な計画を貨幣的に表示したものであり，予算期間における企業の利益目標の達成に向けた，企業全般にわたる総合的管理の要具である（「基準」一（四）参照）。　Ⅱp.118　令和4年　第Ⅱ回

5 【×】　　予算編成に際し，現場の情報を活用するために部門管理者に各部門の予算を主体的に編成させる方式（ボトム・アップ方式）をとる場合でも，予算編成方針はトップ・マネジメントから示される。　Ⅱp.121　平成30年　第Ⅰ回

6 【×】　　総合予算は，部門予算のすべてを全社的な計画として調整し，集計し，集約した予算である。　Ⅱp.119　平成31年　第Ⅰ回

7 【○】　Ⅱp.119　令和4年　第Ⅱ回

8 【×】　　変動予算とは実際操業度に対応して，作成される予算をいい，本肢のような予算は継続予算と呼ばれる。　Ⅱp.119　令和2年　第Ⅱ回

9 【×】　　変動予算（実績測定予算）は実際のアウトプットに基づき計算されるため，予算期間開始時ではなく，予算期間終了時に策定される。　Ⅱp.119　Ⅱp.128　Ⅱp.129　Ⅱp.130　Ⅱp.131　平成28年　第Ⅱ回

10 【×】　　業務予算（ないし損益予算）には，見積キャッシュ・フロー計算書の作成は含まれない。一般に見積キャッシュ・フロー計算書は財務予算に含まれる。　Ⅱp.119　平成27年　第Ⅱ回

A　□□□　11　当初の年次予算や半期予算の編成で前提とされた環境条件は，その後に変化することが珍しくない。前提条件の変化が無視できない場合，当初予算を細分化して修正し，四半期予算や月次予算に統制機能を担わせる。この場合，年次予算や半期予算を基本予算，修正された予算を実行予算という。

A　□□□　12　企業は新年度の開始までに年度予算を策定するが，経営環境の変化などによって当初想定した前提条件が大幅に変化する場合には，月次又は四半期単位で予算を修正することがある。このような予算を実行予算ということがある。

A　□□□　13　予算編成時に前提とした条件が変化した場合に，予算に期待される計画機能を維持するために予算を修正することがある。この修正された予算を実行予算と呼ぶ。

A　□□□　14　資本予算は設備投資予算に代表される長期予算であるが，短期予算としての総合予算の中に組み込まれることがある。

A　□□□　15　予算編成の方法を大別すると，組織階層にかかわらせてトップ・ダウン方式又はボトム・アップ方式の2つの予算編成のタイプが考えられる。トップ・ダウン方式にこだわり過ぎると，各部門担当者のやる気を阻害してしまい，予算統制の機能が損なわれるおそれがないとはいえない。

A　□□□　16　企業の予算管理の手順を事前，期中，事後に分類した場合に，事前の手順は，各部門の予算案の作成から始まり，全社的な調整とトップ・マネジメントによる総合予算の決定と示達により行われる。

A　□□□　17　ボトムアップ型予算は，現場への動機づけを重視して予算を主体的に編成させる方式であるが，全社的な利益計画との不整合をもたらすおそれがある。

A　□□□　18　企業内の各部門の管理者が予算編成に参画することで，自ら受容できる目標としての予算の策定が期待される。それによって，管理者が予算の達成に向けて動機づけられる。

A　□□□　19　目標値としての予算の規範性は，総合的な利益管理の手段であることに求められる。これは，企業全体の利益目標を調和的に達成するために，各部門が自己の予算目標を達成しなければならないことを意味する。

11 【○】   Ⅱp. 120   令和2年
第Ⅱ回

12 【○】   Ⅱp. 120   令和5年
第Ⅰ回

13 【×】   予算編成時に前提とした条件が変化した場合に，予算に期待される<u>統制機能</u>を維持するために，予算を修正することがある。この修正された予算を実行予算という。   Ⅱp. 120   令和6年
第Ⅰ回

14 【○】   翌年度の設備投資予算は総合予算のうちの財務予算に組み込まれる。なお，資本予算について改めてテキストを確認されたい。   Ⅱp. 120   平成29年
第Ⅱ回

15 【○】   トップ・ダウン型予算は，トップマネジメントの強力なリーダーシップのもとに，戦略の実行を進めるのに有効な方法であるが，不満や不信感が高まり，現場の協力を得るのが難しくなる可能性がある。   Ⅱp. 121   平成29年
第Ⅱ回

16 【×】   一般的に予算はトップ・マネジメントから示される予算編成方針に基づき，各部門が予算案の作成を行う。   Ⅱp. 118
Ⅱp. 121   平成27年
第Ⅰ回

17 【○】   Ⅱp. 121   令和3年

18 【○】   参加型予算とは，各部門管理者に各部門予算を主体的に編成させ，これらを積上げ総合予算を編成する分権的な予算編成方式である。
    現場管理者の実情にあった目標値としての予算を編成することが可能となり，仕事にやりがいを与え，管理者に責任感をもたせることができる。
    全社的な利益計画との整合性を欠き，経営資源の有効活用が図られない可能性がある。   Ⅱp. 121   令和4年
第Ⅰ回

19 【○】   大綱的利益計画決定後，それを具体化した予算編成方針が示され，販売部門において販売予算が，製造部門において製造予算が，財務部門において資金予算が編成され，各部門予算が総合予算として見積損益計算書および見積貸借対照表などにまとめられる。したがって，企業全体の利益目標を調和的に達成するためには，各部門が自己の予算目標を達成しなければならない。   Ⅱp. 121   令和4年
第Ⅰ回

A　□□□　20　ボトム・アップ方式による予算編成では，トップ・ダウン方式と比べて，各部門に予算目標を達成することを動機づける効果が期待され，全社的な計画との整合性を持つよう各部門の活動を調整することが容易となる。

A　□□□　21　ボトム・アップ型の予算編成には，現場の情報を目標設定に反映することで実状に見合った目標値として予算が設定されるという長所があるが，その反面，企業全体の戦略や計画との整合性を欠く予算が設定されるおそれもある。

A　□□□　22　予算は，通常，トップマネジメントが示す予算編成方針に従って編成されるので，予算スラックが混入する余地はない。

A　□□□　23　予算編成には，トップ・マネジメントから示されるトップダウン方式と，現場管理者から示されるボトムアップ方式がある。折衷方式では，トップダウン方式とボトムアップ方式のメリットを活かすことができる。

A　□□□　24　収益と費用に関する予算については，最終的には見積損益計算書に集約される。

A　□□□　25　予算実績差異分析を実施する際には，その差異が経営上重要な意味を持つと考える場合に，詳細なデータを収集し差異の原因を分析する。

A　□□□　26　例外管理とは，企業の予算管理において予算と実績とを比較し，実績が予算から大きく乖離した部分へ経営者の注意を向けさせ，差異の発生原因を調査し，経営改善の措置をとる手法である。

A　□□□　27　予算は編成するだけではなく，予算と実績の比較もしたほうがよい。

A　□□□　28　精度の高い予算を策定できれば，予算統制における予算実績差異分析の必要性はなくなる。

A　□□□　29　予算の機能には，企業の各組織の活動を調整することも含まれる。

A　□□□　30　予算管理の計画機能とは，経営資源を経営目的に対して如何に配分するかという機能であり，主に予算統制のプロセスで発揮される。

A　□□□　31　予算による調整はコミュニケーションの役割を果たす。その役割の一つに，予算編成過程において，企業全体の目標や各部門の計画を組織構成員に周知し，受容させることがある。

20 【×】　ボトム・アップ方式による予算編成では，トップ・ダウン方 Ⅱp.121　令和4年
式と比べて，各部門に予算目標を達成することを動機づける効 第Ⅱ回
果が期待されるが，全社的な計画との整合性を持つよう各部門
の活動を調整することが困難となる。

21 【○】 Ⅱp.121　令和6年
第Ⅰ回

22 【×】　トップマネジメントが示す予算編成方針に従って編成されて Ⅱp.121　平成26年
も，ある程度の予算スラックは混入する。なお，予算編成の各 Ⅱp.151　第Ⅰ回
方法について改めてテキストを確認されたい。

23 【○】 Ⅱp.121　平成31年
第Ⅰ回

24 【○】　総合予算は見積損益計算書，見積貸借対照表，見積キャッ Ⅱp.122　平成20年
シュ・フロー計算書に集約される。このうち，収益と費用（お
よび有高予算）は見積損益計算書に集約される。

25 【○】　例外管理の原則の従い，重要な意味を持つと考える場合に詳 Ⅱp.128　令和4年
細な分析を実施する。 Ⅱp.149　第Ⅱ回

26 【○】 Ⅱp.149　平成31年
第Ⅰ回

27 【○】　予算編成と予算統制を合わせて予算管理となる。 Ⅱp.118　平成20年
Ⅱp.150

28 【×】　精度の高い予算を策定できたとしても，予算実績差異分析は Ⅱp.118　平成23年
行う必要がある。 Ⅱp.150　第Ⅱ回

29 【○】　予算は計画機能，調整機能，統制機能という3つの基本機能を Ⅱp.150　平成20年
有する。

30 【×】　予算管理の計画機能が発揮されるのは，主に予算編成のプロ Ⅱp.150
セスである。

31 【○】 Ⅱp.121　令和6年
Ⅱp.150　第Ⅰ回
Ⅱp.151

A　□□□　32　予算管理の統制機能とは，計画目標値の達成を確実にするための機能であり，それは期中統制や事後統制のみならず，事前統制をも含む。

A　□□□　33　予算管理は，資源配分の手段である。

A　□□□　34　予算は，業務執行に関する総合的な期間計画である。したがって，予算編成の過程では，製品組合せの決定や部品を自製するか外注するかの決定等の選択的事項に関する意思決定を含めることはない。

A　□□□　35　予算管理は，組織メンバーを組織目標達成へと動機づける手段である。

A　□□□　36　予算には計画機能，統制機能，調整機能があり，統制機能において予算は事後の統制を行うための基準として用いられ，管理者や予算執行者に十分な動機づけを行うような基準を設定するために事前統制が行われる。

A　□□□　37　予算による統制は，事前統制・期中統制・事後統制という活動に分類される。この場合，各責任センターの予算と実績とを比較し，その分析結果を報告して是正措置を実施する活動は専ら事後統制として行われる。

A　□□□　38　予算による統制は，事前統制，期中統制，事後統制に分類される。期中統制において，管理者は，予算執行過程で予算目標の進捗状況を確認し，必要に応じて是正措置をとることが必要である。

B　□□□　39　ゼロベース予算は，第1次・第2次オイルショック後に日本企業が考え出した予算編成方法である。

A　□□□　40　ゼロベース予算は，前年度の予算実績を基準とした予算策定方法である。

A　□□□　41　過去の支出額を考慮せず，あらゆる活動計画があたかも新規採用であるかのように，白紙状態からその正当性を検討する予算編成方式をゼロベース予算という。この方式と対照的なのは増分予算である。

A　□□□　42　企業予算の設定方式として，増分予算ではなくゼロベース予算を用いることで，あらゆる活動計画の正当性が新規に検討されるため，無駄な支出を抑制することが期待できる。そのため，企業予算の全てに対しゼロベース予算を適用するべきである。

32 【○】　環境の変化が激しい近年では事前統制，期中統制に重きが置かれている。　Ⅱp.150

33 【○】　予算管理は予算編成と予算統制とに分類できるが，予算編成の過程において，企業が保有あるいは利用可能な稀少経営資源を競合する各種費目に対していかに配分するか決定される。　Ⅱp.150　平成25年第Ⅱ回

34 【×】　予算編成の過程では，製品組合せの決定や部品を自製するか外注するかの決定等の選択的事項に関する意思決定を含む（「原価基準」一（四）参照）。　令和6年第Ⅰ回

35 【○】　予算の基本機能の1つである統制には，事前統制という管理者に予算を自己目標として受け入れさせ，予算達成へのインセンティブを誘発し，管理者を予算達成に向け動機づけるという機能がある。　Ⅱp.150　平成25年第Ⅱ回

36 【○】　Ⅱp.150　平成27年第Ⅰ回

37 【×】　期中統制でも行われる。　Ⅱp.150　平成29年第Ⅱ回

38 【○】　Ⅱp.150　令和3年

39 【×】　ゼロベース予算は，オイルショック前の1969年に米国企業にて考案された。　Ⅱp.151　平成23年第Ⅱ回

40 【×】　ゼロベース予算は，既得権（前年度の予算実績等）を認めずに，ゼロベースから予算を策定する方法である。　Ⅱp.151　平成23年第Ⅱ回

41 【○】　Ⅱp.151　令和2年第Ⅱ回

42 【×】　ゼロベース予算は無駄な支出を抑えるための管理方法である。しかし，企業予算の全てに対してゼロベース予算を適用してしまうとコスト（時間や手間）がかかりすぎるため，企業予算の全てに対しては適用すべきではない。　Ⅱp.151　令和2年第Ⅰ回

A　□□□　**43**　企業経営者の意思を強く反映したトップダウン型で予算を作成すると，目標値を甘く見積もるという予算スラックの問題がよく発生する。

A　□□□　**44**　参加型予算編成の下では，予算スラックが生じやすい。

A　□□□　**45**　予算ゲームは，トップダウンで予算目標が決定されるとき，それを達成するために部門間で競争することを指している。

A　□□□　**46**　損益予算編成時の予算ゲームによって費用の過小見積もりが行われることで，利益目標の達成が容易になるように予算に組み込まれた余裕を予算スラックという。

A　□□□　**47**　予算スラックとは，階層間の情報の非対称性を利用し，部下に気づかれないよう，上司が予算目標の厳格度を高める慣行を指す。

A　□□□　**48**　組織メンバーが関与する参加型で予算を作成すると，予算スラックと呼ばれる問題が抑制される。

A　□□□　**49**　予算スラックが形成される原因の 1 つは，トップマネジメントと現場の予算執行者との間に情報非対称性が存在するためである。

A　□□□　**50**　予算スラックは，環境変化への柔軟な対応に役立つこともあるので，必ずしも否定すべきものと言えない場合もある。

A　□□□　**51**　予算スラックは，予算執行者の個人的な利得のために利用されることはないので，許容されることもある。

A　□□□　**52**　予算スラックとは，予算目標の達成を容易にするため，予算上の売上高と費用を過小に見積もることをいう。

A　□□□　**53**　予算スラックとは，参加型の予算編成の過程において，部門管理者が予算の厳格度を緩和することによって形成される予算額をいう。それゆえ，収益予算を容易に達成可能な水準に低く設定したり，費用として許容される予算額を過少に見積もることによって形成される。

43 【×】　予算スラックは<u>ボトムアップ型</u>で予算を作成した場合の問題である。　　Ⅱp.151　平成20年

44 【○】　参加型予算（ボトム・アップ型予算）は各部門管理者に主体的に編成させるので，予算スラックが生じやすい予算編成方法である。　　Ⅱp.151　平成23年 第Ⅱ回

45 【×】　予算ゲームは，<u>ボトムアップ</u>で予算が編成されるときに生じ，予算スラックを形成するために行われる交渉上のゲームを指している。　　Ⅱp.151　平成23年 第Ⅱ回

46 【×】　損益予算編成時の予算ゲームによって，費用の<u>過大見積もり</u>が行われることで，利益目標の達成が容易になるように予算に組み込まれた予算を予算スラックという。
　　　　予算スラックとは，予算編成過程における「予算の水増し分」をいい，予算を容易に達成できるように，収益の過小見積り，費用の過大見積りによって形成されるものである。　　Ⅱp.151　令和4年 第Ⅰ回

47 【×】　予算スラックは参加型予算において交渉や折衝の結果として予算に組み込まれたスラックである。予算を容易に達成可能なものにするために，管理者の個人的な目標や欲求に必要な経営資源を獲得するために，あるいは予算達成への圧力や予想される予算削減に対する自己防衛手段として，予算スラックは形成される。　　Ⅱp.151　平成25年 第Ⅰ回

48 【×】　組織メンバーが関与する参加型で予算を作成すると，予算スラックと呼ばれる問題が<u>深刻化する</u>。　　Ⅱp.151　平成25年 第Ⅱ回

49 【○】　ここでの情報非対称性とは，現場が知っていながらトップマネジメントは知らない情報があることである。　　平成26年 第Ⅰ回

50 【○】　スラックは，組織を安定化させるために必要なものであるが，過度なスラックは有害であるため，適切な能率等を維持し，管理者の動機付けを損なわないレベルまで予算スラックを削減すべきである。　　Ⅱp.151　平成26年 第Ⅰ回

51 【×】　予算スラックは，予算執行者の個人的な利得のために利用されることがある。　　平成26年 第Ⅰ回

52 【×】　予算上の売上高を過小に，<u>費用を過大に</u>見積もることをいう。　　Ⅱp.151　平成27年 第Ⅱ回

53 【×】　予算スラックでは費用として許容される予算額は過大に見積もられることとなる。　　Ⅱp.151　平成29年 第Ⅱ回

A □□□　54　予算スラックとは，予算編成過程において管理者によってなされる予算目標の厳格度を緩める慣行を指すが，予算管理の能率や有効性を適正に維持し，管理者の動機づけを損なわないようにするためには，全ての予算スラックを排除しなければならない。

A □□□　55　予算ゲームは，予算編成過程における交渉上のゲームである。こうした交渉上のゲームは，特にトップダウン型予算において生じる。

A □□□　56　企業経営者の意思を強く反映したトップダウン型で予算を作成すると，予算ゲームと呼ばれる問題が深刻化する。

A □□□　57　広告宣伝費のような自由裁量費については，経営資源の効果的配分の観点からすると，増分予算よりゼロベース予算による管理が望ましいといえる。

B □□□　58　注文獲得費は，費用（利益の減少要因）であると同時に，売上高の増大を通じて利益に貢献する戦略的投資（利益の増加要因）としての性質を有する。したがって，その管理の中心は費用効果分析に置かれ，その分析結果に基づいて，経営者が注文獲得費予算の総額を決定し，当該予算が編成される。

A □□□　59　広告費，販売促進費又は研究開発費のような自由裁量原価に関する予算の編成に際して採用されることが多いのが割当型予算である。割当型予算はボトムアップ方式で設定されるのが通例である。

A □□□　60　トップダウン型予算では，トップが定めた予算目標数値が各責任単位に割り当てられることから，収益の過小見積りや費用の過大見積りなどの予算スラックを誘発するという問題がある。

A □□□　61　予算は，達成目標としての役割が期待されるが，その運用に際しては注意が必要である。仮に，達成するにはかなりの努力を要するような水準に予算を設定した場合，その予算をそのまま事後的な業績評価に用いてしまうと管理者の動機づけを損なってしまう恐れがある。

A □□□　62　予算管理の目的の一つに，企業全体の利益目標を達成するために，具体的な計画を設定して希少な経営資源を配分することがある。この目的によると，予算目標は，達成が困難な水準のタイトネス（厳しさ）で設定されるのが望ましい。

A □□□　63　予算管理の目的の一つに，組織目標の達成にむけて組織成員を動機づけることがある。そのために設定される事前統制としての予算目標は，努力しなければ達成できないようなストレッチな水準に設定することが望ましい。

54 【×】　　適正な能率等を維持し，管理者の動機づけを損なわないレベルまで予算スラックを削減すべきである。　　Ⅱp. 151　　平成31年　第Ⅰ回

55 【×】　　予算ゲームは，特にボトムアップ型予算において生じる。　　Ⅱp. 151　　令和3年

56 【×】　　企業経営者の意思を強く反映したトップダウン型で予算を作成すると，予算ゲームと呼ばれる問題が<u>抑制される</u>。なお，トップ・ダウン型予算・予算ゲームについて改めてテキストを確認されたい。　　Ⅱp. 121　Ⅱp. 151　　平成25年　第Ⅱ回

57 【○】　　増分予算とは，前年度の実績を既得権として認め，それに増やすか減らすか手を加える予算である。　　Ⅱp. 151　　平成30年　第Ⅰ回

58 【○】　　注文獲得費とは，顧客の購買心を喚起し注文を獲得するのに関連して発生する費用であり、例として広告宣伝費が挙げられる。広告宣伝費はその費用と効果を分析して経営者が予算を決定し、割当型予算により管理される。　　Ⅱp. 114　Ⅱp. 115　　令和2年　第Ⅰ回

59 【×】　　割当型予算は，トップダウン方式で設定されるのが通例である。　　Ⅱp. 114　Ⅱp. 115　　令和2年　第Ⅱ回

60 【×】　　トップダウン型予算ではなく，ボトムアップ型予算である。　　Ⅱp. 151　　令和5年　第Ⅰ回

61 【○】　　事前統制として動機づけを目的とする場合には期待水準よりも実現可能水準が望ましい。しかし，事後統制として業績評価を行う場合にそのまま実現可能水準を用いると，多くの不利差異が生じる可能性があるため，動機づけの観点から注意が必要となる。　　Ⅱp. 152

62 【×】　　計画・調整を目的とする場合には，予算は実現すると期待できる水準に設定するのが望ましい。実現可能水準が設定された場合，仮に売上高予算が達成不可能となった場合，過剰在庫，売上代金の不足など，企業活動全体のバランスを崩す可能性が生じるからである。　　Ⅱp. 152　　令和3年

63 【○】　　Ⅱp. 152

A　□□□　**64**　近年「予算は必要ない」との考えが示されているが，日本で実際に予算管理をやめている企業はほとんどない。

A　□□□　**65**　脱予算管理（Beyond Budgeting）の一つの論拠は，戦術的プロセスをマネジメントする役割を予算に期待できないことにある。

A　□□□　**66**　予算管理の問題点の一つとして弾力性に欠けることが論じられてきたが，日本企業の場合，実行予算の編成やローリング予算などが用いられてこなかったため，脱予算管理（Beyond Budgeting）の議論が注目を浴びた。

B　□□□　**67**　予算管理の問題点の一つとして，予算編成作業に時間がかかりすぎることがある。脱予算経営（beyond budgeting）の議論では，この問題点の解決には，経理部が中心となって前年度実績に基づく現実的な予算を策定することが有効であると主張されている。

A　□□□　**68**　損益予算のみならず，資金予算を編成する理由の一つは，いわゆる「勘定合って銭足らず」という事態を回避することにある。

A　□□□　**69**　資金管理のための会計手法として（　ア　）は重要である。（　イ　）が一予算期間における目標利益を指示し，目標収益額と許容費用額を費目別に表示するものであるのに対して，（　ア　）は資金の過不足を事前に予測し計画的な資金繰りを行うために，予定した業務がもたらす資金収支を示す。一般的に，（　ア　）は（　ウ　）と（　エ　）から構成される。前者の（　ウ　）は，売掛金・受取手形・貸付金などの債権および買掛金・支払手形・借入金などの債務を内容とした予算である。後者の（　エ　）では，売上代金の回収や仕入代金の支払い，賃金その他諸経費の支払いなどがその主要部分を占める。
さらに，資金管理のためには（　オ　）の管理も重要である。（　オ　）とは，企業の日常的な業務において必要とされる資金をいい，一般に流動資産の額から流動負債の額を控除した額で表される。
（ア〜オに入る用語を以下の語群から選びなさい。）
語群：損益予算　　現金予算　　運転資金　　資金予算　　信用予算

A　□□□　**70**　「原価計算基準」によれば，予算は，業務執行に関する総合的な期間計画であるので，予算編成の過程には，製品組合せの決定などの個々の選択的事項に関する意思決定は含まない。

B　□□□　**71**　株式公開会社には，決算短信による次期の業績予想の公表が求められるため，株式を公開しようとする会社にとって予算制度を整備・運用することは重要である。

64 【〇】 近年「予算は必要ない」という考えが示されてきているが，
実務上予算管理を廃止している日本企業は少ないといわれてい
る。また，予算管理に戦略をマネジメントする役割は期待でき
なくとも，調整機能・計画機能・統制機能という戦術的なプロ
セスは一切減じられていない。

Ⅱp. 153　　　平成23年
　　　　　　　第Ⅱ回

65 【×】 予算管理に戦略をマネジメントする役割は期待できないが，
予算には調整機能・計画機能・統制機能という戦術的なプロセ
スを管理する機能の役割期待は一切減じられていない。

Ⅱp. 153　　　平成27年
　　　　　　　第Ⅰ回

66 【×】 予算管理の問題点の一つとして弾力性に欠けることがあげら
れる。しかし，実行予算の編成やローリング予算は日本企業に
おいて用いられてきた。

Ⅱp. 119　　　平成30年
Ⅱp. 120　　　第Ⅰ回
Ⅱp. 153

67 【×】

Ⅱp. 153　　　令和5年
　　　　　　　第Ⅰ回

68 【〇】

Ⅱp. 119　　　平成27年
Ⅱp. 156　　　第Ⅰ回

69 資金管理のための会計手法として（ア：資金予算）は重要で
ある。（イ：損益予算）が一予算期間における目標利益を指示
し，目標収益額と許容費用額を費目別に表示するものであるの
に対して，（ア：資金予算）は資金の過不足を事前に予測し計
画的な資金繰りを行うために，予定した業務がもたらす資金収
支を示す。一般的に，（ア：資金予算）は（ウ：信用予算）と
（エ：現金予算）から構成される。前者の（ウ：信用予算）
は，売掛金・受取手形・貸付金などの債権および買掛金・支払
手形・借入金などの債務を内容とした予算である。後者の
（エ：現金予算）では，売上代金の回収や仕入代金の支払い，
賃金その他諸経費の支払いなどがその主要部分を占める。
さらに，資金管理のためには（オ：運転資金）の管理も重要で
ある。（オ：運転資金）とは，企業の日常的な業務において必
要とされる資金をいい，一般に流動資産の額から流動負債の額
を控除した額で表される。

Ⅱp. 119 平成20年改題
Ⅱp. 122
Ⅱp. 157
Ⅱp. 158

70 【×】 予算編成の過程には，製品組合せの決定などの個々の選択的
事項に関する意思決定が含まれる（「基準」一(四)参照）。

Ⅰp. 17　　　平成20年
Ⅱp. 172

71 【〇】 予算制度を整備・運用することにより，効果的かつ効率的に
次期の業績予想が行える。

A　□□□　**72**　研究開発部門の活動は長期的な観点でマネジメントすべきものであるため，研究開発費を単年度の損益予算に計上する企業はわずかである。

A　□□□　**73**　上場企業において，連結ベースで業績予想と実績の対比を投資家に説明するため，海外子会社の予算目標の設定は日本の本社で一括して行なわれる。

A　□□□　**74**　予算達成度が業績評価に反映される度合を部門間で統一しなかったとしても，予算の動機付け効果がなくなるわけではない。

A　□□□　**75**　研究開発の効果は将来の年度におよぶため，収益・費用対応原則の観点から，研究開発費は年次の総合予算に含まれない。

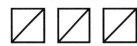

72 【×】　多くの企業が研究開発費を単年度の損益予算に計上していると考えられる。研究開発の管理は，長期的・戦略的視野に立ったプロジェクト管理と，そのプロジェクトを遂行するための各年度における期間的管理との，二面的な管理が必要となる。この2つの管理方法は，相互に密接な関係を持っているため，予算管理における各年度の研究開発費予算は，期間的管理に含まれるが，プロジェクト管理との整合性を保つように設定されなければならない。　Ⅱp.119　平成25年第Ⅰ回

73 【×】　海外子会社の予算目標の設定を，海外子会社で行うこともある。　平成26年第Ⅱ回

74 【○】　部門に応じて達成可能性は異なるため，達成度は統一しなくてもよい。　平成26年第Ⅱ回

75 【×】　研究開発費は長期予算であるが，年次の総合予算に含まれる。　平成26年第Ⅱ回

第5章

資金管理とキャッシュ・フロー管理

A □□□　　1　資金繰り表は，現金預金である資金をどのように調達し運用したか，また，現在，会社に資金がいくら存在しているかを分析するための明細表である。これは信用取引を前提とする期間損益計算では資金の流れが的確にはつかみにくいため，これを正確に把握して資金ショートを防ぎ，健全な財務体質にする資料とするために必要となる。

A □□□　　2　資金運用表とは，一定期間の資金の動きを示すために，前期と当期の貸借対照表を比較対照して，各科目間の増減をとらえ，これを資金の調達(源泉)と運用(使途)とに分類整理した表である。

A □□□　　3　資金の流入・流出を総額で表示する直接法によるキャッシュ・フロー計算書に類似したものに，わが国では資金移動表といわれるものが実務で広く用いられていた。キャッシュ・フロー計算書は企業が帳簿から作成することを前提としているが，資金移動表は直接法によるキャッシュ・フロー計算書に類似するものを財務諸表から作成する。

A □□□　　4　キャッシュ・フロー計算書における営業活動によるキャッシュ・フローが黒字の場合，一般的に本業からキャッシュを得ている健全な姿といえる。その場合，投資活動によるキャッシュ・フローの状況をあわせてみる必要がある。事業活動を継続するためには，継続的な設備投資が必要なため，通常投資活動によるキャッシュ・フローは赤字になりやすい。また，投資活動によるキャッシュ・フローが黒字の場合，自己所有の固定資産などの売却が考えられる。そのため投資活動の黒字資金の使途を確認する必要がある。

A □□□　　5　営業キャッシュ・フローのマイナス要因に運転資本減がある。通常は，売上が大きく変化しなければ運転資本の増減も少ないが，成長段階では運転資本が減少する傾向にあるから，企業の成長戦略，産業の特徴，与信・支払方針，適正在庫などを検討する必要がある。

A □□□　　6　流動資産から流動負債を差し引いて求められる運転資本が増加している場合は，日々の事業活動のための追加の資金調達をする必要はない。

A □□□　　7　「資金」を「キャッシュ・フロー（以下，ＣＦ）」と捉える場合，そのフローを示すために作成されるのがＣＦ計算書である。ＣＦ計算書上の営業活動によるＣＦの黒字額よりも投資活動によるＣＦの赤字額が小さい場合，過大投資などの危険性があるため注意が必要である。

A □□□　　8　キャッシュ・フロー計算書上の営業活動によるキャッシュ・フローが赤字となっている場合，直ちに業績は不振であるとの判断を下すことになる。

1 【○】　資金繰り表は，企業が内部資金管理用に，月単位，半月単位，週単位で作成するものである。　　　　　　　　　　Ⅱp. 163

2 【○】　資金運用表には，3区分表示と2区分表示の様式がある。　　Ⅱp. 165

3 【○】　資金移動表は直接法によるキャッシュ・フロー計算書に類似するものを財務諸表から作成するが，キャッシュ・フロー計算書は企業の内部資料から作成する。　　　　　　　　　　Ⅱp. 164

4 【○】

5 【×】　営業キャッシュ・フローのマイナス要因に運転資本増がある。通常は，売上が大きく変化しなければ運転資本の増減も少ないが，成長段階では運転資本が増加する傾向にあるから，企業の成長戦略，産業の特徴，与信・支払方針，適正在庫などを検討する必要がある。　　　　　　　　　　Ⅱp. 234
（注）与信とは，取引先に対して供与する信用のことをいう。

6 【×】　正味運転資本は1年というスパンで考えた場合の支払能力を計算するものであり，一般的に大きい方が望ましいと考えられる。しかし，現金収支の管理においては，どのタイミングでどの程度の現金収入があり，どのタイミングでどの程度の現金支出があるかを予測する必要があることから，正味運転資本が増加している場合でも，支払資金が必要となるタイミングに間に合わないときには追加の資金調達をする必要が出てくる。　　　Ⅱp. 156　　令和6年
　　　　　　　　　　Ⅱp. 157　　第Ⅰ回
　　　　　　　　　　Ⅱp. 158

7 【×】　「資金」を「キャッシュ・フロー（以下，ＣＦ）」と捉える場合，そのフローを示すために作成されるのがＣＦ計算書である。ＣＦ計算書上の営業活動によるＣＦの黒字額よりも投資活動によるＣＦの赤字額が大きい場合，過大投資などの危険性があるため注意が必要である。

8 【×】　キャッシュ・フロー計算書上の営業活動によるＣＦが赤字となっている場合であっても，製薬業等の業種においては，新規事業の立ち上げ時に大規模な研究開発を行なうことにより，営業活動によるＣＦがマイナスの値を示すことがある。したがって，営業活動によるＣＦが赤字であるからといって，直ちに業績が不振であるという判断にはならない。

A　□□□　9　流動資産に対する投資に必要な資金の調達方法として，積極的アプローチが存在する。これは，資産と負債の満期を適合させる方法であり，固定的流動資産に対する資金を長期的資源である固定負債と資本によって調達し，変動的流動資産に対する資金を短期的資源である流動負債から調達するものである。

A　□□□　10　棚卸資産の購入から棚卸資産の販売，棚卸資産の販売から売上代金の回収までの期間をオペレーティング・サイクルと呼ぶ。これは，棚卸資産回転期間と売掛金回転期間の合計として表されることになる。また，別の観点からするとオペレーティング・サイクルは買掛金回転期間とキャッシュ・サイクルの合計として表されることになる。

A　□□□　11　キャッシュ・サイクルは，買掛金の支払から売掛金の回収までの期間を表し，資金繰りの観点からすると少しでも短いほうが望ましいと考えられる。このキャッシュ・サイクルを短くする方法としては，棚卸資産回転期間の短縮，売掛金回転期間の短縮，買掛金回転期間の伸張の方法が考えられる。

A　□□□　12　棚卸資産回転期間と売上債権回転期間が延びても，キャッシュ・コンバージョン・サイクルが延びるとは限らない。

A　□□□　13　資金の調達源泉として企業所有者からの出資は，その資金のコストが一般的に借入金をはじめとする他人資本のコストよりも低いが，返済期限の定めが存在せず，また確定した利子の負担もない。このため，企業所有者からの出資も資金の調達源泉として考慮に入れていかなければならないのである。

9 【×】　　本肢の資金調達方法は，積極的アプローチではなく，満期適　　Ⅱp.158
合アプローチである。資金調達方法には以下のアプローチがある。
　ａ）満期適合アプローチ…資産と負債の満期を適合させる方
法。このアプローチでは，固定的流動資産に対する資金を長期
的資源である固定負債と資本により調達し，変動的流動資産に
対する資金を短期的資源である流動負債から調達する。
　ｂ）保守的アプローチ…このアプローチでは，固定的流動資産
と変動的流動資産の一部に対する資金を長期的資源によって調
達する。
　ｃ）積極的アプローチ…このアプローチでは，変動的流動資産
と固定的流動資産の一部に対する資金を短期的資源によって調

10 【○】　　オペレーティング・サイクルは2つの観点から2つの期間に区　　Ⅱp.159
分することができる。
　ａ）棚卸資産回転期間と売掛金回転期間に区分
・棚卸資産回転期間…棚卸資産の購入から棚卸資産の販売まで
の期間
・売掛金回転期間…棚卸資産の販売から売掛金の回収までの期
間
　ｂ）買掛金回転期間とキャッシュ・サイクルに区分
・買掛金回転期間…棚卸資産の購入から買掛金の支払いまでの
期間
・キャッシュ・サイクル…買掛金の支払いから売掛金の回収ま
での期間

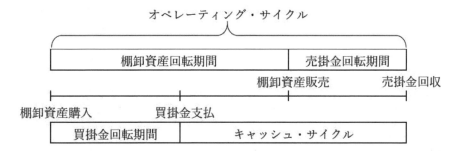

11 【○】　　キャッシュ・サイクルを短くする方策は，棚卸資産回転期間　　Ⅱp.159
の短縮，売掛金回転期間の短縮，買掛金回転期間の伸張の方法
が考えられる。このうち，棚卸資産回転期間の短縮，売掛金回
転期間の短縮はオペレーティング・サイクル自体が短縮され，
収益性向上につながる。

12 【○】　　棚卸資産回転期間と売上債権回転期間が延びても，仕入債務　　Ⅱp.159　　令和6年
回転期間も延びるのであれば，キャッシュ・コンバージョン・　　　　　　　　第Ⅰ回
サイクルが延びるとは限らない。

13 【×】　　資金調達源泉として企業所有者からの出資は，その資金のコ　　Ⅱp.207
ストが一般的に借入金をはじめとする他人資本のコストより低　　Ⅱp.209
いのではなく<u>高い</u>。

A 　□□□　14　見積貸借対照表の作成による資金計画に際して，流動資産の金額は流動負債の金額を超えるように計画されなければならない。なぜならば，現金預金の形態に復帰するまでに長時間を要する固定資産に対して投下する資本は，企業から引上げられることのない自己資本，または企業から引上げられる時期の遠い固定負債という財源から調達されることが必要になるからである。

A 　□□□　15　借入金を利用して設備投資を行う場合には，その借入期間内に設備に投じられた資金の回収ができるように，借入金はできるだけ長期のものを使うとともに，設備投資はできるだけ資金の回収の早いものを選ぶことを考えるべきといえる。この意味において設備投資における資金調達は，実現可能性の高低は別として，増資による調達が一番適しているということもできる。

A 　□□□　16　たな卸資産回転期間を短縮し，売掛金回転期間を短縮する一方で，買掛金回転期間を延長することによって，キャッシュ・コンバージョン・サイクルが短縮する。

A 　□□□　17　棚卸資産は販売により現金化できるので，在庫として保有する期間が長いほど資金繰りは向上する。

A 　□□□　18　事業のライフサイクルやビジネス・モデルなどの違いはキャッシュ・フローの違いとして現れてくる。例えば，事業の創生期には，投資活動によるキャッシュ・フローが大きなマイナスとなり，財務活動によるキャッシュ・フローはプラス，営業活動によるキャッシュ・フローがマイナスとなるのが一般的であり，成長期には営業活動によるキャッシュ・フローがプラスに転じ，投資活動によるキャッシュ・フローと財務活動によるキャッシュ・フローはマイナスというのが一般的なパターンである。

A 　□□□　19　直接法によってキャッシュ・フロー計算書を作成すると，営業活動によるキャッシュ・フローの増減の原因を理解でき，キャッシュ・フローを企業の営業活動と関わらせて捉えることができる。

A 　□□□　20　仕入債務回転期間と売上債権回転期間の差から生じる資金を回転差資金と呼ぶことがあるが，いま仕入債務と売上債権の金額が同額という前提の下で，両者の回転期間の開始時期を揃えてみたとき，仕入債務の猶予期間が売上債権の未回収期間よりも長い場合，資金がその期間に運用されていると捉えることができる。

A 　□□□　21　資金管理には長期的なものと短期的なものがあるが，そのうち経常的な業務活動の遂行を安全に進めるためのキャッシュ管理を行うことが短期の資金管理の役割である。それはさらにキャッシュの効率的な運用をも目指さなければならず，設備投資の経済性計算もこの部類の資金管理に入る。

A 　□□□　22　増益基調にあっても，売上債権回転期間やたな卸資産回転期間が伸張しているときは，黒字倒産のおそれがある。

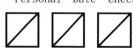

14 【○】　現金化されるまでに長時間を要する固定資産を短期的に返済の必要のある資金で調達することは，返済不能に陥る恐れがある。

15 【○】　設備に投じられた資金が回収されるまでには，長期間を要することになる。このため，設備投資における資金調達はできるだけ長期の源泉によってまかなうことが望ましいといえる。この点，増資による調達は，いわば「返済不要の資金」ともいえるため，設備投資における資金調達には望ましいことになる。

16 【○】　キャッシュ・サイクルはキャッシュ・コンバージョン・サイクルとも呼ばれる。　　　　　　　　　　　　　　　　Ⅱp.159　　平成24年第Ⅱ回

17 【×】　在庫として保有する期間が長いほど資金繰りは悪化する。　Ⅱp.159　　令和5年第Ⅰ回

18 【×】　一般的に，成長期には財務活動によるキャッシュ・フローはプラスになる。　　　　　　　　　　　　　　　　　Ⅱp.169　　平成24年第Ⅱ回

19 【○】　直接法によれば，営業収入，原材料の仕入による支出，人件費の支出等のようにキャッシュ・フローを企業の営業活動と関わらせて捉えることができる
なお，キャッシュ・フロー計算書の意義についてもテキストを確認されたい。　　　　　　　　　　　　　　　　　Ⅱp.166　　平成24年第Ⅱ回

20 【○】　仕入債務の猶予期間が売上債権の未回収期間よりも短い場合は，逆に機会原価を発生させる資金が生じていることになる。　Ⅱp.160　　平成24年第Ⅱ回

21 【×】　設備投資の経済性計算は，長期的な視点の資金管理に属する。　　　　　　　　　　　　　　　　　　　　　Ⅱp.157　Ⅱp.162　　平成24年第Ⅱ回

22 【○】　利益が出ていても返済ができずに倒産することを黒字倒産という。増益基調にあっても，売上債権回転期間やたな卸資産回転期間が伸張しているときは，現金の支払いが回収に先行することになり，黒字倒産のおそれがある。　　　　　　平成25年第Ⅱ回

A　☐☐☐　23　企業が利益を計上しているにもかかわらず資金繰りがつかず倒産することがあるのは，利益には資金の裏付けがないものがあるからである。

A　☐☐☐　24　キャッシュ・コンバージョン・サイクルが長くなると，資金繰りが苦しくなる可能性が高まる。

A　☐☐☐　25　保有流動資産を最低限の水準に保つことで，収益性の向上に貢献することができる。

A　☐☐☐　26　買掛金回転期間を短縮することで，キャッシュ・コンバージョン・サイクルを短縮することができる。

A　☐☐☐　27　売掛金回転期間をのばし，買掛金回転期間を短縮することで，回転差資金を増加させることができる。

A　☐☐☐　28　売掛金回転期間を短縮し，買掛金回転期間を延ばすことによって回転差資金を増加させ，資金繰りを好転させることができる。

A　☐☐☐　29　短期のキャッシュ・フロー管理の手法には，販売から売上債権の回収までの回転期間に，棚卸資産の購入から仕入債務の支払いまでの回転期間を加算した数値で管理する手法がある。

A　☐☐☐　30　資金管理において，資本コストを上回るリターンが得られる設備投資の案件がある場合，保有する現金及び要求払預金の在高を最低限の水準まで減少させて投資を行うことがある。

A　☐☐☐　31　資金管理の目的は支払不能状態の回避にあるため，資金を調達する上で，通常は自己資本による資金調達が優先される。

A　☐☐☐　32　創業当初の企業のキャッシュ・フロー計算書においては，営業活動によるキャッシュ・フローと財務活動によるキャッシュ・フローがマイナスとなり，投資活動によるキャッシュ・フローによって賄われることが多い。

A　☐☐☐　33　キャッシュ・サイクル（＝棚卸資産回転期間＋売上債権回転期間－買入債務回転期間）が長くなると，手元資金が不足し借入れが必要となるため，キャッシュ・サイクルは短い方が望ましい。さらに，手元資金に余裕がある場合でも，資金回収の観点からはキャッシュ・サイクルを短くすることが望ましい。

23 【○】　企業が利益を計上していても現金の支払いが回収に先行し資金繰りがつかない場合には黒字倒産のおそれがある。　Ⅱp.156　令和6年第Ⅰ回

24 【○】　キャッシュ・コンバージョン・サイクル期間内は，棚卸資産もしくは売掛金として資金が拘束されており，機会原価が発生していると考えられるため，資金繰りは苦しくなる。　Ⅱp.159　平成26年第Ⅰ回

25 【○】　保有流動資産を最低限の水準に保つ政策を積極的投資政策と呼ぶ。対照は保守的投資政策であり，両者の中間が中間的投資政策である。　Ⅱp.158　平成26年第Ⅰ回

26 【×】　買掛金回転期間を<u>のばすこと</u>で，キャッシュ・コンバージョン・サイクルを短縮することができる。　Ⅱp.159　平成26年第Ⅰ回

27 【×】　回転差資金は，買掛金回転期間と売掛金回転期間の差から生じる資金余裕である。したがって，売掛金回転期間をのばし，買掛金回転期間を短縮すると，回転差資金は減少する。　Ⅱp.160　平成26年第Ⅰ回

28 【○】　Ⅱp.160　平成28年第Ⅰ回

29 【×】　加算した数値ではなく，減算した数値であり，回転差資金を指している。　Ⅱp.160　令和5年第Ⅰ回

30 【○】　平成28年第Ⅰ回

31 【×】　資金管理の目的は，支払い能力の確保と収益性の向上にある。このため，収益性の向上を鑑みて，自己資本コストが他人資本コストよりも高いことを考慮し，他人資本により資金調達をするケースも考えられる。　Ⅱp.156 Ⅱp.209　平成28年第Ⅰ回

32 【×】　創業当初の企業のキャッシュ・フロー計算書においては，営業活動によるキャッシュ・フローと投資活動によるキャッシュ・フローがマイナスとなり，<u>財務</u>活動によるキャッシュ・フローによって賄われることが多い。　Ⅱp.169　平成28年第Ⅰ回

33 【○】　短い方が未回収のリスクは少ないと言える。　Ⅱp.159　平成28年第Ⅱ回

A　□□□　**34**　棚卸資産回転期間が長期であったり，前期に比べて長期化している場合には，架空在庫や水増し在庫の存在，過剰在庫の存在，デッドストックの存在等が考えられる。

$$（注）棚卸資産回転期間（月）＝\frac{棚卸資産}{売上原価÷12}$$

A　□□□　**35**　帳簿上は十分な利益が確保できているにもかかわらず，現金残高が不足して債務を支払うことができない状態を一般に「勘定合って銭足らず」というが，このような状態を回避するために，損益管理を徹底する必要がある。

B　□□□　**36**　資金繰りを検討する上で，買入債務の支払について現金による場合と小切手の振出しによる場合とでは，資金繰りに与える影響が異なる場合がある。

A　□□□　**37**　正味運転資本は，期末売上債権と期末商品との差額に期末買入債務を加えたものである。

B　□□□　**38**　一般的に，製造業と卸売業では，総資本が同額の場合，製造業は卸売業に比べて資産に対する売上高が大きくなるため，その分，営業キャッシュ・フローに占める減価償却費が生み出すキャッシュ・フローの割合は小さくなる。

A　□□□　**39**　売上債権の金額が，買入債務の金額よりもかなり大きい場合には，代金の回収が遅く支払が早い状態になる。すなわち，売上債権に資金が滞留し，支払に資金が循環し難い状況にあり，資金繰りは余裕がなくなる。

A　□□□　**40**　商品引渡し時に代金回収されたものおよび貸倒損失となったものを除き，売上代金の回収額は，当期の売上高，売掛金の期首と期末との増減差額，前受金の当期の入金額および前受金の期首と期末との増減差額から算定することができる。

A　□□□　**41**　売上債権，たな卸資産，仕入債務の各金額を用いて算定される営業活動に係る所要運転資金について，その金額が減少する場合には，運転資金の状況は改善している。

A　□□□　**42**　間接法によるキャッシュ・フロー計算書の主たる作成目的は，日々の資金繰りを行うことにある。

A　□□□　**43**　資金管理において，現金および当座預金は，次の活動において必要となる他の資産に転化するために保有されており，保有されたままでは利益を生み出さない資産である。

A　□□□　**44**　減価償却費に関しては，年度末に計上される賞与引当金繰入額と同様に，当年度に発生する費用に係る資金の流出が次年度以降に生ずる。

34 【○】　棚卸資産回転期間が長期であったり，前期に比べて長期化している場合には，次の理由が考えられる。
① 架空在庫や水増し在庫の存在（粉飾）。
② 過剰在庫の存在。
③ デッドストック（不良在庫）の存在。

35 【×】　十分な利益が確保できているにもかかわらず，現金残高が不足するような場合には，損益管理ではなく資金管理を徹底する必要がある。
平成28年
第Ⅱ回

36 【○】　小切手の現金化までにはタイムラグが生じえるため，資金繰りに影響を与える。
平成28年
第Ⅱ回

37 【×】　正味運転資本は，期末売上債権と期末商品との合計から期末買入債務を<u>控除した</u>ものである。
Ⅱp. 158
平成29年
第Ⅰ回

38 【×】　一般的に，製造業と卸売業では，総資本が同額の場合，卸売業は製造業に比べて資産に対する売上高が大きくなるため，その分，営業キャッシュ・フローに占める減価償却費が生み出すキャッシュ・フローの割合は小さくなる。卸売業は製造業と比べ相対的に設備保有額などの有形固定資産が少なくなる傾向にあるためである。
平成29年
第Ⅰ回

39 【○】
平成29年
第Ⅰ回

40 【○】　厳密には為替差損益等も考慮要因となりうるが，本試験では他の肢との兼ね合いから判断せざるを得ない。
平成29年
第Ⅰ回

41 【○】　運転資金の金額が減少することは，キャッシュ・イン・フローの増加である。
Ⅱp. 234
平成29年
第Ⅱ回

42 【×】　日々の資金繰りを行うために作成されるのは資金繰り表である。なお，キャッシュ・フロー計算書の主たる作成目的はディスクロージャーである。
平成29年
第Ⅱ回

43 【○】　従って，必要以上に潤沢な現金を保有することは，次の活動である投資機会を放棄することにつながるため収益性の低下を招くことになる。
Ⅱp. 157
平成29年
第Ⅱ回

44 【×】　投資時点で資金の流出が生じる。
平成29年
第Ⅱ回

A □□□　**45**　企業価値は，企業が将来において新たに創出するであろう価値を示すが，当該価値は収益力を表すため，割引キャッシュ・フロー法（DCF 法）によって企業価値を測る場合，資金管理の巧拙の影響は考慮されない。

B □□□　**46**　フリー・キャッシュ・フローとは，借入先や株主などの企業への資金の出し手に自由に分配できる資金のことであり，財務活動によるキャッシュ・フローとして求められる。

A □□□　**47**　資金管理上よく用いられる指標として，売上債権回転率，棚卸資産回転率等があるが，これらは売上高とそれぞれの残高を対比させその滞留状況を測るものである。当該数値は小さければ小さいほど投下資本が短期に回収されることを意味するため，望ましいといわれる。

A □□□　**48**　企業のライフサイクルとキャッシュ・フローとの相関関係に限定すれば，製品は売れるが投資はあまり必要ではなくなり，逆に財務キャッシュ・フローがマイナスとなるような状態は，企業のライフサイクルの成熟期にあると考えられる。

A □□□　**49**　流動比率は，企業の短期的な債務返済能力を示す指標である。この比率は，流動負債を流動資産で除して計算され，債務返済能力の点からは高いほど望ましい。

A □□□　**50**　短期の債務返済能力を示す指標である流動比率は，流動資産を流動負債で除して求められる。この数値が高いほど，債務返済能力が高いと評価される。

A □□□　**51**　流動資産から流動負債を差し引いた運転資金がプラスであれば，運転資金は長期借入金のみによってまかなわれていることを示している。

A □□□　**52**　売上債権回転期間（日），棚卸資産回転期間（日）および仕入債務回転期間（日）に基づけば，収支の日数差は次式によって算出される。
売上債権回転期間（日）＋棚卸資産回転期間（日）－仕入債務回転期間（日）

A □□□　**53**　手元流動性を構成する資産項目は全て，短期のうちに換金して設備投資や債務返済等に充当できる流動性の著しく高い資金である。

45 【×】　　　資金管理の巧拙の影響は，運転資本の増減として年々のＦＣ
Ｆに影響を与えるため，考慮される。

Ⅱp. 168　　　　平成30年
Ⅱp. 298　　　　　第Ⅰ回

46 【×】　　　フリー・キャッシュ・フローを借入先や株主などの資金の出
し手に自由に分配できる資金と定義した場合，その金額は
キャッシュ・フロー計算書の情報を用いれば，「営業活動によ
るキャッシュ・フロー」から「投資活動によるキャッシュ・フ
ロー」を差し引いて求められる。

令和5年
第Ⅰ回・改
令和6年
第Ⅰ回

47 【×】　　　売上債権回転率，棚卸資産回転率が<u>大きければ大きい</u>ほど投
下資本が短期に回収されることとなる。

Ⅱp. 27　　　　　平成30年
Ⅱp. 31　　　　　　第Ⅰ回

48 【○】　　　借入よりも返済が多くなるので財務キャッシュ・フローはマ
イナスとなる。

Ⅱp. 169　　　　平成30年
　　　　　　　　　第Ⅰ回

49 【×】　　　流動比率は<u>流動資産を流動負債で除して</u>計算され，債務返済
能力の点からは高いほど望ましい。

Ⅱp. 38　　　　　令和3年

50 【○】

Ⅱp. 38　　　　　令和5年
　　　　　　　　　第Ⅰ回

51 【×】　　　長期借入金のみではなく，自己資本も含まれる。

Ⅱp. 40　　　　　令和3年

52 【○】

Ⅱp. 159　　　　令和3年

53 【○】

令和3年

第6章
原価管理

A　□□□　　1　源流段階における総合的利益管理活動である原価企画は，製品の企画・設計段階
　　　　　　　　で大部分のコストが発生することから，製造段階における原価管理活動よりも原価
　　　　　　　　低減に貢献することができる。

A　□□□　　2　原価企画とは，企画設計段階において製造原価の大部分が決定される製品を対象
　　　　　　　　として，源流に遡って原価の抜本的な引下げを行う手法である。

A　□□□　　3　製品ライフサイクルの短縮化により，標準原価計算を用いた原価管理機能の重要
　　　　　　　　性は低下している。このことはまた，製品開発における作業標準や時間標準の役割
　　　　　　　　低下にも結びついている。

A　□□□　　4　原価企画は単に原価を引き下げるという原価低減のみの手段ではなく，企業の
　　　　　　　　中・長期的な利益計画や，新製品開発計画などとリンクしており，さらに品質の企
　　　　　　　　画・設計段階での作りこみや，ＱＣ・ＴＱＣなどとも連動している。このため，原
　　　　　　　　価企画は「戦略的コストマネジメント」として位置づけられる。

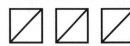

1 【×】　源流段階における総合的利益管理活動である原価企画は，製品の企画・設計段階で大部分のコストが決定することから，製造段階における原価管理活動よりも原価低減に貢献することができる。
　　　　下記，原価発生曲線が示すように，製造費用の大部分は実際に生産を開始した以降の量産ステージで発生する。しかし，商品企画において製品コンセプトや顧客に提供する機能が決定されると，原価が実際に発生しなくても，コストドライバー（原価作用因）が相当確定してしまうことは原価決定曲線が示している。

Ⅱp. 276　　令和2年
Ⅱp. 277　　第Ⅰ回

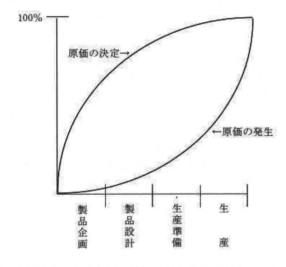

2 【○】　原価企画は，商品企画，構想設計や詳細設計といったステージにおける製品開発のコストマネジメントのシステムであり，製品開発プロセスにおける原価低減を第1の目的としている。製造費用が発生する前のコストマネジメントであるから，原価企画は源流管理であることを特徴としている。

Ⅱp. 276　　令和5年
Ⅱp. 277　　第Ⅱ回

3 【×】　製品ライフサイクルの短縮化により標準原価計算を用いた原価管理機能の重要性は低下しているが，製品開発時においては，依然として作業標準や時間標準を利用している。

Ⅱp. 14　　平成19年
Ⅱp. 276
Ⅱp. 279

4 【○】　原価企画は製品開発の初期段階からやみくもに原価低減活動を行い，必要な品質や機能をはぎとってしまうものではない。原価企画は顧客満足の視点を重視し，顧客の要求する品質・価格・納期・機能レベルを満たしながら，目標とする利益が確保できるレベルにまで原価を引き下げる，あるいは原価を作り込む活動ということで，戦略的な視点を原価管理に取り込んだ手法といえる。具体的には，新製品開発中にその価格と販売量を予測し，中期経営計画などで目標となっている利益を実現するために目標原価を決定するが，量産開始前に目標原価がどのように実現するかが考察される。
　　　　なお，ＴＱＣ（total quality control：全社的品質管理ないし総合的品質管理）とは，製造工程だけでなく，企業活動の全領域で適用される，全員参加型の品質管理手法である。品質の向上と原価の低減を目的とし，ＱＣサークルによる小集団活動を基盤とする。

Ⅱp. 277
Ⅱp. 283

A　□□□　　5　戦略的コスト・マネジメントとしての原価企画は，新製品の企画・開発・設計にあたって，顧客ニーズに適合する品質・価格・信頼性・納期等の目標を設定し，上流から下流までの全ての活動を対象として，それらの目標の同時達成を図る短期的な総合的利益管理活動である。

A　□□□　　6　原価企画において特徴的な，目標原価の設定方法はいわゆる「控除法」である。控除法による目標原価の設定は，「目標原価＝予想販売価格－目標利益」という算式による。

A　□□□　　7　原価企画では，新製品の企画・開発・設計段階において，加算方式，控除方式又は折衷方式により目標原価を設定し，目標原価の水準まで実際原価を引き下げる活動が組織的に展開される。

A　□□□　　8　原価企画におけるすり合わせ方式（折衷方式）による目標原価は，まず成行原価を求め，次にその成行原価に VE（value engineering）による原価削減額を加味して求める。

B　□□□　　9　原価企画において用いられるコストテーブルは，製品や部品の目標原価の達成度をチェックしたり，外部から購入する部品の価格の妥当性を判断するために，原価見積もりを行うためのマニュアルとデータベースの機能を持つものである。具体的には材質，形状，加工方法別に材料費や加工費などのコストが見積もられるようになっている。

A　□□□　10　目標原価の達成は，原価見積もりとVE，VAの繰り返しにより行われる。このように，目標原価の達成が行われないと次のステップに進まないようにされている。これは，問題をできるだけ早い段階で発見して，対策を講じるという「源流管理」の考え方にも通じている。

5 【×】　戦略的コスト・マネジメントとしての原価企画は，新製品の企画・開発・設計にあたって，顧客ニーズに適合する品質・価格・信頼性・納期等の目標を設定し，上流から下流までの全ての活動を対象として，それらの目標の同時達成を図る<u>長期的</u>な総合的利益管理活動である。　　　　　　　　　　　　　Ⅱp.277　　　令和4年
　　第Ⅰ回

　　　戦略的コスト・マネジメントでは，たんに競争優位の獲得・維持する製品を開発するということではなく，市場に対する競争的な反応が製品のライフサイクルのなかでのコストや収益性にどのようなインパクトを与えるかを把握し，そこで認識される戦略的な課題をオペレーショナルな目標に反映させながら経営管理活動を実施していくという視点が重要となる。

6 【○】　加算法は自社の現在の技術力，設備能力により実現可能である原価を見積原価あるいは成行原価として推定する。見積原価あるいは成行原価から出発し，VE検討を行ったうえで，最終的な目標原価として設定する。控除法は予想販売価格から目標利益を控除することによって目標原価を設定する方法である。　　　Ⅱp.278

7 【×】　原価企画では，新製品の企画・開発・設計段階において，加算方式，控除方式又は折衷方式により目標原価を設定し，目標原価の水準まで<u>見積原価</u>を引き下げる活動が組織的に展開される。　　　　　　　　　　　　　　　　　　　Ⅱp.278　　　令和4年
　　第Ⅰ回

①新製品の予定販売価格を設定する。
②予定販売価格から，目標利益を差し引くことにより，許容原価を算定する。
③ボトム・アップ方式で新製品の原価見積を行い，成行原価を算定する。
④許容原価と成行原価をすり合わせ，成行原価を低減する施策・低減幅の可能性を検討し目標原価を設定する。その目標原価は製品を構成する機能別・部門別に細分化される。
⑤目標原価設定後，設計部門を中心に関連部門がチームを編成し，目標原価実現に取り組む。ここでは1st Look VEが行われる。

8 【×】　原価企画におけるすり合わせ方式（折衷方式）による目標原価は，まず<u>許容原価を求め</u>，次に<u>成行原価とすり合わせる</u>。　　　令和5年
　　　　　　　　　　　　　　　　　　　　　　　　　　　　　　　　　　第Ⅱ回

9 【○】　コストテーブルとは，コスト（原価），テーブル（表）であり，原価が一覧になっていたり，グラフによって表されているものである。

10 【○】　VE（value engineering）とは，製品に必要な機能を最低のコストで実現しようとする組織的努力のことである。このVEは，アメリカのGE社で行なわれていたVA（value analysis：価値分析）をベースにした概念である。　　　Ⅱp.278

A　☐☐☐　　11　ゼロ・ルックVE（マーケティングVE），ファースト・ルックVE，セカン
　　　　　　　　　ド・ルックVEはそれぞれ，製品設計段階，製品企画段階，主として量産開始後に
　　　　　　　　　行われるVE活動である。

A　☐☐☐　　12　原価企画では，VE（Value Engineering）を使って，より少ないコストで大き
　　　　　　　　　な効用を得ることが検討されるが，VEは量産段階においてもセカンド・ルックV
　　　　　　　　　E（2nd Look VE）として，原価改善に活用される。

A　☐☐☐　　13　原価企画で使用される主要な手法に VE（value engineering，価値工学）があ
　　　　　　　　　る。既に生産している現行製品を対象としたVE をセカンドルック VE という。
　　　　　　　　　この段階でのVE 実施にとどまるならば，大幅な原価低減を実現する可能性は限定さ
　　　　　　　　　れる。

A　☐☐☐　　14　原価企画は，VEのほかに目標原価の設定と分析，ラグビー方式による製品開発
　　　　　　　　　といった視点が体系化されている点で，日本で独自に開発され発展した原価管理技
　　　　　　　　　法であるといえる。

B　☐☐☐　　15　品質機能展開（QFD）とは，技術的観点に基づく「品質特性」を顧客の声とも
　　　　　　　　　言われる「要求品質」に変換し，重要度を決めることによって製品の設計仕様へと
　　　　　　　　　体系的に展開する。

A　☐☐☐　　16　自社の利益目標を達成するためには，サプライヤーの置かれている状況を問わ
　　　　　　　　　ず，原価低減を要請することも致し方ない。

A　☐☐☐　　17　承認図メーカーとは部品の開発をサプライヤー自らが行い，完成品メーカーの承
　　　　　　　　　認を得て製造するサプライヤーのことである。

B　☐☐☐　　18　サイマルテニアス・エンジニアリングとは，オーバーラップ型の製品開発とも呼
　　　　　　　　　ばれており，企業内の各職能部門が組織の壁を越えて共通の目標の実現に向けて一
　　　　　　　　　丸となって進むことである。

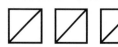

11 【×】　　　ゼロ・ルックVE（マーケティングVE）は<u>製品企画段階</u>，　　　Ⅱp. 278
　　　　　ファースト・ルックVEは<u>製品設計段階</u>で行われるVE活動で　　Ⅱp. 279
　　　　　ある。

	ゼロ・ルックVE	ファースト・ルックVE	セカンド・ルックVE
VE実施段階	製品企画	生産準備，詳細設計 基本設計，構想設計	量産開始後
VEの対象	製品コンセプト	製品・製品群	部品
VEの着眼点	機能	機能	機能

12 【○】　　　　　　　　　　　　　　　　　　　　　　　　　　　　　Ⅱp. 278
　　　　　　　　　　　　　　　　　　　　　　　　　　　　　　　　Ⅱp. 279
　　　　　　　　　　　　　　　　　　　　　　　　　　　　　　　　Ⅱp. 282
　　　　　　　　　　　　　　　　　　　　　　　　　　　　　　　　Ⅱp. 283

13 【○】　　　目標原価をもとに標準原価を設定し，その達成を図るが，そ　　Ⅱp. 279　　　令和4年
　　　　　こでは，具体的には標準原価計算による原価統制（原価維　　　　　　　　　第Ⅱ回
　　　　　持），及び原価低減活動（原価改善）が実施される。ここでは
　　　　　セカンドルック VE が行われる。

14 【○】　　　　　　　　　　　　　　　　　　　　　　　　　　　　　Ⅱp. 280

15 【×】　　　品質機能展開（QFD）とは，<u>顧客の声とも言われる「要求</u>
　　　　　<u>品質」を技術的観点に基づく「品質特性」に変換</u>し，重要度を
　　　　　決めることによって製品の設計仕様へと体系的に展開する。

16 【×】　　　サプライヤーも考慮に含めた上で原価低減の要請をするべき　　Ⅱp. 282　　　平成19年
　　　　　である。さもなければ，サプライヤーの疲弊を招きかねないか
　　　　　らである。

17 【○】　　　承認図メーカーとは部品の開発をサプライヤー自らが行い，　　Ⅱp. 281
　　　　　完成品メーカーの承認を得て製造するサプライヤーのことであ
　　　　　る。また，貸与図メーカーとは，完成品メーカーの設計した仕
　　　　　様にしたがって製造した部品を単に納入するだけのサプライ
　　　　　ヤーのことである。

18 【○】　　　サイマルテニアス・エンジニアリング，オーバーラップ型，　　Ⅱp. 280
　　　　　ラグビー方式，そしてアメリカ発のコンカレント・エンジニア　　Ⅱp. 281
　　　　　リングは同義的な用語である。

B　□□□　19　ＴＰＭは，設備の生産保全技法を中核として，設備管理の側面から接近する経営活性化の技法である。ＴＱＣとＴＰＭの相違点としては，ＴＱＣが製品やサービスの品質のバラつきに着目し，アウトプットの統計的品質管理の側面から接近するのに対し，ＴＰＭは，工学的な設備管理の側面，すなわち生産のインプットの側面から接近する点に，両技法の特徴の違いがある。

A　□□□　20　原価企画と原価改善と原価維持はいずれも原価低減であるが，それを実現するプロセスが企画・設計段階にあるか製造段階にあるかで異なっている。原価改善と原価維持はともに製造段階で行われるところに特徴があるが，生産諸条件の変更を伴うか否かで異なっている。

A　□□□　21　原価企画に携わるのは，企画開発部門や設計部門の他に，製造，購買，経理，経営管理，営業などの部門である。複数の部門による職能横断的（クロスファンクショナル）なチームを形成し，チーム一丸となって原価低減活動に取り組むのである。

B　□□□　22　わが国では最終組立メーカーに比べ部品サプライヤーの交渉力が相対的に弱いため，最終組立メーカーからの絶え間ない原価低減や開発期間の短縮要請などは部品サプライヤーの疲弊を引き起こしかねない。

A　□□□　23　部門別原価改善は，生産段階における生産諸条件の変更によって原価改善を行う方法である。この場合，各部門の原価改善目標は，ボトムアップ方式によって設定されることが多い。

A　□□□　24　製品別原価改善は，主に新製品の目標原価の未達部分の達成と優先順位の高い既存製品に対する原価低減活動である。

A　□□□　25　新製品の目標原価の細分割付けや VE 提案の評価などにみられるように，原価企画の様々な段階において原価見積りを行う必要がある。このような製品開発プロセスにおける原価見積りの仕組みをベンチマーキング（benchmarking）という。

19 【○】　　　ＴＰＭとは，保全部門だけでなく，設備に関わる全ての部門　Ⅱp.283
　　　　　　　が全員参加で行う設備保全技法であり，設備管理の側面から接
　　　　　　　近する経営活性化の技法である。

20 【×】　　　原価維持は原価低減に含まれない。　　　　　　　　　　　　Ⅰp.14
　　　　　　　　　　　　　　　　　　　　　　　　　　　　　　　　　　　Ⅰp.15

21 【○】　　　原価企画はプロジェクトの責任者をおき，その責任者の強烈　Ⅱp.280
　　　　　　　なリーダーシップのもとに関係各部門から専門家を集め、英知
　　　　　　　を結集して取り組む活動である。

22 【○】　　　取引先変更等の恐れもある部品サプライヤーは，最終組立　　Ⅱp.282
　　　　　　　メーカーの要請に応えるために疲弊してしまう恐れがある。

23 【×】　　　ボトムアップ方式ではなくトップダウン方式によって設定さ　Ⅱp.283
　　　　　　　れる場合が多い。即ち，企業全体の目標利益と予想利益の乖離
　　　　　　　から利益改善目標額が決定され，これら利益改善目標額を事業
　　　　　　　部，工場，部門へと下方展開して各原価改善目標額が決定され
　　　　　　　ることになる。

24 【○】　　　製品別原価改善は，主に新製品の目標原価の未達部分の達成　Ⅱp.283
　　　　　　　と優先順位の高い既存製品に対する原価低減活動である。ま
　　　　　　　た，期別・部門別原価改善は，予算管理の一貫として各部門に
　　　　　　　目標利益改善額が伝達され，その目標を達成するように製造現
　　　　　　　場にて日常的に行われる原価低減活動である。

25 【×】　　　新製品の目標原価の細分割付け（目標原価が決まると，この　Ⅱp.278　　令和4年
　　　　　　　目標が製品の機能別や部品別に展開される）や VE 提案　　　　　　　　第Ⅱ回
　　　　　　　（ファーストルックVEにおいて，機能分析の結果，機能性を高
　　　　　　　めつつ，部品点数を削減して原価低減を実現する方法が提案さ
　　　　　　　れたりする）の評価などにみられるように，原価企画の様々な
　　　　　　　段階において原価見積りを行う必要がある。このような製品開
　　　　　　　発プロセスにおける原価見積りの仕組みをコストテーブルとい
　　　　　　　う。
　　　　　　　　　なお，ベンチマーキングとは，企業業績の最高基準を具体的
　　　　　　　な目標として設定することをいう。

A　□□□　**26**　テアダウン(Tear Down，製品分解分析)は，原価企画で活用されるベンチマーキングの一手法である。

A　□□□　**27**　製造に配慮した設計(Design for Manufacturability)を行うとコスト増になるので，その増加分を相殺するだけの原価低減アイデアが必要となる。

A　□□□　**28**　目標原価は開発のできるだけ初期段階において，開発しようとしている製品やサービスの予想販売価格から当該製品やサービスの期待利益を控除して算定することが望ましい。また，期待利益の算出に際しては，競争企業の動向も視野に入れながら，当該製品やサービスが中長期利益計画の達成に貢献できるよう十分な配慮を行う必要がある。

B　□□□　**29**　原価企画において，部品や素材を提供するサプライヤーが感じるプレッシャーを緩和する仕組みの一つとして，同等の部品や素材を同時発注する複社発注方式がある。

A　□□□　**30**　新製品や新サービスの開発に要する期間を短縮することは，原価低減に役立つ。開発期間短縮のためには，開発作業を重複して進める作業のオーバーラップ方式が有効である。

A　□□□　**31**　量産開始時点までに目標原価に到達した場合，量産開始以降に製造原価が上昇することはない。

A　□□□　**32**　ＶＥ(Value Engineering)やコスト・テーブルを活用して目標原価の達成を目指す活動とともに，新しい機構や素材の開発に代表される技術革新や異なる職能分野の専門家との対話は，原価低減に有用である。

A　□□□　**33**　原価企画は戦略的コストマネジメントの典型をなすプロセスであるとしばしばいわれるが，その特徴はマーケットインの発想で顧客が求める製品を低コストで開発することを支援する点に求められる。

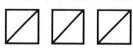

26【○】　　　ベンチマーキングとは，企業業績の最高水準を具体的な目標　　　Ⅱp. 278　　平成18年
として設定することをいう。ベンチマーキングには様々な種類
があるが，そのうち製品分析に関しテアダウンがある。　テアダ
ウンとは，競合製品を徹底的に分解して分析することによっ
て，使用材料，形状，構造，加工方法，組立時間，製造原価な
どを究明し，これらの最善のものを取り入れることである。テ
アダウンはリバースエンジニアリングとも呼ばれる。

27【×】　　　作業方法、作業手順等の製造の効率化に配慮した製品の設計　　　　　　　平成18年
を行うため，コスト減に繋がる。

28【○】　　　　　　　　　　　　　　　　　　　　　　　　　　　　　　Ⅱp. 278　　平成18年

29【×】　　　複社発注方式とは，複数のサプライヤーに発注することに　　　　　　　平成18年
よって，価格や品質においてより有利な取引条件を引き出そう
という動機に基づいて行われるものである。したがって，サプ
ライヤーは複社発注方式によりプレッシャーは緩和されず，逆
に強く感じることとなる。

30【○】　　　オーバーラップ方式は，別名ラグビー方式ともいわれ，開発　　　Ⅱp. 280　　平成18年
ステップごとの区切りが明確ではなく，前後の開発ステップが　　　Ⅱp. 281
重なっていたり，複数のステップが同時並行的に進行する方式
である。

31【×】　　　量産開始以降においても，素材や部品の調達市況の悪化，部　　　　　　平成18年
分的な仕様の変更等により，製造原価が上昇することがある。

32【○】　　　機構とは，組織体（人の集まり）のことである。社会的な目　　　　　　平成18年
的をもって構成されることが多い。

33【○】　　　製品をただ安く作ればいいのではなく，顧客の需要に応える　　　Ⅱp. 277　　平成22年
必要がある。マーケットインの発想とは，市場や顧客志向の発　　　　　　　　　　第Ⅱ回
想であり，対義語はプロダクトアウト（技術志向）の発想であ
る。

A □□□　34　ラグビー方式とはひとつのステップが終了してから，次のステップに移行するというものである。これによると，開発のかなり後の工程になって問題が顕在化するというような事態が生ずることがある。また開発期間が長くなったり，製品自体のパフォーマンスもよくないという結果になる。

A □□□　35　経済が好調で，消費者の購買意欲も強いという状況において価格決定を行う場合，原価企画が1つの有用な方法である。一方，経済の状態が悪化しているため，消費者の財布の紐が固くなっている状況では，コスト・プラス法を用いた価格決定が1つの有用な手段である。

A □□□　36　原価企画を実施するときは，新製品開発プロジェクトとして，設計，生産技術，購買，製造，販売，経理など関係各部門から専門家を集めるとともに，プロジェクト活動全体を統合管理する責任者であるプロダクト・マネジャーをおき，その責任者のリーダーシップのもとに英知を結集して職能横断的チーム活動(cross-functional team activities)を行う。

A □□□　37　原価企画では量産体制以前の源流管理を行うが，その中で，原価企画は，より上流での管理へと発展してきた。この考え方を推し進めていくと，企業外部の材料納入業者，あるいは材料メーカーとの協力関係が重要になる。

B □□□　38　原価企画活動にとって，製品が顧客の手に渡り，顧客が製品を使用する際に発生する原価や，製品を廃棄処分し，あるいはリサイクルする際に発生する原価も重要である。すなわち，製品のライフサイクル・コストを最小にするように，原価企画活動を行う必要がある。

A □□□　39　バトンタッチ方式による製品開発によれば，トータルなコスト・レビューも行いやすく，消費者の視点に対応した製品が製造されやすい。なぜなら，製品開発のプロセスを分割し，最初の段階から順に後の段階へと引き継がれていくため，その都度，当初計画を変更することが可能であるからである。

A □□□　40　オーバーラップ方式による製品開発では，比較的早い段階から関係部門間のコンフリクトが解消され，原価低減活動が効果的に行われる。なぜなら，開発段階の各フェイズに複数の職能が関与し，後段階の活動が前段階の活動終了以前から始まるため，製品の全体像が共有され，製品コンセプトが最後まで浸透しやすいためである。

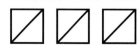

34 【×】 <u>バトンタッチ方式</u>とはひとつのステップが終了してから，次 Ⅱp.280
のステップに移行するというものである。 Ⅱp.281
　なお，「オーバーラップ型」ないし「ラグビー方式」は開発
ステップごとの区切りが明確でなく，前後の開発ステップが互
いに重なり合っていたり，複数のステップが同時並行的に進行
するものをいい，異なる職能部門から参加した人々が互いに連
携したり，意見を交換する中で，相互のコミュニケーションの
推進がなされる。また，「オーバーラップ型」ないし「ラグ
ビー方式」と考え方の上で共通する部分がある「コンカレン
ト・エンジニアリング」というものがあるが，これはとくに情
報システムをツールとした同時並行的な製品開発である。

35 【×】 　経済が好調で，消費者の購買意欲も強いという状況において Ⅱp.202
価格決定を行う場合，<u>コスト・プラス法</u>を用いた価格決定が1つ
の有用な方法である。一方，経済の状態が悪化しているため，
消費者の財布の紐が固くなっている状況では，<u>原価企画</u>が1つの
有用な手段である。消費者の財布の紐が固くなっている状況で
はマーケットに受け入れられる価格が決まってくるため，その
価格内で利益を生む必要がある。なお，コスト・プラス法につ
いてもテキストを確認されたい。

36 【○】 Ⅱp.280

37 【○】 　製品の価値を創り出す価値連鎖において，価値連鎖の分析視 Ⅱp.280
野を他企業に拡大させて，上流においては材料メーカーとの協
力関係を築くと同時に，下流では卸売業者や小売業者さらには
リサイクル業者とも協力関係を築いて，原価企画活動を行うこ
とが必要であるといえる。なお，材料メーカーとの協力関係を
築くことをデザイン・インという。

38 【○】 　ライフサイクル・コストの大半は製品の企画・設計段階で決 Ⅱp.277
定するため，原価企画においては，生産コストのみならず，使 Ⅱp.308
用コストや環境コストをも含めた管理が期待されることにな
る。

39 【×】 　バトンタッチ方式による製品開発によれば，製品開発のプロ Ⅱp.280
セスを分割し，最初の段階から順に後の段階へと引き継がれて
いくため，後段階になってから問題が顕在化し，思わぬコスト
増が発生することがある。よって，トータルなコスト・レ
ビューも行うことは難しく，消費者の視点が欠落した製品が製
造されることも少なくないといえる。

40 【○】 　オーバーラップ方式（ラグビー方式）による製品開発では， Ⅱp.280
最初にいろいろなところで意見がぶつかり合うが，そのプロセ Ⅱp.281
スにおいて製品の全体像が共有化される。そのため，製品コン
セプトが最後まで浸透しやすくなる。

A　□□□　**41**　原価企画は，製品開発の源流に遡って，市場で顧客に受け入れられる品質・規格・信頼性などの実現をはかる総合的な利益管理活動である。原価企画の特徴の一つとして，プロダクト・アウト志向で許容原価を設定する点があげられる。

B　□□□　**42**　マイルストーン管理とは，製品開発の節目節目における，製品企画時に検討された顧客ニーズを満たす作業が行われているかどうかの管理をいい，この結果に従い，製品化の可否などを判断していくこととなる。

B　□□□　**43**　原価企画においては，製品開発の節目ごとに，コストレビューやデザインレビューを繰り返しながら目標を着実に実現できるように管理が行われる。この仕組みをマイルストーン管理という。

B　□□□　**44**　ライフサイクル・コスティングとは，研究開発から処分にいたるまで製品のライフサイクル全体のコストを測定し分析するための手法である。製品のライフサイクルを，企業内で開発，生産されてから，消費者の手に渡って使用・廃棄されるまでの製品の寿命とすれば，この製品のライフサイクル全体に渡って発生するコストはライフサイクル・コストと呼ばれる。

C　□□□　**45**　製品は消費者の手に渡ってから，寿命を終えるまで使用されるが，その間に発生するコストには，電気代や維持費などのコストや寿命を終えた製品を廃棄するのにかかるコストなど様々なものが考えられる。廃棄するためのコスト（廃棄コスト）は，マイナスになる場合も考えられる。なぜならば，仮に寿命を終えた製品が処分時に価値を残している場合には，コストのかかる代わりに残存価値分の収入が期待でき，これは処分価値あるいはマイナスの廃棄コストといえるからである。

41 【×】　　原価企画の特徴の一つとして，<u>マーケット・イン</u>志向で許容　　　Ⅱp. 277　　　令和4年
原価を設定する点があげられる。　　　　　　　　　　　　　　　　　　　Ⅱp. 279　　　第Ⅱ回
　　　プロダクト・アウトは，企業の視点から市場にアプローチす　　　Ⅱp. 282
る考え方であり，企業が顧客に提供する機能からみた予定原価
が出発点であり，この予定原価に目標利益を加算して，目標価
格が企業の論理で設定される。
　　　　　　　　目標価格＝予定原価＋目標利益

　　　マーケット・インは，顧客の視点から会社をみるアプローチ
であり，市場が要求する価格が出発点となって，長期経営計画
で設定された目標利益を市場価格から控除して，許容原価が設
定される。いわばマーケットが許容する原価である。
　　　　　　　　許容原価＝市場価格－目標利益

42 【○】　　製品開発プロセスの節目節目で，製品企画時に検討された顧　　　Ⅱp. 278
客ニーズをみたす開発作業が正しく行われているか，目標コス
トが実際に達成されているかどうか，設計作業は予定通り進ん
でいるかどうか，の進捗管理が行われる。なお，マイルストー
ンとは“一里塚”の意味である。

43 【○】　　製品開発プロセスの節目節目では，製品企画時に検討された　　　Ⅱp. 278　　　令和4年
顧客ニーズをみたす開発作業が正しく行われているか，目標コ　　　　　　　　　　第Ⅱ回
ストが実際に達成されているかどうか，設計作業は予定通り進
んでいるかどうか，の進捗管理が行われる。これをマイルス
トーン管理という。
　　　コストレビューとは，製品開発プロセスの節目節目におい
て，たとえば商品企画，構想設定，詳細設計といった開発ス
テージの終了前に，部門横断的なミーティングを招集して，目
標原価の達成度合いを審査し，先の開発ステージに進むかを決
定することをいう。未達の場合，以降のステージで達成の目処
が立たなければ，先に進むことはない。デザインレビューも同
様で，節目ごとに製品コンセプトや顧客に提供する機能の実現
度合いに関して，部門横断的なミーティングにおいて審査を
行った上で，先の開発ステージに進むかどうかを決定する。

44 【○】　　ライフサイクル・コスティングは現行の試験範囲外である　　　Ⅱp. 308
が，原価企画と密接な関係がある点は留意していただきたい。

45 【○】　　　　　　　　　　　　　　　　　　　　　　　　　　　　　Ⅱp. 308

C　□□□　**46**　ライフサイクル・コスティングを実施することによって，メーカー側にもユーザー側にもメリットがある。すなわち，メーカー側にとってはライフサイクル・コストを低くすることにより，顧客の満足水準が高まり，市場においての競争力を確保できる。他方，ユーザー側にとっては，製品の購入のために生ずる取得コストと，製品が消費者の手に渡ってから，寿命を終えるまで使用されるコストのトレード・オフ分析により，最適な資産選択が可能となる。

A　□□□　**47**　原価企画は，顧客のニーズと目標利益の確保を両立させるために，製品の企画・開発段階から実施される総合的利益管理活動である。

A　□□□　**48**　原価企画活動の代表的な支援ツールであるVEは，「価値＝機能／原価」と定義され，できる限り低いコストで高い機能を実現しようとする組織的，工学的なアプローチであるが，製品の量産開始後はこのツールが適用されることはない。

A　□□□　**49**　原価企画では，目標原価を実現するため，競合製品を分解し調査するテア・ダウン（tear down，製品分解分析）および原価を機能で除すことによって定義される価値を向上するための工学的手法であるVE（value engineering，価値工学）を活用することが必要になる。

A　□□□　**50**　製品単位当たりの目標原価は，予想販売価格から目標利益を控除して導出される許容原価および現状の技術水準をもとに求められる成行原価を参照し設定される。また，製品単位当たりの目標原価は，製品を構成している機能だけでなく，部品や原価要素ごとに割り付けられる。

A　□□□　**51**　原価企画を支える製品開発体制においては，製品開発，製造，マーケティングなどの自社のさまざまな部門の関与だけでなく，部品の開発を担うサプライヤーが重要な役割を果たす。

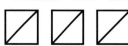

46 【〇】 ライフサイクル・コストのトレード・オフ関係　　　　　　Ⅱp.309

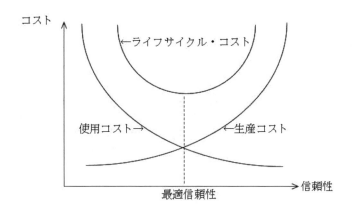

　　信頼性とは，「耐久性」，「保全性」，「設計信頼性」の三つの要素から構成される概念であるといわれる。

47 【〇】　　原価企画は，製品の企画・開発段階において顧客ニーズを満　　Ⅱp.276　　平成23年
たす製品を最低のコストで実現する原価作り込みの活動である　　Ⅱp.277　　　第Ⅰ回
が，そこで設定さる目標原価は予想販売価格から中長期利益計
画で設定された目標利益を控除して設定される。このことか
ら，原価企画は，全社的な利益目標を実現するための総合的な
利益管理活動の一環をなすものである。

48 【×】　　製品の量産開始後においても，原価低減活動（2nd Look VE：　　Ⅱp.279　　平成23年
原価改善）が実施される。　　　　　　　　　　　　　　　　　　　　　　　第Ⅰ回

49 【×】　　ＶＥは機能を原価で除すことによって定義される価値を向上　　Ⅱp.278　　令和2年
するための工学的手法である。　　　　　　　　　　　　　　　　　　　　　第Ⅰ回

50 【〇】　　　　　　　　　　　　　　　　　　　　　　　　　　　　　　Ⅱp.278　　令和2年
　　　　　　　　　　　　　　　　　　　　　　　　　　　　　　　　　　Ⅱp.279　　　第Ⅰ回

51 【〇】　　　　　　　　　　　　　　　　　　　　　　　　　　　　　　Ⅱp.281　　令和2年
　　　　　　　　　　　　　　　　　　　　　　　　　　　　　　　　　　Ⅱp.282　　　第Ⅰ回

A　□□□　52　原価企画活動では，企画・開発部門だけではなく，購買，製造，営業，経営企画，経理部門など複数部門が関与する，リレー方式あるいはバトンタッチ方式と呼ばれる開発体制が採用されることが多い。

A　□□□　53　目標原価が算定されると，費目別・機能別・部品別に細分割付が行われるが，組織的な責任単位別に展開されることはない。

B　□□□　54　製造原価に占める購入部品費が高い場合，目標原価を達成するためには，サプライヤーとの協業が重要となる。この場合，最終組立加工メーカーが原価企画活動を強力に実施することで，サプライヤーに対する原価低減，納期短縮，在庫縮減などのプレッシャーが高まり，その結果，サプライヤーが疲弊する逆機能をもたらす可能性がある。

A　□□□　55　原価企画が伝統的原価計算手法と異なる特徴の一つは，源流段階から目標利益達成のための原価の低減を考えることにある。

A　□□□　56　原価改善は，原価維持活動が行われる量産段階とは異なるタイミングでなされる活動である。

A　□□□　57　製品設計段階に入ると，目標原価を費目別・機能別・部品別に展開することになる。

A　□□□　58　原価企画を効率的に行うためには，バトンタッチ型分業体制が適している。

52 【×】　　　原価企画活動では，複数部門が関与する，<u>ラグビー方式</u>と呼　　Ⅱp. 280　　平成23年
　　　　　　ばれる開発体制が採用されることが多い。　　　　　　　　　　　　　　　　　　第Ⅰ回

53 【×】　　　目標原価は，部署やチーム等の組織的な責任単位別に割り付　　Ⅱp. 278　　平成23年
　　　　　　けられる。　　　　　　　　　　　　　　　　　　　　　　　　　　　　　　　　第Ⅰ回

54 【○】　　　　　　　　　　　　　　　　　　　　　　　　　　　　　　　　　Ⅱp. 282　　平成23年
　　第Ⅰ回

55 【○】　　　　　　　　　　　　　　　　　　　　　　　　　　　　　　　　　Ⅱp. 276　　平成24年
　　　　　　　　　　　　　　　　　　　　　　　　　　　　　　　　　　　　　Ⅱp. 277　　第Ⅰ回
　　　　　　　　　　　　　　　　　　　　　　　　　　　　　　　　　　　　　Ⅱp. 282

56 【×】　　　原価改善は，量産段階で行われる原価低減活動である。　　　　Ⅱp. 282　　平成24年
　　　　　　　　　　　　　　　　　　　　　　　　　　　　　　　　　　　　　Ⅱp. 283　　第Ⅰ回

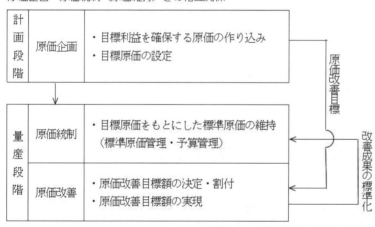

原価企画・原価統制（原価維持）との相互関係

参考文献：岡本清『原価計算　六訂版』国元書房

57 【○】　　　自動車であれば，駆動という機能，制動という機能などにま　　Ⅱp. 278
　　　　　　ず原価が割り付けられ，次に制動ならばブレーキに関する種々
　　　　　　の部品に原価が割り付けられていく。ここまでが終わると，部
　　　　　　品別原価は機能別に集約され，最終的には製品原価を算定して
　　　　　　目標原価を達成できるかどうか，ひいては目標利益を達成でき
　　　　　　るかどうかを確認する。

58 【×】　　　原価企画を効率的に行うためには，オーバーラップ型（ラグ　　Ⅱp. 280　　平成24年
　　　　　　ビー方式）分業体制が適している。　　　　　　　　　　　　　　　　　　　　第Ⅰ回

A　☐☐☐　59　原価企画では，職能横断的なオーバーラップ型の製品開発を行うことで，製品開発のスピードアップが可能となり，さらに原価低減のための新たな知識の創出が期待できる。

A　☐☐☐　60　原価企画における目標原価は，単位あたりの予想販売価格から目標利益を控除して算出される許容原価と等しいものである。

A　☐☐☐　61　原価企画における目標原価の設定には，積上法と，控除法と，両者の折衷である許容原価と成行原価との間で達成可能と思われる最も望ましい水準で目標原価を設定する方法がある。

A　☐☐☐　62　原価企画は，量産前の開発段階における原価低減のための原価管理手法であって，利益管理には関連しない。

A　☐☐☐　63　目標原価を設定する際，目標販売価格から目標利益を控除する控除法（割付法）をそのまま採用すると，技術者に過度の原価低減努力を強いることになりがちである。

A　☐☐☐　64　原価企画において，目標原価を導く際にライフサイクル・コストを算定する場合，ユーザー側で負担するコストは考慮しない。

A　☐☐☐　65　原価企画の特徴として，目標原価が製品を構成する機能別単位や構造別単位に細分割付され，それぞれの開発を担う技術者や部門の責任に関連づけられることが指摘されている。

A　☐☐☐　66　標準と実際を基に作業能率を管理する科学的管理法の出現は，標準原価管理などの管理会計技法をもたらした。

A　☐☐☐　67　標準原価管理は，製造段階での原価管理手法として伝統的に利用されてきたが，近年では開発設計段階での原価の作り込みに活用されるようになってきている。

59 【〇】　職能横断的なオーバーラップ型の製品開発では，たとえば，工程設計の部隊が，構想設計や詳細設計のステージにおいて，能率的な量産となるよう設計上の発言を行い，これが設計に取り入れられると，構想設計・詳細設計と工程設計が同時に進められ，加えて製造費用が低減できる。また，部品の取り付け位置が量産時に不能率を生むような設計となっていることが工程設計段階で判明して，詳細設計，さらには構想設計まで立ち帰って設計図を引き直すという自体を避けることができる。この結果，開発費の低減や開発期間の短縮を実現できる。　令和5年　第Ⅱ回

60 【×】　原価企画における目標原価には，①許容原価に等しいとする割付方式（控除方式，差額方式）の他，②成行原価に原価低減アイディアを加味する積上方式（加算方式），さらに①と②との間で目標原価を設定する擦り合わせ方式（統合方式，折衷方式）がある。　Ⅱp.278　Ⅱp.279　平成24年　第Ⅰ回

61 【〇】　Ⅱp.278　平成25年　第Ⅰ回

62 【×】　原価企画は利益管理にも関連する。　Ⅱp.277　平成24年　第Ⅱ回

63 【〇】　目標販売価格から目標利益を控除した原価は許容原価であり，許容原価をそのまま目標原価とすると，達成困難な目標になりやすいため，過度な努力を強いる可能性がある。　Ⅱp.278　Ⅱp.280　平成24年　第Ⅱ回

64 【×】　原価企画において，目標原価を導く際にライフサイクル・コストを算定する場合，ユーザー側で負担するコストも考慮する。　Ⅱp.308　平成24年　第Ⅱ回

65 【〇】　どの機能でいくら削減するか，どの部品でいくら削減するか，どの部門でいくら削減するか，といったように細分化して達成を目指していく。　Ⅱp.278　平成25年　第Ⅰ回

66 【〇】　Ⅰp.14　平成24年　第Ⅱ回

67 【×】　標準原価管理は，使用材料，作業方法等が確定した製造段階における継続的・反復的な作業の管理に有用な手法であるため，これら標準を適用する前提自体を検討課題とする開発・設計段階で活用する手法ではない。　Ⅱp.276　平成25年　第Ⅰ回

A　□□□　68　標準原価管理では，例外管理の考え方が適用されているため，例外なく原価差異が厳密に分析され，必要な是正処置がとられるべきである。

A　□□□　69　標準原価管理では，事前に設定した原価標準に基づき，標準原価と実際原価とが比較され，許容範囲以上の差異が生じた場合には，その原因の分析が行われ，改善策が検討・指示される。

A　□□□　70　原価企画の製品開発段階では，開発・設計部門のみならず営業や購買部門などの担当者による職能横断的な活動を行う。

A　□□□　71　原価企画における目標原価は，製品の目標販売価格から目標利益を控除する方法で計算できる。

A　□□□　72　VE（Value Engineering）は，「価値＝機能－原価」と定義される関係に基づいて，機能や原価に関する様々な代替案を検討することにより，製品価値の向上を目指す技法である。

A　□□□　73　原価企画では，製品ライフサイクルにおける原価発生原因に注目することで，そのライフサイクルのうちの製造段階で原価低減を目指す活動を行う。

A　□□□　74　テアダウン（Tear Down，製品分解分析）は，原価企画で活用されるマイルストーン管理の手法として利用できる。

A　□□□　75　同一の部品や素材を複数のサプライヤーに同時発注することによって，サプライヤーに対するコストダウンへのプレッシャーを高めることができる。

A　□□□　76　職能の異なる複数の部署が同時並行的に開発作業をすすめる方式は，新製品の開発期間短縮のために利用できる。

A　□□□　77　モデルチェンジのために控除法方式の原価企画を行う場合，新モデルの目標原価は旧モデルの量産段階での実際原価以下に設定されねばならない。

68 【×】 　　例外管理とは，管理者が大量のデータに惑わされず，管理すべき課題に注力することを可能にするため，通常では生じない例外的事項を管理の対象とすることをいう。したがって，すべての原価差異が例外なく分析，および是正の対象となるのではない。

平成25年
第Ⅰ回

69 【○】

Ⅰp. 14
Ⅰp. 15
Ⅱp. 276
Ⅱp. 282

平成25年
第Ⅰ回

70 【○】

Ⅱp. 280

平成25年
第Ⅱ回

71 【○】

Ⅱp. 278

平成25年
第Ⅱ回

72 【×】 　　「価値＝機能－原価」ではなく，「価値＝機能÷原価」である。

Ⅱp. 278

平成25年
第Ⅱ回

73 【×】 　　製造段階ではなく，企画・設計段階である。

Ⅱp. 276

平成25年
第Ⅱ回

74 【×】 　　テアダウンは，競合他社の製品を分解してＶＥにおける改善目標の発見に活用する工学手法であり，原価企画におけるマイルストーン管理の手法ではない。
　　製品開発プロセスの節目節目では，製品企画時に検討された顧客ニーズをみたす開発作業が正しく行われているかどうか，目標コストが実際に達成されているかどうか，設計作業は予定通り進んでいるかどうか，の進捗管理が行われる。これをマイルストーン管理という。

Ⅱp. 278

平成26年
第Ⅰ回

75 【○】

Ⅱp. 282

平成26年
第Ⅰ回

76 【○】

Ⅱp. 280

平成26年
第Ⅰ回

77 【×】 　　控除方式で設定される目標原価は，許容原価を意味するため比較的厳しく設定されるが，モデルチェンジ品の仕様は旧製品とは異なるため，必ずしも旧モデル品の量産段階での実際原価以下に設定される必要はない。

平成26年
第Ⅰ回

A □□□　78　原価企画は，新製品の開発段階に組み込まれた原価および利益の作り込み活動であり，その活動の全貌は，会計的側面だけからでは説明することができない。

A □□□　79　原価企画の基礎には，原価が販売価格を主導するのではなく，市場価格が原価を主導するという考え方がある。その代表例として，オーバーラップ方式の開発がある。

A □□□　80　原価低減目標を定めるに当たり，中長期利益計画から導かれた許容原価と現状の技術水準をベースとする成行原価とを摺り合わせ，活動基準原価計算（ABC）の活用によって原価低減活動を行い，実現可能な目標原価を決定する。これは折衷法とよばれる。

A □□□　81　原価企画活動においては，製品が顧客に販売され，顧客が製品を使用する際に発生する原価や，製品を廃棄処分し，あるいはリサイクルする際に発生する原価も考慮される。その意味においては，製品のライフサイクル・コストを最小にするように，原価企画活動を行うことが重要である。

A □□□　82　ライフサイクル・コスティング（life-cycle costing：LCC）には二つのタイプがある。一つは，製品・サービスの供給者側からみたLCC であり，もう一つは，製品・サービスの需要者側からみたLCC である。供給者が考慮しなければならないのは，前者の意味でのLCC のみである。

A □□□　83　製品ライフサイクルの短縮化により，標準原価計算を用いた原価管理機能の重要性は低下している。したがって，製造現場において標準原価を設定する意味はなくなってきている。

A □□□　84　原価企画において，開発・設計段階において設定された目標原価が，量産開始後において，標準原価として設定されるので，標準原価の水準をさらに引き下げることは，考えなくてもよい。

A □□□　85　環境対策のためには様々なコストを企業は負担しなければならない。このため，環境対策を行うことと原価管理における原価低減とは両立しないと思われるが，場合によっては，原材料などから生ずる廃棄物の削減が原価低減につながることもある。

B □□□　86　原価企画において利用されるツールとしてVEがある。VEは，製品の価値を機能とそれを実現するためのコストとの関係により定義し，低コストで高い機能を実現しようとする組織的，工学的なアプローチであるので，主に製品の企画，開発・設計段階に適用されるが，量産開始後も，VEは適用されることがある。

A □□□　87　原価維持とは，設定された目標原価を標準原価管理や原価改善によって管理する活動である。

78 【○】 　　　　　　　　　　　　　　　　　　　　　　　　　　　　平成27年
　　　　　　　　　　　　　　　　　　　　　　　　　　　　　　　　　第Ⅰ回

79 【×】　　この考え方はマーケット・インの思考である。　　　Ⅱp.277　平成27年
　　　　　　　　　　　　　　　　　　　　　　　　　　　　　　　　　第Ⅰ回

80 【×】　　原価低減活動において活用されるのはＶＥ（value　Ⅱp.278　平成27年
engineering）である。　　　　　　　　　　　　　　　　　　　　　第Ⅰ回

81 【○】　　ユーザー側で発生する運用，保守，廃棄までのコストは，　Ⅱp.308　平成27年
ユーザーの購入意思決定の重要な判断基準となるため，企画・　　　　第Ⅰ回
設計段階における品質の作り込みにおいて考慮することが求め
られる。

82 【×】　　供給者は，供給者側からみたＬＣＣのみでなく，需要者側か　Ⅱp.308　令和4年
らみたＬＣＣも考慮する必要がある。　　　　　　　　　　　　　　　第Ⅰ回

83 【×】　　製品ライフサイクル短縮化により，標準原価計算の原価管理　Ⅱp.276　平成27年
への役立ちは相対的に低下したが，予算編成における見積財務　　　　第Ⅱ回
諸表の作成に客観的な基礎を提供するとともに，計算の簡略
化・迅速化への役立ちは色褪せていない。

84 【×】　　究極的な目標原価である許容原価まで標準原価の水準を引き　Ⅱp.282　平成27年
下げる努力をすべきである。　　　　　　　　　　　　　　　Ⅱp.283　第Ⅱ回

85 【○】　　製造過程で発生する廃棄物の原価を製品原価に含めて計算す　　　　　平成27年
るのではなく，製品と同等に廃棄物そのものの原価を把握し，　　　　第Ⅱ回
それがもたらすロスの大きさを明確な形で経営管理者に報告す
ることで，当該ロスを削減する原価低減活動と環境対策活動と
が，ともに全社的な利益業績の改善に寄与する。

86 【○】　　ＶＥの適用領域には，商品の企画段階（0 Look VE），製品の　Ⅱp.278　平成27年
開発・設計段階（1 Look VE）といった原価企画の段階だけでな　Ⅱp.279　第Ⅱ回
く，製造段階（2 Look VE）にも適用される。製造段階，量産開
始後の一定期間におけるＶＥは，原価改善活動として，原価企
画活動のフォローとして位置付けられる。

87 【×】　　原価維持とは，設定された目標原価を標準原価管理や予算管　Ⅰp.14　平成28年
理によって管理する活動である。　　　　　　　　　　　　　Ⅰp.15　第Ⅰ回
　　　　　　　　　　　　　　　　　　　　　　　　　　　　Ⅱp.283

□□□

A　□□□　88　原価維持とは，製造段階において標準原価管理等を用いて，標準原価からみた一定の幅の中に実際原価を収めるための活動をいう。

A　□□□　89　原価改善とは，生産している製品の原価水準を維持し，さらに期待原価水準にまで計画的に引き下げる活動をいう。

A　□□□　90　標準原価計算は，主として製品の製造段階における科学的・統計的な調査に基づく原価管理技法であるが，標準原価計算の限界と原価企画との関係に鑑みて，現在では標準原価計算が製品開発のスピードに対応させた原価管理技法に変化してきている。

A　□□□　91　最近のわが国における原価企画の概念は拡大化の傾向にあり，開発設計段階における単なる原価の引下げ活動ではなく，製品の機能向上や戦略的な製品コンセプト作りにまで及んできている。

A　□□□　92　製品の開発設計段階において，生産技術部門や生産部門の管理者・従業員が意見を言うと活動が混乱し，製造コストの高い設計につながることから，設計者が開発設計活動を完了させてから生産技術部門に活動を引き継ぐのが望ましい。

A　□□□　93　最近の我が国における原価企画の活動は拡大化の傾向にあり，生産準備段階での単なる原価低減活動のみではなく，商品企画段階での顧客ニーズに適合した商品企画活動にまで及んできている。

A　□□□　94　許容原価は見積販売価格から目標利益を控除して算定されるのに対して，成行原価は技術的な観点から原価が見積もられるため，成行原価の方が技術者にとって達成困難な目標を課されることが多い。

A　□□□　95　新型製品の目標原価の設定に際しては，現行製品の原価低減についての提案が盛り込まれることがある。

A　□□□　96　原価企画における目標原価の算定方法として積上げ法を用いた場合，技術的な観点よりも，企業の戦略と結び付けた総合的な利益管理手法として原価企画を活用することができる。

A　□□□　97　原価維持の目的は，主として作業の不能率の防止による標準原価の達成にあるが，原価改善の目的は，改善目標が標準自体の引下げであり，単に標準作業を正しく実行しているだけではなく，改善がなければ達成できないレベルを目指している。

A　□□□　98　我が国では，原価企画により製品の開発段階で大幅な原価低減が実現できるならば，当該製品の品質や機能が多少低下したとしても許容される。

88 【○】   Ⅱp.283   令和4年
     第Ⅰ回

89 【○】   Ⅱp.282   平成28年
     Ⅱp.283   第Ⅰ回

90 【×】   標準原価計算は，生産条件が安定していることを前提とした   Ⅱp.276   平成28年
原価管理技法であるため，製品仕様が頻繁に変更されるような   第Ⅰ回
環境には適さない。よって，現代では，ＶＥを中心とした工学
的な原価管理技法が製品開発のスピードに対応しきている。

91 【○】   Ⅱp.277   平成28年
     第Ⅰ回

92 【×】   設計者が開発設計活動を完了させてから生産技術部門に活動   Ⅱp.280   平成29年
を引き継ぐバトンタッチ方式ではなく，同時並行的に進めるラ   第Ⅰ回
グビー方式が望ましい。

93 【○】   原価企画の発想は，原価低減活動の効果は経営の川上へ遡る   Ⅱp.276   平成29年
ほど大きいところにある。当初は，量産移行前の生産準備段階   第Ⅰ回
で行われていたが，現代では商品の開発・設計段階よりも更に
遡る商品の企画段階から実施されている。

94 【×】   成行原価は，現状の技術的条件を前提に積み上げられ改善目   Ⅱp.278   平成29年
標を含まない見積原価であるのに対して，許容原価は，中期経   第Ⅰ回
営計画にて設定された目標利益と競争価格から導かれた理想的
な原価であるため，達成可能性という視点では，許容原価のほ
うが困難である。

95 【○】   新型製品は，現行製品の仕様の改善型として開発されるた   平成29年
め，仕様の共通する部分に関しては，目標原価の設定に際して   第Ⅰ回
は現行製品の知識が継承される。

96 【×】   積上げ法を用いると技術的な観点で原価企画を行うことがで   Ⅱp.278   平成30年
きる。   第Ⅰ回

97 【○】   原価改善では既存の製造条件を変更させるような活動が行わ   Ⅰp.14   平成30年
れる。   Ⅰp.15   第Ⅰ回
     Ⅱp.282

98 【×】   我が国は品質に対する意識が高く，品質や機能の低下は許容   Ⅱp.278   平成30年
されない傾向が強い。   Ⅱp.315   第Ⅰ回

A　□□□　99　統合法による原価企画においては，市場の状況から予定販売価格を決定し，次いで目標利益との関係から許容原価が導かれる。そして，技術者の現状見積りによる成行原価を基礎にVE 等の活用によって原価低減活動を行い，許容原価との擦合せから目標原価が決定される。

A　□□□　100　原価企画を総合的利益管理活動として行う場合，中期経営計画から導かれる製品別の目標利益を達成する活動として行われる。

A　□□□　101　商品企画段階に行われる1st Look VEの開始後に，開発・設計段階に行われる2nd Look VEが開始されるが，1st Look VEと2nd Look VEを行うタイミングは一部重なる。

A　□□□　102　コスト・テーブルとは，加工方法や加工精度，あるいは材料の使用量や部品の生産量などに対応させて発生する原価を見積もり，それを図表にまとめたものである。

A　□□□　103　テアダウンは，自社の既存モデルの製品を分解して，その機能や原価を分析する手法である。

A　□□□　104　コスト・テーブルとテア・ダウン（tear down，製品分解分析）は，原価企画を支援する技法である。コスト・テーブルとは，原価見積りのためのデータベースのことである。テア・ダウンとは，ベンチマーキングの一種であり，リバース・エンジニアリングとも呼ばれる。

A　□□□　105　原価企画に関連する組織的側面の一つにサプライヤー関係がある。たとえば，貸与図メーカーと呼ばれるサプライヤーと共同で設計を行うデザイン・インの活動がある。自動車メーカーなどでは部品納入内示を行い，部品価格が低減できるよう改善提案・技術指導を行うこともある。

A　□□□　106　原価企画を支える諸要素の一つにバイヤー・サプライヤー関係がある。この取引関係でのサプライヤーには，承認図メーカーや貸与図メーカーがある。このうち貸与図メーカーとは，バイヤーの設計による仕様に従って部品を製造し納入するサプライヤーをいう。

A　□□□　107　原価改善は，量産後の原価低減の活動である。この原価改善には，製品別原価改善と期別・部門別原価改善の二つがある。製品別原価改善は，新製品の目標原価の未達部分の達成と優先順位の高い既存製品に対する原価低減活動をいう。期別・部門別原価改善は，予算管理の一環として各部門に目標利益改善額が示達され，その目標を達成するように日常的に行われる原価低減活動をいう。

99 【○】　　目標原価の決定の一例として正しい。　　Ⅱp.278　平成30年
　　　　　　　　　　　　　　　　　　　　　　　　　　　　　　　　　　第Ⅰ回

100 【○】　　　　　　　　　　　　　　　　　　　　　Ⅱp.277　平成30年
　　　　　　　　　　　　　　　　　　　　　　　　　　　　　　　　　　第Ⅱ回

101 【×】　　商品企画段階に行われる0 Look VEの開始後に，開発・設計段　Ⅱp.278　平成30年
階に行われる1st Look VEが開始される。　　　　　　　　　　　Ⅱp.279　第Ⅱ回

102 【○】　　　　　　　　　　　　　　　　　　　　　　　　　　　平成30年
　　　　　　　　　　　　　　　　　　　　　　　　　　　　　　　　　　第Ⅱ回

103 【×】　　テアダウンは，自社ではなく他社の既存モデルの製品を分解　Ⅱp.278　平成30年
して，その機能や原価を分析する手法である。　　　　　　　　　　　　第Ⅱ回

104 【○】　　　　　　　　　　　　　　　　　　　　　Ⅱp.278　平成31年
　　　　　　　　　　　　　　　　　　　　　　　　　　　　　　　　　　第Ⅰ回

105 【×】　　貸与図メーカーではなく承認図メーカーである。　　Ⅱp.281　平成31年
　　　　　　　　　　　　　　　　　　　　　　　　　　　　　　　　　　第Ⅰ回

106 【○】　　わが国における自動車や家電メーカーにおいては，一般的に　Ⅱp.281　令和4年
部品の外注比率が極端に高い状況 にある。結果的に，完成品　　　　　第Ⅰ回
メーカー自らは加工組立に専念し，製品を構成する部品の大部
分をサプライヤーから調達するシステムが構築された。このサ
プライヤーには，承認図メーカー（部品開発をサプライヤー自
身が実施し，完成品メーカーの承認を得て部品を製造する部品
メーカー）と貸与図メーカー（完成品メーカーが設計した仕様
に沿って部品を製造し，それを納入する部品メーカー）が存在
する。

107 【○】　　　　　　　　　　　　　　　　　　　　　Ⅱp.283　平成31年
　　　　　　　　　　　　　　　　　　　　　　　　　　　　　　　　　　第Ⅰ回

A　□□□　**108**　原価改善では，主に非会計的な手段によって製造段階での原価低減が行われている。したがって，原価改善の直接の対象は作業であり，IE分析手法などが使用される。作業要素ごとの所要時間を測定して分析する時間研究はIE分析に含まれる。VEは原価改善においても活用され，原価との関係から，製品やサービスの機能分析に組織的努力が注がれる。これをファースト・ルックVE（1st look VE）ともいう。

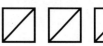

108 【×】　　ファースト・ルックＶＥではなく，セカンド・ルックＶＥで　　Ⅱp. 279　　平成31年
ある。　　　　　　　　　　　　　　　　　　　　　　　　　　　　　　　　　　　　第Ⅰ回

第7章

活動基準原価計算・活動基準原価管理

A　□□□　　1　ＡＢＣは，多品種少量生産から少品種大量生産へと生産方式が移行し，製造間接費を単一の基準で製品に負担させていた伝統的な原価計算の問題点の批判から開発された原価計算方法である。

A　□□□　　2　ＡＢＣとは，活動，資源，および原価計算対象の原価と業績を測定する方法論である。具体的には，原価計算対象（製品）による経営資源の消費量，活動の消費量を反映するように原価を集計する。

A　□□□　　3　ＡＢＣは，伝統的原価計算システムが内包する間接費配賦計算の問題点を克服する手段として登場した。その問題点とは，実際には手のかかる多品種少量生産品には少ない原価しか配賦されず，大量生産品には本来負担すべきでない余分の原価が配賦されてしまい，歪んだ製品原価が算定されてしまうという点である。

B　□□□　　4　伝統的原価計算システムでは「部門」を単位として原価を集計しているのに対して，ＡＢＣでは「活動」を単位として原価を集計する。ここでいう「活動」とは，既存の部門と1対1で対応するものである。

B　□□□　　5　コスト・プールとは，製造間接費に含まれる様々な原価要素をグループにまとめたものである。正確な製造間接費の配賦を行うためには，コスト・プールに均質的な原価要素を集計する必要がある。我が国の「原価計算基準」では，部門をコスト・プールとして用いるため，正確な配賦計算を行うことができない。

A　□□□　　6　伝統的な製品原価計算では，操業度を基準に製造間接費を製品に配賦するのに対し，ＡＢＣでは，機械運転時間などの操業度関連のコスト・ドライバーを用いることはない。

A　□□□　　7　間接費と固定費の両者はしばしば混同されることがある。その理由は間接費は，実際上，固定費であることが多いからであろう。しかし，間接費にも変動費があるし，直接費にも固定費がある。なぜなら，間接費は操業度との関連で区分された呼称であるのに対して，製品との関連で変動費と区分された固定費とは分類基準が異なるからである。

A　□□□　　8　一般的にいえば，労働集約的な産業で，多数の工員が作業しているような職場では，直接作業時間に基づくマン・レート法が配賦基準として選ばれる。また一般に，資本集約的な産業で多数の機械を使って生産が行なわれ，作業員がほとんどいないような職場では，機械時間に基づくマシン・レート法を配賦基準とするのがよいとされる。

A　□□□　　9　ＡＢＣの計算において，資源から活動，活動から製品（原価計算対象）に製造間接費を跡づけていく際に，それぞれの原価の割当ての基準は当然異なってくる。作用因は，資源作用因と活動作用因に区分される。ここで，活動作用因は，資源の原価を活動センターまたはコスト・プールに割り当てるために用いられる。

1 【×】　　ＡＢＣは，少品種大量生産から多品種少量生産へと生産方式が移行　　Ⅱp. 286
し，製造間接費を単一の基準で製品に負担させていた伝統的な原価計算
の問題点の批判から開発された原価計算方法である。

2 【○】　　資源→活動→原価計算対象の流れで集計する。　　Ⅱp. 286
　　　　　　　　　　　　　　　　　　　　　　　　　　　　　　　　　Ⅱp. 287

3 【○】　　実際には手のかかる多品種少量生産品には少ない原価しか配賦され　　Ⅱp. 286
ず，大量生産品には本来負担すべきでない余分の原価が配賦されてしま
うことは内部相互補助と呼ばれる。

4 【×】　　伝統的原価計算システムでは「部門」を単位として原価を集計してい　　Ⅱp. 287
るのに対して，ＡＢＣでは「活動」を単位として原価を集計する。
　　この「活動」とは，既存の部門と必ずしも1対1で対応していない。
「部門」とは組織的構造を表すものであるが，「活動」とは機能を表す
ものであり，1つの部門が複数の活動を行うこともあれば，複数の部門
が協力して1つの活動を行うこともある。

5 【×】　　製造間接費の大半が製品単位レベルの活動費のような操業度と関連の　　Ⅱp. 286　平成30年
ある費目から構成されている場合，従来の伝統的な配賦法によっても，　　Ⅱp. 287　　第Ⅱ回
正確な配賦計算を行うことができる。（「基準」一六参照）　　Ⅱp. 288

6 【×】　　ＡＢＣにおいても製品単位レベルの原価は，機械運転時間などの操業　　Ⅱp. 288　令和4年
度関連のコスト・ドライバーを用いることがある。　　　　　　　　　　　　　第Ⅰ回

7 【×】　　間接費は<u>製品との関連</u>で区分された呼称である。一方,変動費と固定　　Ⅰp. 31
費は<u>操業度との関連</u>で区分された呼称である。　　　　　　　　　　　Ⅰp. 32
　　　　　　　　　　　　　　　　　　　　　　　　　　　　　　　　　Ⅰp. 33
　　　　　　　　　　　　　　　　　　　　　　　　　　　　　　　　　Ⅰp. 34

8 【○】　　マン・レート法とは，直接作業時間を配賦基準として使った場合の配
賦法であり，直接作業時間法という。また，マシン・レート法とは，機
械時間を配賦基準として使った場合の配賦法である。

9 【×】　　資源作用因は，資源の原価を活動センターまたはコスト・プールに割　　Ⅱp. 287
り当てるために用いられる。

A　□□□　10　ＡＢＣでは，全てのコストに適切な資源ドライバー（資源作用因）や活動ドライバー（活動作用因）を見出すことができる。

A　□□□　11　コスト・プールは，製造間接費を製品別に配賦する前にいったん集計する対象である。ＡＢＣではアクティビティがコスト・プールになる。

A　□□□　12　ＡＢＣによれば製品の正確な収益性が判明するため，既存事業の取捨選択に資する有効な資料の入手が可能となる。従って，効果的なリストラクチャリングへの情報提供のツールとなり得るのである。

A　□□□　13　ＡＢＣにおいて活動として認識する対象は幅広く，製造に関する活動全般に対して適用可能であるが，サービスや販売に関する活動にまで適用することは難しいとされている。

A　□□□　14　ＡＢＣは，伝統的原価計算より正確な製品原価計算が可能となるが，ＡＢＣ導入時には，活動の把握，活動分析などが必要となり，時間とコストがかかる。

B　□□□　15　ＡＢＣにおける活動ドライバーにはさまざまなものがあるが，そのコスト発生との対応の正確さに応じて，取引ドライバー，所要時間ドライバー，強度ドライバーの3つに大別できる。このうち取引ドライバーによれば，より正確なコスト配賦が可能となるが，同時に測定の煩雑さも増加する。

A　□□□　16　ＡＢＣの導入によって正確な製品原価の計算が可能となり，そのことによって正確な意思決定が可能となることによるベネフィットが，導入のコストを上回らないと導入のメリットはないことになる。

A　□□□　17　ＡＢＣにおけるコスト階層とは，総原価を，単位レベルコスト，バッチ・レベルコスト，製品支援レベルコスト，工場支援レベルコスト，の4つに分類したものである。単位レベルから工場支援レベルに進むにつれ，活動コストと活動ドライバーとの因果関係が強くなり，配賦の恣意性も強くなる。

A　□□□　18　単位レベルコストとは，製品やサービス1単位ごとに行われる活動によって発生するコストである。

10 【×】　ＡＢＣでは，全てのコストに適切な資源ドライバー（資源作用因）や活動ドライバー（活動作用因）を見出せるとは限らない。あるコストについては，裁量的な数字を使って部門や製品に配賦しなければならない。　Ⅱp.288

11 【○】　ＡＢＣでは，製造間接費を部門にではなく活動を基準としてコスト・プールに集計する。　Ⅱp.286 Ⅱp.287 Ⅱp.288

12 【○】　リストラクチャリング（restructuring：事業再構築）とは，経営効率を高めるために経営資源の配分の大幅な見直しを行い，その最適化を図る手法をいう。具体的には，不採算事業の縮小・撤退や収益性の高い既存事業への資源集中，あるいは新規事業への進出といった形態をとる。　Ⅱp.292

13 【×】　ＡＢＣにおいて活動として認識する対象は幅広く，製造に関する活動以外にも，例えば，サービスや販売に関する活動にも適用できる。このことは，ＡＢＣは製造業に限らず，サービス業や小売・棚卸業などにも適用可能であることを示している。

14 【○】

15 【×】　強度ドライバーによれば，より正確なコスト配賦が可能となるが，同時に測定の煩雑さも増加する。
　なお，取引ドライバーとは，発注件数，段取回数，検査回数など，回数・件数を活動ドライバーとするものである。5分で終わる発注も1時間かかる発注も同じ1件として扱うのであまり正確ではない。取引ドライバーは最も手間のかからない方法である。
　所要時間ドライバーとは，段取時間，検査時間など，消費する所要時間を活動ドライバーとするものである。取引ドライバーよりは正確であるが，例えば熟練者も未熟練者も同じ一人として扱ってしまうという問題がある。
　強度ドライバーとは，所要時間に加えて，活動の能率や熟練度も考慮して活動ドライバーとする。労働者によってそれぞれ異なる能率や熟練度を考慮するので，最も正確であるが，極めてコストのかかる方法である。

16 【○】　ＡＢＣの導入にあたってはコストベネフィットを考慮する必要がある。　Ⅰp.82 Ⅰp.83
　なお，製造間接費の配賦基準選択時の留意点についても，テキストにて確認されたい。

17 【×】　単位レベルから工場支援レベルに進むにつれ，活動コストと活動ドライバーとの因果関係が<u>弱くなり</u>，配賦の恣意性も強くなる。　Ⅱp.288

18 【○】　Ⅱp.288

A　□□□　19　直接材料費や直接労務費は単位レベルコストには含まれない。

A　□□□　20　バッチ・レベルコストとは，製品やサービスのひとまとまりの単位ごとに行われる活動によって発生するコストである。

A　□□□　21　段取費，発注費，運搬費はバッチ・レベルコストであることが多いが，研究開発費，マーケティング費用は製品支援レベルコストであることが多い。

A　□□□　22　ＡＢＣでは，活動の階層性に注目し，活動を①製品単位レベルの活動，②バッチ・レベルの活動，③製品支援活動，④工場支援活動に区分する。このうち，②バッチ・レベルの活動とは，一回の購入や生産等バッチごとに実施される活動である。

A　□□□　23　ABC では，製品単位レベル活動およびバッチレベル活動に関する原価をできるだけ賦課に近い形で製品群などに割り当てるが，製品支援レベル活動で消費された原価についても，こうした手法を採ることが可能である。

A　□□□　24　製品支援レベルコストとは，特定の製品生産を維持するために行われる活動によって発生するコストである。製品ではなくサービスの場合は，サービス支援コストとも言う。

A　□□□　25　工場支援レベルコストとは，個別の製品やサービスに跡付けることができ，組織全体を維持するために行われる活動によって発生するコストである。

B　□□□　26　工場支援レベルコストは，適当な因果関係を持つ活動ドライバーを見出すことが困難であるため，各製品に配賦せず営業利益からそのまま控除するしかない。

19 【×】　直接材料費や直接労務費も，製品やサービス1単位ごとに行われる活動によって発生するコストであり，単位レベルコストに含まれる。　Ⅱp.288

20 【○】　Ⅱp.288

21 【○】　Ⅱp.288

22 【○】　（1）製品単位レベルの活動（unit level activities）　Ⅱp.288　令和4年第Ⅰ回
製品単位レベルでは，活動は1単位の製品が生産されるごとに行われる。例えば，直接工の作業，機械の運転，材料消費，エネルギーの消費などである。これらの原価は操業度に関連して発生する，いわゆる変動費である。
（2）バッチ・レベルの活動（batch level activities）
バッチ・レベルでは，活動はバッチ生産ごとに行われる。例えば，段取，マテハン（材料，資材の社内移動），発注処理，品質管理などである。これらの原価は，バッチ処理の回数によって変化する。
（3）製品支援レベルの活動（product-sustaining level activities）
製品支援レベルでは，異なるタイプの製品が生産または販売されるごとに活動が行われる。例えば，製品の仕様書作成，工程管理，技術上の変更，製品機能の強化などである。これらの原価を個々の製品に跡付けることは可能である。しかし，バッチ回数などとは関係なく，仕様書数や工程数で跡付けることとなる。
（4）工場支援レベルの活動（facility-sustaining level activities）
工場支援レベルでは，活動は工場の生産設備や管理に関連して行われる。例えば，工場長の仕事，建物の保守，工場の安全対策，工場経理などである。これらの原価は異なる製品に対して共通して発生する。したがって，特定製品に跡付けることが困難である。

23 【○】　Ⅱp.288　令和5年第Ⅰ回

24 【○】　例えば，製品の設計活動に関するコスト（設計費）は製品支援レベルコストであり，活動ドライバーには製品の部品数や設計時間などが使われる。　Ⅱp.288

25 【×】　工場支援レベルコストは，個別の製品やサービスに跡付けることが不可能である。後半部分は正しい。　Ⅱp.288

26 【×】　工場支援レベルコストは，適当な因果関係を持つ活動ドライバーを見出すことが困難であるが，便宜的に直接作業時間などを活動ドライバーとして製品に配賦することもある。　Ⅱp.288

B　□□□　27　ＡＢＣは原価計算制度として実施するよりも，商品戦略を検討するための分析手法として実施されることが多いと考えられている。

B　□□□　28　ＡＢＣによる製品原価計算は，どの顧客の収益性が最も高いかを分析する顧客別収益性分析に拡張することができる。

A　□□□　29　ＡＢＣとＡＢＭはともに活動に焦点を当て，活動ごとに原価を発生させる原因（原価作用因）を分析する。しかし両者の違いは，ＡＢＣが経営管理技法であるのに対し，ＡＢＭが製品原価算定技法である点で相違する。

A　□□□　30　ＡＢＭは「顧客によって受け取られる価値及びこの価値を提供することによって達成される企業の利益を改善するための方法として，活動の管理に焦点を置く方法」とも定義されている。

B　□□□　31　ＡＢＣとＡＢＭとでは目的が違うため，同一の活動であってもＡＢＣのコスト・ドライバーとＡＢＭのコスト・ドライバーは異なることがある。

A　□□□　32　ＡＢＣは，収益性分析を通じてリエンジニアリングに役立つ。一方，ＡＢＭは，プロセス改善を通じてリストラクチャリングの一環となる。

A　□□□　33　ＡＢＭの目標は，プロセス変革を通じてスピードの経済を達成するとともに，無駄，重複，不安定性を取り除くことで経営の効率化を図り，もって効果性重視の経営に資することにある。

A　□□□　34　標準原価計算による原価管理は業務プロセスを所与とし，そのプロセスを実行する能率を改善するために行われるが，ＡＢＭによる改善活動は業務プロセスそれ自体の改善が目的である。

B　□□□　35　ＡＢＭの適用例として，業務の効率性を高め，資産を有効に利用し，原価低減を行う業務的なＡＢＭと，活動それ自体を見直しあるいは変更することにより，収益性の改善や活動の効率性を図る戦略的なＡＢＭがある。

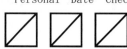

27 【○】　商品の正確な収益性を分析することで，どの商品にどれだけ資源を投入するか等を検討する。

28 【○】　ＡＢＣによる製品原価計算は，どの顧客の収益性が最も高いかを分析する顧客別収益性分析に拡張することができる。その結果，収益性の高い顧客に対してより良いサービス提供が可能となり，顧客に対するサービスを提供するコストにもとづいた適正な価格の設定が可能となる。　　Ⅱp. 292

29 【×】　<u>ＡＢＣ</u>が製造間接費の製品への原価割り当ての精緻化を指向した<u>製品原価算定技法</u>であるのに対して，<u>ＡＢＭ</u>が，業務活動の改善と業績測定のためにＡＢＣ情報を活用して，プロセス改善を通じた<u>経営管理技法</u>である。　　Ⅱp. 294

30 【○】　　　Ⅱp. 293
　　　　　　Ⅱp. 294

31 【○】　例えば，材料運搬活動に関して原価算定を目的とするＡＢＣでは運搬時間がコスト・ドライバーとして設定され，改善活動を通じた原価低減を目的とするＡＢＭでは運搬した距離がコスト・ドライバーとして設定されることもある。

32 【×】　ＡＢＣは，収益性分析を通じて<u>リストラクチャリング</u>に役立つ。一方，ＡＢＭは，プロセス改善を通じて<u>リエンジニアリング</u>の一環となる。　　Ⅱp. 292
　　　　　　Ⅱp. 293
　　　　　　Ⅱp. 294

33 【○】　プロセスの変革とは，例えば納期の短縮化，商品開発時間の短縮化をいう。また，スピードの経済とは，情報を活用し，活動のスピードを上げることによってもたらされる効果のことである。具体的には，資本回転率の上昇によって投資効率が上がることや，スピード自体による他社との差別化，在庫に関わるロスの削減といったことが挙げられる。　　Ⅱp. 293

34 【○】　ＡＢＭによる改善活動は業務プロセスそれ自体の改善（無駄な活動の排除，重複した活動の排除，顧客の価値向上に効果的な活動の実施，など）が目的である。　　Ⅱp. 293

35 【○】　ＡＢＭでは，業務的なＡＢＭと戦略的なＡＢＭという分類がなされている。業務的なＡＢＭとは，業務の効率性を高め，資産を有効に利用し，原価低減を行うものである。戦略的なＡＢＭとは，活動それ自体を見直しあるいは変更することにより，収益性の改善や活動の効率性の改善を図るものである。

B 　□□□　**36**　ＡＢＭにおけるコスト削減・プロセス改善活動は，3つに区分するのであれば活動分析，コスト分析，コスト・ドライバー分析の3ステップにより実行される。

A 　□□□　**37**　ＡＢＭによるプロセス改善は，企業活動を顧客の視点から付加価値活動と非付加価値活動に区分する活動分析と，それらの活動量を決定する要因を識別するコスト・ドライバー分析の2 つの分析のみから構成される。

B 　□□□　**38**　ＡＢＭにおける活動分析の1つに，付加価値を生まない活動（非付加価値活動）の識別が挙げられる。

B 　□□□　**39**　ＡＢＭにおけるコスト・ドライバー分析とは，付加価値を生み出す活動や効率的な活動に注目し，その原因を識別することである。

B 　□□□　**40**　ＡＢＭにおける業績分析は，実行した活動と，その活動によって得られた成果とを分析することである。

36 【×】　ＡＢＭにおけるコスト削減・プロセス改善活動は，3つに区分するの　Ⅱp.294
であれば，活動分析，コスト・ドライバー分析（原価作用因分析，業務
コスト・ドライバー分析），業績分析（業務改善のための業績測定）の
3ステップにより実行される。
　　　　ここで，活動分析は，付加価値活動と非付加価値活動の識別・重要な
活動のランク付けを行うものであり，業務コスト・ドライバー分析は，
活動の原因を分析し，それに対し対策を講じるものであり，業績分析
は，活動が効率的に実施されているかどうかを何らかの尺度により測定
し，目標値と実績値を比較するものである。

37 【×】　ＡＢＭによるプロセス改善は，活動分析と（業務）コスト・ドライ　Ⅱp.294　令和4年
バー分析と業績分析の3つの分析からなる。　　　　　　　　　　　　　　　　　第Ⅰ回
　　　ＡＢＭによる活動原価の低減

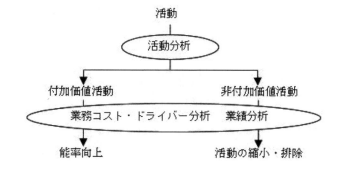

活動分析…付加価値活動と非付加価値活動の識別，重要な活動のランク
を付ける。
業務コスト・ドライバー分析（原価作用因分析）…活動の原因を分析
し，それに対し対策を講じる。
業績分析（業績測定）…活動が効率的に実施されているかを測定し，目
標値と実績値を比較する。

38 【〇】　その他，ＡＢＭにおける活動分析には，重要な活動の分析，活動のベ　Ⅱp.278
ンチマーキングなどが挙げられる。なお、ベンチマーキングとは、業界　Ⅱp.294
のベスト・プラクティス（最善の業務）を探ってその達成を目指すこと
である。

39 【×】　ＡＢＭにおけるコスト・ドライバー分析とは，付加価値を生まない活　Ⅱp.294
動や不効率な活動に注目し，その原因を識別することである。活動分析
によって，業務プロセスの中に無駄があることを認識するだけでは，無
駄は無くならない。無駄の原因を識別し，それが果たしている役割を検
討することが重要になる。

40 【〇】　活動コストや活動時間などについて，実績とベンチマークを比較し，　Ⅱp.294
業務プロセスなどの改善活動に活用するのである。

A □□□ **41**　ＡＢＭとは，企業が行う活動を精査し，顧客にとって価値を付加しない活動であればそれの排除を図り，また，価値を付加する活動であればそれを効率的に行えるように，業務プロセスを改善する活動である。

A □□□ **42**　ＡＢＭでは，活動を分析し顧客に対する価値を生み出す付加価値活動と価値を生み出さない非付加価値活動を識別する。付加価値活動は効率化し，非付加価値活動は削除(場合によっては削減)することを目指していく。

A □□□ **43**　ABM において，顧客にとって無駄な非付加価値活動を除去すれば，当該非付加価値活動のために投入された経営資源の原価をすべて削減することができる。

A □□□ **44**　活動基準管理では，識別された非付加価値活動について，その活動が不必要な場合は除去し，又は縮小できるように改善する。

A □□□ **45**　付加価値活動とは，株主に対して付加価値を生み出し，企業価値を増大させる活動である。一方，非付加価値活動とは，性能や品質といった製品価値を減らすことなく除去もしくは減少できる活動のことである。

A □□□ **46**　活動基準管理が成功するか否かは，設定する活動の精粗にかかっている。もし，粗く設定すれば，活動基準管理では異なる種類の活動が混じり合い，改善すべき活動が不明確になってしまう。したがって，活動分析によってできるだけ経営プロセスを精緻に細分する必要がある。

A □□□ **47**　ＡＢＣでは原価をアクティビティ別に計算するので，変動費の計算精度が高まり，原価をより正確に計算することが可能となる。

A □□□ **48**　伝統的原価計算では原価を部門別に大くくりに集計するが，これに対し，ＡＢＣは原価をアクティビティ別に集計する計算システムであり，集計するアクティビティの数が多いほど良いシステムである。

A □□□ **49**　ＡＢＣは間接費のみを集計する計算システムであり，直接費はＡＢＣでは計算されない。

A □□□ **50**　ＡＢＣの効果が大きいと思われる産業や企業は，製造原価のうち，直接労務費のウエイトが小さく，キャパシティ関連コスト，製造支援コストなど間接費のウエイトが大きい。

A □□□ **51**　ＡＢＣは，顧客満足を高めたり収益性を改善するために，価格決定，製品ミックスの変更，プロセスの組み換えなどの意思決定に利用することができる。

41 【○】　このような業務プロセス改善活動を通じて，中長期の期間に渡って原価低減が達成される。　　Ⅱp.293

42 【○】　ＡＢＭの手続：①ＡＢＣ情報をもとに企業の諸活動を分析する。②活動を付加価値活動と非付加価値活動とに識別する。③非付加価値活動を排除し，付加価値活動の効率化を図る。④効率化の達成度を測定・分析する。　　Ⅱp.293

43 【×】　原価をすべて削減することはできない。　　令和5年第Ⅰ回

44 【○】　　Ⅱp.293

45 【×】　付加価値活動とは，<u>顧客に対して</u>付加価値を生み出す活動である。　　Ⅱp.293

46 【×】　活動分析によって経営プロセスをあまりに精緻に細分すれば，有益な情報が得られるにしても，計算それ自体にかかる手数と費用が莫大になってしまう。したがって，活動の精粗についての費用と便益の均衡点を探さねばならない。

47 【×】　ＡＢＣでは原価をアクティビティ別に分類するが，計算の精度が高まる原価は間接費である。　　Ⅱp.286　平成15年

48 【×】　集計するアクティビティの数が多ければ，製品原価の計算のうち間接費の集計は精緻化されるが，この場合，アクティビティコストを計算するためのコスト・ドライバーをいたずらに増加させることになり，計算コストがベネフィットを上回ることもあるため必ずしも良いシステムとなるわけではない。　　平成15年

49 【×】　ＡＢＣは間接費を精緻に計算する方法であるが，ＡＢＣにおいても製品原価の計算にあたっては直接費も含めて行われることがある。　　平成15年

50 【○】　　Ⅱp.288　平成15年

51 【○】　　Ⅱp.292　平成15年

A □□□　52　ＡＢＣでは原価をアクティビティ別に測定するが，大きな組織ではアクティビティの種類が多く計算コストが高くなるので，経常的な原価計算には利用できない。

B □□□　53　伝統的な原価計算では，大ロットで生産される標準製品は，小ロットで生産される非標準的製品に比べて，実際より低めに原価が計算される。この現象は，活動基準原価計算の採用により改善されると期待されている。

A □□□　54　ＡＢＣは，伝統的原価計算における製造間接費の配賦計算の問題を克服するために導入された。ここでいう製造間接費の配賦計算の問題とは，伝統的原価計算では，製造間接費が，小ロット・少量生産の非標準製品よりも，大ロット・大量生産の標準製品に対して過少に配賦されるという問題である。

A □□□　55　ＡＢＣでは，「資源が活動を消費し，原価計算対象（製品）が活動を消費する。」という基本思考のもとに，活動に計算過程の焦点を合わせ，間接費を集計する。

A □□□　56　ＡＢＭ(活動基準管理)とは，ＡＢＣにより提供される情報を，プロセス改善等の経営管理に活用する手法である。

A □□□　57　ＡＢＣでは，生産量の多い製品ほど，多くの原価が配賦されることになる。

A □□□　58　操業度に関連した配賦基準に基づく伝統的な原価計算と，活動基準原価計算では，配賦計算の方法において何ら共通点は見出せない。

A □□□　59　活動基準原価計算は，特殊原価調査として行うこともできるが，経常的な計算システムのなかに組み込んで行うこともできる。経常的な計算システムに組み込む場合には，活動についての情報を常時収集できる仕組みが必要である。

A □□□　60　活動基準原価計算においては，伝統的な原価計算とは異なり，コストを部門ではなく活動に集計する仕組みである。活動のコスト・プールは，部門横断的に設けられることもある。しかしながら，活動基準原価計算においては，活動を抽出する出発点として部門を利用する場合もあり，活動基準原価計算において部門がまったく意味をもたなくなるとはいえない。

A □□□　61　活動基準原価計算においては，活動のコストを製品に割り当てることも重要であるが，各資源を各活動に割り当てることも重要である。例えば，ある人が複数の活動に従事しているならば，その人の給料は複数の活動に配分されなければならない。資源を活動に割り当てるドライバーのことを活動ドライバーとよぶ。

52 【×】　　　大きな組織ではアクティビティコストの種類が多く計算コストが高く　　　平成15年
なるが，ＡＢＣの経常的な導入は，一般的に情報技術（ＩＴ）の活用を前
提としている。経常的な原価計算に利用できるか否かはアクティビティ
の種類の多少ではなく，情報技術の要素に依存する。

53 【×】　　　製造間接費の配賦において，伝統的な原価計算では活動の複雑性では　　Ⅱp. 286　平成18年
なく，直接作業時間等の操業度を基準として配賦されるので，小ロット
で手間の掛かる非標準品よりも標準品のほうが実際には高めにコストが
計算される。

54 【×】　　　大ロット・大量生産の標準製品に対して<u>過大</u>に配賦されるという問題　　Ⅱp. 286　令和5年
である。　　　　　　　　　　　　　　　　　　　　　　　　　　　　　　　　　　　第Ⅰ回

55 【×】　　　ＡＢＣでは，「<u>活動が資源を消費し</u>，原価計算対象（製品）が活動を　　Ⅱp. 287
消費する。」となる。

56 【○】　　　　　　　　　　　　　　　　　　　　　　　　　　　　　　　　　　　　　Ⅱp. 293

57 【×】　　　ＡＢＣでは活動に原価を集計し，製品には消費した活動量に基づいて　　Ⅱp. 286
原価が配賦されるため，原価の配賦計算が精緻化され，製品原価がより
正確に計算される。よって，生産量の多い製品ほど，多くの原価が配賦
されるわけではない。

58 【×】　　　製品に跡付けるために製造間接費の配賦計算が行われる点では共通で
ある。つまり原価を集計し，何らかの配賦基準（原価作用因）で配賦す
る点では共通である。

59 【○】　　　　　　　　　　　　　　　　　　　　　　　　　　　　　　　　　　　　　平成18年

60 【○】　　　　　　　　　　　　　　　　　　　　　　　　　　　　　　　　　　　　　平成18年

61 【×】　　　資源を活動に割り当てるドライバーは，活動ドライバーではなく資源　　Ⅱp. 287　平成18年
ドライバーである。資源ドライバーは，どの活動がどの資源をどのくら
い消費したのかを表す。

A　□□□　62　ＡＢＣによる製品原価計算では，資源のコストを活動に割り当て，活動のコストを製品に割り当てる。ここで，資源のコストを活動に割り当てる配賦基準のことを資源ドライバーという。

A　□□□　63　伝統的な原価計算においては，補助部門費の製造部門への配賦には操業度関連以外の配賦基準が使われているが，製造部門から製品への配賦については操業度関連の配賦基準が使われるのが普通である。しかし，活動基準原価計算においては，操業度関連以外の配賦基準が，製品への配賦の際にも使われる。

A　□□□　64　活動基準原価計算において，活動ごとにコストを集計する際には，製造間接費の費目ごとに活動に対して配賦する必要が生じることがある。

A　□□□　65　活動基準原価計算においては，第一に活動ごとにコストを集計するのであり，伝統的原価計算のように部門別のコスト集計が行われることはない。

B　□□□　66　活動基準原価計算は，複数の品種の製品間で原価を配分する計算方法であるので，製品別に配分された原価を，さらに完成品と仕掛品に分けるには単純総合原価計算または指図書別原価計算が必要である。

A　□□□　67　施設維持コスト・ドライバー(facility-sustaining cost driver)は，製品と直接関係を持たないコスト・ドライバーなので，どのような目的に対してもこれを用いた活動原価の配分は望ましくない。

C　□□□　68　ＡＢＣは，実際に消費された資源を活動に集計し，活動に集計された資源を活動の消費量などに基づいて原価計算対象に集計するが，ＡＢＢでは，予算編成時に原価計算対象が必要とする活動を見積もり，その活動が必要とする資源を推定する形，すなわちＡＢＣとちょうど反対の流れが想定されている。

A　□□□　69　ＡＢＣは，活動に焦点を当てて原価計算対象に間接費を集計する原価計算の手法であるが，ＡＢＭは，顧客によって受け取られる価値，およびその価値を提供することによって獲得される利益を改善するための方法として，活動に焦点を当てるマネジメント手法である。

A　□□□　70　ＡＢＭの目的を達成するために，最終的には付加価値活動の効率化と，非付加価値活動の削除を含めたプロセスの再構築などが行われる。

A　□□□　71　ＡＢＣは，製品別収益性を測定し，製品ミックスの決定等の製品戦略に有用な情報を提供するために考案されたものである。

B　□□□　72　ＡＢＣにおいては，製品単位レベルの活動およびバッチレベルの活動に関する原価をできるだけ賦課に近い形で製品群などに割り当てていく方法であるが，製品支援活動および工場維持活動に消費された原価については，こうした手続きをとることは困難である。

62 【○】 Ⅱp. 286　令和5年
　　　　　　Ⅱp. 287　第Ⅰ回

63 【○】 Ⅱp. 286　平成19年
　　　　　　Ⅱp. 287

64 【○】 Ⅱp. 287　平成19年

65 【×】　　活動基準原価計算においても，伝統的原価計算のように部門別のコスト集計が行われることがある。 平成19年

66 【○】 平成19年

67 【×】　　財務諸表作成等のために製品原価を算定する必要がある場合等，たとえ製品と直接関連を持たない施設維持（工場支援）コスト・ドライバーのようなコスト・ドライバーであっても用いなければならない場合がある。 Ⅱp. 288　平成19年

68 【○】 Ⅱp. 295　平成20年

69 【○】 Ⅱp. 293　平成20年
　　　　　　Ⅱp. 294

70 【○】 Ⅱp. 293　平成20年

71 【○】 Ⅱp. 292　平成20年

72 【×】　　ＡＢＣにおいては製品支援活動原価等もこうした手続きを行う。 Ⅱp. 288　平成20年

A　□□□　**73**　ABMにおいて活動原価の削減を行うまでのプロセスとしては，活動分析，コスト分析および業績分析がある。

A　□□□　**74**　ABCは，間接費の配賦システムとして，原価割当の視点を重視するのに対して，ABMは，（　　）の視点を重視する。

A　□□□　**75**　ABMにおける活動分析のもっとも重要な検討事項の一つは，（　　）活動を識別することである。

B　□□□　**76**　原価割当の視点では，資源を活動に割り当てるためのドライバーと，活動原価を原価計算対象に割り当てる（　　）ドライバーの2つのドライバーが用いられる。

B　□□□　**77**　以下の記述においてABC／ABMの手法が中心的な役割を果たす場合には○，果たさない場合には×とする。
特注品の受注業務について，ライバル企業との入札の競争で受注が取れないことが続いている。受注が取れても，収益に貢献しているかどうかよくわからない。有利な受注を増やすために，原価見積が正しいかどうかを知りたい。

B　□□□　**78**　以下の記述においてABC／ABMの手法が中心的な役割を果たす場合には○，果たさない場合には×とする。
製品の設計業務について，市場性のある価格を実現するための設計をしようとしても，設計エンジニアが現状の設計が他社製品に比べてどれだけうまく設計されているかがわからない。そのため，設計に当たって他社の設計とコストを知って設計のアイデアを出せるように改善したい。

B　□□□　**79**　以下の記述においてABC／ABMの手法が中心的な役割を果たす場合には○，果たさない場合には×とする。
製品の設計業務について，設計の手直しなどで全体の業務が遅延し，コストアップになる実態が生じている。製品構成の改善のため，どの製品がどれだけのコストアップをもたらしているのか知りたい。

C　□□□　**80**　以下の記述においてABC／ABMの手法が中心的な役割を果たす場合には○，果たさない場合には×とする。
製造業務について，製造リードタイムが長くなり，納期遅れによるクレームが増えている。そこで，各工程における仕掛在庫数量を調査し，遅れの原因となっている工程を発見して生産能力を増強して納期遅れを改善したい。

B　□□□　**81**　以下の記述においてABC／ABMの手法が中心的な役割を果たす場合には○，果たさない場合には×とする。
顧客管理業務について，顧客関係を維持改善し，顧客への新製品情報の提供や売上代金請求手続きなどのサービスの差別化を図るため，これまで大量に購入してくれている売上高の大きい得意先が，当社に利益をもたらしてくれる収益性が高い顧客かどうかを知りたい。

73 【×】　　ＡＢＭの重要課題は，活動分析，コスト・ドライバー分析，業績分析　Ⅱp.294　平成20年
である。

74　　　　ＡＢＣは，間接費の配賦システムとして，原価割当の視点を重視する　Ⅱp.294　平成21年
のに対して，ＡＢＭは，（**プロセス**）の視点を重視する。

75　　　　ＡＢＭにおける活動分析のもっとも重要な検討事項の一つは，（**非付**　Ⅱp.293　平成21年
加価値）活動を識別することである。

76　　　　原価割当の視点では，資源を活動に割り当てるためのドライバーと，　Ⅱp.287　平成21年
活動原価を原価計算対象に割り当てる（**活動**）ドライバーの2つのドラ
イバーが用いられる。

77 【○】　　ＡＢＣにれば活動を媒介として原価を製品に集計するため，特注品の　Ⅱp.292　平成22年
ような手間がかかる少量生産品の原価見積を正しく行うことが可能とな　　　　　　第Ⅰ回
る。

78 【×】　　ＡＢＣ／ＡＢＭは中心的な役割を果たさない。リバース・エンジニア　Ⅱp.278　平成22年
リング（ティアダウン）が中心的な役割を果たす。　　　　　　　　　　　　　　　第Ⅰ回

79 【○】　　ＡＢＣによれば設計時間を製品別に認識し，これに基づき設計業務に　Ⅱp.292　平成22年
かかるコストを製品に配賦することができるため，どの製品がどれだけ　　　　　　第Ⅰ回
のコストアップをもたらしているのか知ることができる。

80 【×】　　ＡＢＣ／ＡＢＭは中心的な役割を果たさない。ＴＯＣ（制約理論）が　Ⅱp.334　平成22年
中心的な役割を果たす。ＴＯＣ（制約理論）は現行の試験範囲に含まれ　　　　　　第Ⅰ回
ていない。

81 【○】　　ＡＢＣにより顧客別収益性分析を行うべきである。つまり，各得意先　　　　　　平成22年
が当社の資源をどの程度消費しているか，換言すれば，どの得意先にど　　　　　　第Ⅰ回
の程度手間がかかっているのかを可視化すべきである。たとえ売上高の
大きい得意先であっても，物流費や販売費などが多額に発生していれば
収益性は低くなるためである。

A　□□□　82　ＡＢＣにおいては，資源の利用又は消費に関係する原価を，資源の利用量又は消費量と実行された活動に基づいて，製品やサービス等の原価計算対象に割り当てる。

A　□□□　83　ＡＢＣにおいては，2段階計算として，製造間接費を活動に対して活動ドライバーに基づいて集計し，さらに，活動に集計された製造間接費をコスト・ドライバーに基づいて製品に配賦する。

A　□□□　84　ＡＢＣでは，まず，発生した製造間接費を資源ドライバーによって活動というコスト・プールに割り当てる。次に，各活動に集計された原価を活動ドライバーによって原価計算対象に割り当てる。

A　□□□　85　伝統的原価計算においては，製品の製造ロットに対して発生する段取替え等の原価について，各製造部門に集計し，操業度を用いて各製品に配賦する結果，少量生産品に製造間接費が少なく配賦されることがあり，多品種少量生産品の原価計算に適合しないことがある。

A　□□□　86　補助部門としての設計部門が製品に対して直接サービスを提供している場合，ＡＢＣでは設計部門の当該サービス提供の原価を活動に基づいて製品に割り当てるのに対して，我が国の「原価計算基準」では当該原価を部門別計算により製造部門に対して配賦することが求められ，製品に直接配賦することは認められていない。

A　□□□　87　ＡＢＣでは，まず各製品の製造に必要な活動を活動ドライバーに基づいて見積もり，次に必要な活動を行うために消費すべき資源の量を資源ドライバーに基づいて算定する。

82 【○】　　　　　　　　　　　　　　　　　　　　　　　　　　　　Ⅱp.287　平成29年
　　　　　　　　　　　　　　　　　　　　　　　　　　　　　　　　Ⅱp.294　　第Ⅰ回

83 【×】　製造間接費を活動に対して資源ドライバーに基づいて集計する。　Ⅱp.286　平成29年
　　　　　　　　　　　　　　　　　　　　　　　　　　　　　　　　Ⅱp.287　　第Ⅰ回
　　　　　　　　　　　　　　　　　　　　　　　　　　　　　　　　Ⅱp.294

84 【○】　　ＡＢＣでは，「活動が資源を消費し，原価計算対象（製品）が活動を　Ⅱp.287　令和4年
消費する」という基本思考のもとに，活動に計算過程の焦点を合わせ，　　　　第Ⅰ回
間接費を集計する。ＡＢＣの計算機構の特徴は，1. 伝統的配賦法にお
ける補助部門から製造部門への配賦計算の排除と，それにかわる活動セ
ンターとコストプールの設置，2. 操業度関連の配賦基準だけではな
い，活動基準の原価作用因（活動作用因）の利用，3. 伝統的配賦法に
比した計算の精緻化の三つにまとめられる。

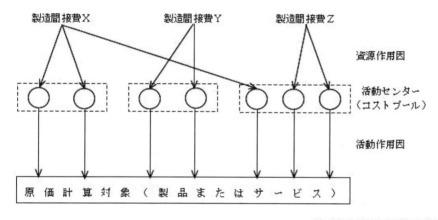

出典：櫻井通晴著『新版間接費の管理』1998年 中央経済社 P.49

85 【○】　　　　　　　　　　　　　　　　　　　　　　　　　　　　Ⅱp.286　平成29年
　　　　　　　　　　　　　　　　　　　　　　　　　　　　　　　　　　　　第Ⅰ回

86 【×】　　一部の補助部門費は，必要ある場合には，これを製造部門に配賦しな　　平成29年
いで直接に製品に配賦することができる。いわゆる一般費である（「基　　　　第Ⅰ回
準」一七，一八（2））。

87 【×】　　ＡＢＣでは，まず必要な活動を行うために消費すべき資源の量を資源　Ⅱp.287　平成31年
ドライバーに基づいて按分し，次に各製品の製造に必要な活動を活動ド　　　　第Ⅰ回
ライバーに基づいて製品に按分する。

A　□□□　88　ＡＢＣにおける活動は，製品単位レベルの活動，バッチレベルの活動，製品支援活動および工場維持活動の四つの階層に分類される。このうち製品支援活動とは，製品の生産活動を行う企業全体を維持するために必要な活動である。

A　□□□　89　ＡＢＣは，製品が多様化し大量生産品と多品種少量生産品が混在する状況において，製造間接費の構造に変化が生じ，製造間接費の配賦計算を精緻化する要請から生じた。すなわち，製造間接費が多品種少量生産品には過少に配賦され，大量生産品には過大に配賦されるという弊害をなくすことを意図している。

A　□□□　90　ＡＢＭとは，企業の持続的競争優位を確保するために，企業活動を顧客の視点から付加価値活動と非付加価値活動に分類し，顧客にとって無駄な非付加価値活動を除去し，付加価値活動を効率的に実施するという一連の活動である。

B　□□□　91　資源ドライバーの数値の測定方法には，機械に取り付けられたメーターによる方法以外に，従業員あるいは管理者に各活動に費やした時間の総計や比率をヒアリングする方法がある。

A　□□□　92　ＡＢＣを用いることにより，より正確な顧客別収益性分析を行うことが可能となる。収益性の低い顧客に対しては，サービス提供コストが低くなるように，注文1回当たりの発注量を増やすなどの取引条件の変更を求めるという行動の必要性を認識できる。

A　□□□　93　ＡＢＣによって測定される利用資源の原価と，組織の財務諸表によって報告される投入資源の原価とを用いることにより，未利用キャパシティのコストが計算できる。なお，ここでいう未利用キャパシティとは設備の未利用分を意味しており，人的資源の未利用分は貨幣額では把握できない。

B　□□□　94　製造間接費の割合が多く多品種少量生産が行われている企業において，直接労務費を配賦基準にして製造間接費の配賦を行う場合，算出される製品原価の正確性はＡＢＣを用いる場合に比して劣るが，製造間接費の削減に管理者の注意を向けることができる。

88 【×】　　　製品の生産活動を行う企業全体を維持するために必要な活動は工場維持活動である。　　　　　　　　　　　　　　　　　　　　　　　　　Ⅱp. 288　平成31年
　　　　　　　　　　　　　　　　　　　　　　　　　　　　　　　　　　第Ⅰ回

89 【○】　　　　　　　　　　　　　　　　　　　　　　　　　　　　　　Ⅱp. 286　平成31年
　　　　　　　　　　　　　　　　　　　　　　　　　　　　　　　　　　第Ⅰ回

90 【○】　　　　　　　　　　　　　　　　　　　　　　　　　　　　　　Ⅱp. 293　平成31年
　　　　　　　　　　　　　　　　　　　　　　　　　　　　　　　　　　第Ⅰ回

91 【○】　　　　　　　　　　　　　　　　　　　　　　　　　　　　　　　　　　平成31年
　　　　　　　　　　　　　　　　　　　　　　　　　　　　　　　　　　第Ⅱ回

92 【○】　　　　　　　　　　　　　　　　　　　　　　　　　　　　　　Ⅱp. 292　平成31年
　　　　　　　　　　　　　　　　　　　　　　　　　　　　　　　　　　第Ⅱ回

93 【×】　　　ＡＢＣによれば，未利用のキャパシティの算定が可能となる。　Ⅱp. 292　平成31年
　　　　　　この未利用キャパシティは設備の未利用分だけでなく，人的資源の未利　　　　　　第Ⅱ回
　　　　　　用分も含む。そのため，人的資源の未利用分も貨幣額で把握できる。

94 【×】　　　直接労務費を配賦基準とすることで，特段製造間接費の削減に管理者　　　　　平成31年
　　　　　　の注意を向けることにはならない。　　　　　　　　　　　　　　　　　　　　第Ⅱ回

第8章
差額原価収益分析

A　□□□　　1　意思決定に役立つ概念は，差額原価である。差額原価とは，一般的に，①代替案間で発生額が異なる，②将来の原価である，という2つの要件をみたす原価のことをいう。

A　□□□　　2　意思決定に影響を与えない原価，つまり意思決定に際して考慮しなくてよい原価は無関連原価と呼ばれる。そして，無関連原価は代替案の間で差額を示さないこと（埋没原価）によって識別される。

A　□□□　　3　相互排他的な代替案であるX案（収益：1,500万円，費用1,000万円），Y案（収益：1,800万円，費用1,400万円），Z案（収益：900万円，費用：300万円）のうちX案を選択することによる機会原価は400万円である。

A　□□□　　4　経済的発注量分析（EOQ分析）における在庫関連費用となる保管コストとは，在庫品を保管するために追加的に発生する費用のことであり，すでに倉庫に存在する他の在庫品のために使用されている光熱費や，保管業務に関わる従業員の月給のような費用項目は含まれない。

A　□□□　　5　代替案の原価を計算する場合には，各代替案を採用したときに予測される未来原価に基づくのであって，過去原価は含めない。

A　□□□　　6　未来原価であっても，代替案によって発生額が異ならない原価は意思決定に影響を与えない。

A　□□□　　7　財務諸表作成目的などを有する原価計算は支出原価だけに基づいて製品原価を計算するのに対し，差額原価収益分析は機会原価だけに基づいて計算する。

A　□□□　　8　連産品を追加加工するかどうかにあたって，連結原価は埋没原価になる。

A　□□□　　9　経済的発注量（economic order quantity）の計算にあたって関連原価となるのは，生産量に応じて変化する原価だけである。

1 【○】　　意思決定に役立つ概念は，差額原価である。差額原価とは，一　　　Ⅱp. 174
　　　　般的に，①代替案間で発生額が異なる，②将来の原価である，と
　　　　いう2つの要件をみたす原価のことをいう。意思決定は，代替案の
　　　　比較であるため，代替案の間で差のないものは無視しても構わな
　　　　い。さらに，意思決定は，将来のことを決めるものであり，どの
　　　　ような意思決定をしても過去を変えることはできないため，過去
　　　　の原価は無視しても構わないのである。

2 【○】　　　　　　　　　　　　　　　　　　　　　　　　　　　　　　　Ⅱp. 174

3 【×】　　相互排他的な代替案であるX案（収益：1,500万円，費用1,000　　　Ⅱp. 175
　　　　万円），Y案（収益：1,800万円，費用1,400万円），Z案（収
　　　　益：900万円，費用：300万円）のうちX案を選択することによる
　　　　機会原価は600万円である。なお，Y案を選択することによる機会
　　　　原価は600万円，Z案を選択することによる機会原価は500万円で
　　　　ある。なお機会原価とは，特定の代替案を選択した結果として失
　　　　うこととなった機会から得られたであろう最大の利益額である。

4 【○】　　すでに倉庫に存在する他の在庫品のために使用されている光熱　　　Ⅱp. 194
　　　　費や，保管業務に関わる従業員の月給のような費用項目は発注量
　　　　とは無関連であるため，在庫関連費用である保管コストには含ま
　　　　れない。

5 【○】　　　　　　　　　　　　　　　　　　　　　　　　　　　　　　　Ⅱp. 172　　平成25年
　　　　　　　　　　　　　　　　　　　　　　　　　　　　　　　　　　Ⅱp. 174　　第Ⅰ回

6 【○】　　　　　　　　　　　　　　　　　　　　　　　　　　　　　　　Ⅱp. 174　　平成25年
　　　　　　　　　　　　　　　　　　　　　　　　　　　　　　　　　　　　　　　第Ⅰ回

7 【×】　　原価計算制度では，原価計算基準上，「原価計算制度におい　　　　　　　　　平成25年
　　　　て，原価とは，経営における一定の給付にかかわらせて，は握さ　　　　　　　第Ⅰ回
　　　　れた財貨または用役の消費を，貨幣的に表したものである」と規
　　　　定しており，支出したのみで消費がない場合には原価とはならな
　　　　い。また，差額原価収益分析では，未来支出額あるいは未来の正
　　　　味収入額に基づいて貨幣の犠牲額が計算される。また，差額原価
　　　　は，意思決定の結果として追加的に生じる未来原価であり，未来
　　　　支出原価と機会原価を指す。

8 【○】　　連産品を追加加工するかどうかにあたって，連結原価は過去原　　　Ⅱp. 189　　平成25年
　　　　価であるため，意思決定上，埋没原価なる。　　　　　　　　　　　　　　　　第Ⅰ回

9 【×】　　経済的発注量の計算にあたって関連原価となるのは，在庫関連　　　Ⅱp. 194　　平成25年
　　　　費用（＝発注コスト＋保管コスト）である。また，在庫関連費用　　　　　　　第Ⅰ回
　　　　は1回当たり発注量に応じて変化する原価である。

A　□□□　10　何らかの経営活動の意思決定を行うに当たって，特定の代替案の選択により生ずる原価の変動金額のことを差額原価という。また，代替案の選択に関連せず金額の変化しない原価のことを埋没原価という。固定費は操業度の増減にかかわらず一定期間変化しないで同額が発生する原価ではあるが，その全てが埋没原価になるとは限らない。

A　□□□　11　余剰生産能力があり，かつ，新規顧客から通常価格より低い価格の特別注文があった場合，その差額利益がプラスであったとしても，既存顧客からの受注への影響を考慮すると，この特別注文を引き受けるとは限らない。

A　□□□　12　機会原価とは，ある代替案を選択することによって他の代替案が選択できなくなった場合，選択されなかった代替案から得られたであろう利益の中で最大のものである。したがって，最適な意思決定を行うためには，代替案の中で差額利益と機会原価が共に最大になるものを考慮すればよい。

A　□□□　13　差額原価収益分析においては，意思決定によって変化する増分に焦点を当てた増分法が用いられ，総額に基づく分析は行われない。

A　□□□　14　代替案の選択に関する意思決定に際して，原価に増減変化が生じるものを関連原価といい，それには過去原価および未来原価が含まれる。

A　□□□　15　未来原価（future costs）は代替案選択の意思決定における重要な概念である。差額原価分析は，代替案間に金額の差がみられない未来原価を差額原価に集計する。

A　□□□　16　ある案を採択することで他の代替案を選択できなくなることがある。採択されなかった代替案から得られたであろう利益の中で，最大のものを機会原価（opportunity costs）という。

A　□□□　17　原価の発生が既に確定しており，どの代替案を採択しても回避し得ない原価を埋没原価（sunk costs）という。

B　□□□　18　限界原価（marginal costs）は，本来，経済学上の概念で，総費用関数の第一次導関数，すなわち，操業度ないし生産量の無限小の変化に対する総費用の変化額であると定義される。なお原価計算や管理会計では，一定範囲での操業度変化がもたらす原価の増減分として扱っている。

B　□□□　19　業務を縮小したり停止したりする案の採択により発生を回避できる原価は回避可能原価（avoidable costs）に分類する。複数製品を製造する工場において，ある製品のすべてをアウトソーシングに切り替えるか否かの分析では，固定製造原価は回避不能原価（unavoidable costs）に分類されることになる。

10 【○】　差額原価とは，どの代替案を選択するかによって影響される原価である。例えば，特定製品の製造をするかどうかの意思決定において，当該製品の製造にのみ要する設備の減価償却費は固定費であるが差額原価となる。　Ⅱp. 174　平成29年　第Ⅰ回

11 【○】　Ⅱp. 188　平成29年　第Ⅰ回

12 【×】　代替案の中で差額利益が最大になるものを考慮すればよい。なお，機会原価の定義は正しい。　Ⅱp. 175　平成29年　第Ⅰ回

13 【×】　総額に基づく分析も行われる。　平成29年　第Ⅰ回

14 【×】　意思決定会計は，経営者が行う随時的な代替案の選択に必要な未来差額原価情報を提供する会計であり，過去原価は関連原価に含まれない。　Ⅱp. 172　Ⅱp. 174　平成29年　第Ⅱ回

15 【×】　差額原価収益分析は，代替案間に金額の差がみられる未来原価を差額原価に集計する。　Ⅱp. 174　平成22年　第Ⅱ回

16 【○】　Ⅱp. 175　平成22年　第Ⅱ回

17 【○】　Ⅱp. 174　平成22年　第Ⅱ回

18 【○】　平成22年　第Ⅱ回

19 【×】　ある製品のすべてをアウトソーシングに切り替えるか否かの分析において，固定製造原価が必ずしも回避不能原価に分類されるとは限らない。　Ⅱp. 176　平成22年　第Ⅱ回

B　□□□　**20**　ＥＯＱ（Economic Order Quantity）モデルを用いる場合，発注1回当たりの費用を16分の1にすると，経済的発注量は8分の1になる。

A　□□□　**21**　ＥＯＱモデルの仮定では，1回当たりの発注量は同じであり，製品や材料の購入価格も発注量にかかわらず一定である。

A　□□□　**22**　経営意思決定の種類の一つである業務的意思決定は，生産・販売能力の変更を伴わない意思決定を指す。業務的意思決定は，短期的な問題であり，通常，予算編成の中で検討される問題であるため，経済計算に際し，発生主義の会計を使用し，貨幣の時間価値を考慮しない。

20 【×】　経済的発注量をQとすると

Ⅱp.195　平成26年
第Ⅱ回

$$Q = \sqrt{\dfrac{2 \times 1回当たり発注コスト \times 年間需要量}{1単位当たり年間保管コスト}}$$

ここで，発注1回当たりの費用を16分の1にすると，

$$Q = \sqrt{\dfrac{2 \times 1回当たり発注コスト \div 16 \times 年間需要量}{1単位当たり年間保管コスト}}$$

$$Q = \dfrac{1}{4} \times \sqrt{\dfrac{2 \times 1回当たり発注コスト \times 年間需要量}{1単位当たり年間保管コスト}}$$

したがって，経済的発注量は4分の1になる。

21 【○】

平成26年
第Ⅱ回

22 【○】

Ⅱp.172　令和2年
Ⅱp.173　第Ⅰ回

第9章
投資計画の経済性計算

A □□□ 　1　投資命数のすべての期間にわたって十分な課税所得が期待できる場合，当該投資案の減価償却費は税引後営業キャッシュ・フローを増やすことになるが，こうした現象をタックス・クレジットという。

A □□□ 　2　企業の内部利益率(internal rate of return，ＩＲＲ)の実績が10％である場合，ＩＲＲ15％の投資案は，当該投資案のハードル・レート(切捨て率)が17％であっても，採択すべきである。

A □□□ 　3　不確実性等のリスクを割引キャッシュ・フロー法に取り込むための簡便法には，キャッシュ・フローの見積りを保守的にする，あるいは，資本コストを高めに見積る，といった方法がある。

A □□□ 　4　投資決定においては，貨幣の時間価値を考慮する必要がある。すなわち，資金の代替的用途に伴う機会原価を考慮すべきである。ＤＣＦ法（割引キャッシュ・フロー法：discounted cash-flow method）が投資決定に適切な方法として主張されてきた理由の一つは，貨幣の時間価値を考慮する計算が行われる点にある。

A □□□ 　5　投資の効果が長期にわたる場合は，投資の経済性計算において貨幣の時間価値を考慮することが重要である。経済性計算の手法のうち，正味現在価値法と内部利益率法は貨幣の時間価値を考慮する手法であり，単純回収期間法と収益性指数法は貨幣の時間価値を考慮しない手法である。

A □□□ 　6　ＤＣＦ法の適用において最も重要な部分は，将来のキャッシュ・フローの予測であるが，将来のキャッシュ・フローの予測は，競争や企業環境の変化が激しい状況では予測値の信頼性が低くならざるを得ないことがある。

A □□□ 　7　回収期間法は，不確実性に対する1つの対処方法であると言える。すなわち，早期に資金を回収するということは，資金回収後の変化に耐えられるということであるためである。

A □□□ 　8　取替投資（replacement investment）とは，旧設備と同じ仕事をする新設備への投資である。取替投資は，同型のものへの取替，陳腐化による取替の二つに大きく区分される。

B □□□ 　9　たとえば投資案AとBが相互に無関係で，A案の採用がB案の採用にまったく影響しない場合，A案とB案は従属投資案（dependent project）である。その逆で，両案が相互に影響しあう場合，A案とB案は独立投資案（independent project）である。また，従属投資案の一例として，相互排他的投資案（mutually exclusive project）がある。

A □□□ 10　複数の投資案の経済性計算においては対象となる案件が相互排他的投資で，投資から得られる毎年の正味キャッシュ・フローがプラスである場合は，正味現在価値法と内部利益率法とでは必ず同じ投資案が採択される。

1 【×】　　タックス・クレジットではなく，タックス・シールドである。　　　Ⅱp. 223　　平成21年

2 【×】　　ＩＲＲ15％の投資案は，当該投資案のハードル・レート(切捨て　　Ⅱp. 212　　平成21年
　　　　　率)が17％であれば，採択すべきではない。

3 【○】　　前者を確実性等価法といい，後者をリスク修正割引率法(危険修正　　Ⅱp. 245　　平成21年
　　　　　割引率法)という。

4 【○】　　　　　　　　　　　　　　　　　　　　　　　　　　　　　　　　　　Ⅱp. 221

5 【×】　　<u>収益性指数法は貨幣の時間価値を考慮する方法である。</u>　　　　　Ⅱp. 221　　令和6年
　　第Ⅰ回

6 【○】　　将来のキャッシュ・フローの予測は困難であるため，ＤＣＦ法を　　Ⅱp. 244
　　　　　採用しない企業も多いと言わる。

7 【○】　　　　　　　　　　　　　　　　　　　　　　　　　　　　　　　　　　Ⅱp. 214
　　　　　　　　　　　　　　　　　　　　　　　　　　　　　　　　　　　　　Ⅱp. 242

8 【○】　　なお，「同型のものへの取替」は物理的減耗に対する対応，「陳　　Ⅱp. 204
　　　　　腐化による取替」は技術的減耗に対する対応であるが，ともに原価
　　　　　節減をねらいとする。また，取替投資以外にも，拡張投資，製品投
　　　　　資等の分類概念が考えられる。

9 【×】　　たとえば投資案ＡとＢが相互に無関係で，Ａ案の採用がＢ案の採　　Ⅱp. 240
　　　　　用にまったく影響しない場合，Ａ案とＢ案は<u>独立投資案</u>
　　　　　（independent project）である。その逆で，両案が相互に影響しあ
　　　　　う場合，Ａ案とＢ案は従属投資案（dependent project）である。ま
　　　　　た，従属投資案の一例として，<u>相互排他的投資案</u>（mutually
　　　　　exclusive project）がある。

10 【×】　　複数の投資案の経済性計算においては対象となる案件が相互排他　　Ⅱp. 240　　令和6年
　　　　　的投資で，投資から得られる毎年の正味キャッシュ・フローがプラ　　Ⅱp. 241　　第Ⅰ回
　　　　　スである場合は，正味現在価値法と内部利益率法とでは<u>必ずしも同
　　　　　じ投資案が採択されるとは限らない。</u>

A □□□　11　採用すべき投資案は，資本コスト（cost of capital）の金額を上回る利益をもたらす投資でなければならない。資本コストを誤って低く設定すると，有利な投資案を棄却することになり，反対に誤って高く設定すると，不利な投資案まで採用し，損失を招くことになる。

A □□□　12　我が国の製造業における設備投資意思決定のモデルとしては，現在おいても回収期間法（payback period method）が割引キャッシュ・フロー法（discounted cash-flow method）に比して多く利用されている実態がある。

A □□□　13　内部利益率法とは，純現金収入の現在価値合計と投資に必要な現金支出の現在価値合計が等しくなる割引率である内部利益率を求め，代替案の中から内部利益率が最少となる投資案を選択する方法である。

A □□□　14　取替投資の経済性計算において，旧設備が廃棄されて他の用途に用いられず，かつ税節約額を考慮しない場合，旧設備の未償却残額は埋没原価となる。

A □□□　15　資本予算の編成は，企業の主要な投資案の識別，評価，採択などを行うプロセスであり，資本予算に関する意思決定には生産設備の取替えや拡張などがある。

A □□□　16　投資計画は，収益拡大効果があるものと原価低減効果があるものに区別することができる。収益拡大効果があるものには，新製品開発投資や既存設備の取替投資などがあり，原価低減効果があるものには，既存製品の拡張投資や作業の機械化のための合理化又は省力化投資などがある。

A □□□　17　正味現在価値法，内部利益率法，線形計画法，回収期間法は，設備投資の意思決定における計算方法である。

A □□□　18　設備投資に要する資本コストは，資金提供者の期待収益を示すものであり，年利率で表した資本コスト率は，加重平均資本コスト率（ＷＡＣＣ）で計算されることがある。当該資本コスト率は投資の意思決定の判断には重要であり，誤って高く設定すると適切な投資案を棄却することにつながる。

A □□□　19　毎年のキャッシュ・インフローが均等である2年以上にわたる設備投資案が有利か不利かを判断する場合，当該キャッシュ・インフローから，投資額に資本回収係数を乗じた金額を差し引き，それが正であれば有利であると考えられる。この金額に現価係数を乗じると正味現在価値が算定できるからである。

A □□□　20　回収期間法は投資額の目標回収期間をあらかじめ設定しておき，投資案の回収期間が目標回収期間内であるときにその案を採用する経済性計算の手法の一つである。しかし，回収期間法では，投資額を回収した後のキャッシュ・フローが考慮されていないため，プロジェクト期間全体の収益性の判断ができない。

11 【×】 　採用すべき投資案は，資本コスト（cost of capital）の金額を上回る利益をもたらす投資でなければならない。資本コストを誤って<u>高く</u>設定すると，有利な投資案を棄却することになり，反対に誤って<u>低く</u>設定すると，不利な投資案まで採用し，損失を招くことになる。　　　　Ⅱp. 207

12 【○】 　我が国の製造業における設備投資意思決定のモデルとして，現在においても回収期間法が割引キャッシュ・フロー法に比して多く利用されているのは，将来の不確実性に対処するために安全性が重視されていることがあげられる。

13 【×】 　代替案の中から内部利益率が最大となる投資案を選択する方法である。なお，資本コスト率を下回る案はそもそも選択されない。　　Ⅱp. 212　　平成29年第Ⅱ回

14 【○】 　廃棄損にかかる税節約額が考慮されない場合には旧設備の未償却残額は埋没原価となる。　　　　平成29年第Ⅱ回

15 【○】 　　　　Ⅱp. 120　　平成29年第Ⅱ回

16 【×】 　既存設備の取替投資は原価低減効果があり，既存製品の拡張投資は収益拡大効果がある。　　　　Ⅱp. 204　　平成29年第Ⅱ回

17 【×】 　正味現在価値法，内部利益率法，回収期間法は，設備投資の意思決定における計算方法であるが，線形計画法（リニア・プログラミング：ＬＰ）は，業務的意思決定の最適プロダクト・ミックスにおける計算方法である。　　　　Ⅱp. 180　　平成30年第Ⅰ回

18 【○】 　資本コスト率は高く設定するとＮＰＶ（正味現在価値）は小さくなるため，投資案を棄却することにつながりうる。　　　　平成31年第Ⅱ回

19 【×】 　現価係数ではなく，年金現価係数である。　　　　Ⅱp. 206　　平成31年第Ⅱ回

20 【○】 　　　　Ⅱp. 221　　令和6年第Ⅰ回

A　□□□　21　単純回収期間法の欠点として，投資額を回収した後のキャッシュ・フローおよび貨幣の時間価値を無視していることがあげられる。これらの欠点を除くため割引回収期間法が考えられる。

A　□□□　22　正味現在価値は割引率の関数としてグラフに表すことができる。縦軸に正味現在価値，横軸に割引率をとり，割引率に応じた投資案の正味現在価値をプロットすると正味現在価値線が描かれる。それと横軸との交点が内部利益率を表す。

A　□□□　23　内部利益率法とは，投資額および正味キャッシュ・インフローの現在価値が同額になる割引率を求め，これを投資案を採択する際の判断基準とする方法のことである。対象となる案件が独立投資で，毎年の正味キャッシュ・インフローがプラスである場合は，正味現在価値法と必ず同じ結論となる。

21 【×】　　割引回収期間法によっても「投資額を回収した後のキャッシュ・
　　　　フローを無視している」という欠点は解消することができない。　　　　Ⅱp.221　　平成31年
　　第Ⅱ回

22 【○】　　正味現在価値（ＮＰＶ）と割引率の関係を示すと以下のようにな
　　　　る。　　　　　　　　　　　　　　　　　　　　　　　　　　　　　　　　　Ⅱp.240　　令和6年
　　第Ⅰ回

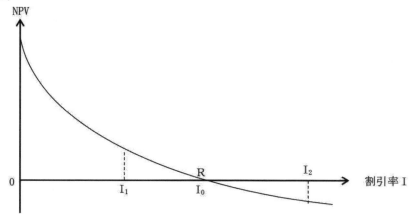

23 【○】　　　　　　　　　　　　　　　　　　　　　　　　　　　　　　　　Ⅱp.240　　平成31年
　　第Ⅱ回

第10章

分権化組織とグループ経営の管理会計

A　□□□　1　職能別組織とは，製造部・販売部・人事部・経理部・研究開発部などの職能区分に基づいて，経営管理上の意思決定権限と責任を委譲する組織である。一方，事業部制組織とは，製品別や地域別，市場別，顧客別などによって組織を事業部と呼ばれる単位に分割し，各事業部長に経営管理上の責任と権限を大幅に委譲した上で，生産や販売，人事，経理などの職能を総合的に担当させる組織である。

A　□□□　2　現代企業の組織構造は大別して職能部門別組織と事業部制組織である。一般に，前者は集権的組織であり，後者は分権的組織であるとされている。

A　□□□　3　企業の組織は，全体目標の達成に最適となるように階層化が行われている。比較的小規模であるか，製品や地域の多様性が低い場合には職能別組織が適合し，比較的大規模であるか，製品や顧客の多様性が高い場合は事業部制組織が適合する。

A　□□□　4　企業組織が，環境の不確実性に直面し，各種の職務を遂行するために詳細な現場情報を必要とし，かつ事業部間の相互依存関係がほとんど存在しない場合，組織を分権化することのメリットがより活かされなくなる。

A　□□□　5　環境変化の激しい状況下で，各種の職務を遂行するうえで詳細な現場の情報が有用とされ，かつ，スピードを重視した経営が必要なときは，組織を集権化することの長所がより活かされてくるといえる。

A　□□□　6　開発・生産・販売などの職能を集約することで得られるコストダウンや付加価値向上の効果よりも，個々の製品・市場への柔軟かつ迅速な適応によって得られる効果の方が大きい場合には，職能別組織がより適合する。これに対して，個々の職能をその内部で統合することから得られるメリットが大きく，製品・市場への柔軟で迅速な対応が重要ではない場合には，事業部制組織がより適合する。

A　□□□　7　事業部制を採用している企業が本社費・共通費を各事業部に配賦する理由の一つに，本社・共通部門に対する牽制機能への期待があげられる。この機能は，本社・共通部門の費用の大きさに対する事業部側の関心が高まり，本社・共通部門の肥大化に対して一定の抑制力が働くことを意味する。

A　□□□　8　管理可能原則とは，企業内の各部門への予算配分額が，当該部門管理者の管理能力の高さに比例して決定されるという原則を指す。

A　□□□　9　責任センター別に集計される原価データのうち，ある費目が管理可能であるか管理不能であるかは，業績測定期間の長短によって変化する。当該期間が短ければ短いほど，特定の経営管理者にとっての管理可能費は多くなる。

1 【○】   Ⅱp.254

2 【○】   職能別組織は，トップ・マネジメントに意思決定権限が集中しやすく，より集権的な組織形態といえる。一方，事業部制組織では，トップ・マネジメントから事業部長へ広範な意思決定権限の委譲がみられ，分権的な組織の代表的な形態といえる。   Ⅱp.254   平成20年

3 【○】   なお，職能別組織・事業部制組織の内容についてもテキストにて確認されたい。   Ⅱp.254   平成30年 Ⅱp.255   第Ⅱ回

4 【×】   企業組織が，環境の不確実性に直面し，各種の職務を遂行するために詳細な現場情報を必要とし，かつ事業部間の相互依存関係がほとんど存在しない場合，組織を分権化することのメリットがより<u>活かされる</u>。つまり，事業部長は担当するそれぞれの製品，地域，市場などの特殊事情に精通しており，これに専念して意思決定を行うので，内外の状況変化に対応して迅速な行動をとることができる。   Ⅱp.254   平成31年 第Ⅱ回

5 【×】   環境変化の激しい状況下で，各種の職務を遂行するうえで詳細な現場の情報が有用とされ，かつ，スピードを重視した経営が必要なときは，組織を<u>分権化</u>することの長所がより活かされてくるといえる。   Ⅱp.254   令和4年 第Ⅱ回

6 【×】   職能を集約することで得られるコストダウンや付加価値向上の効果よりも，個々の製品・市場への柔軟かつ迅速な適応によって得られる効果の方が大きい場合には，<u>事業部制組織</u>がより適合する。これに対して，個々の職能をその内部で統合することから得られるメリットが大きく，製品・市場への柔軟で迅速な対応が重要ではない場合には，<u>職能別組織</u>がより適合する。   Ⅱp.254   平成31年 Ⅱp.255   第Ⅱ回

7 【○】   本社費・共通費を各事業部に配賦する理由の一つとして，本社と事業部のコミュニケーションの観点が挙げられる。すなわち，本社からは各事業部に対して，本社の存在を知らしめることになり，各事業部から本社に対しては，本問の通り，配賦される本社費・共通費の抑制を促すことになる。   Ⅱp.256   令和4年 第Ⅰ回

8 【×】   管理可能原則は，組織のメンバーの<u>業績が彼にとって管理可能な要素に基づいて評価されること</u>を要請するものであり，管理可能性は，当該管理責任者にとって独立に決定しうる権限の範囲に応じた責任を定義する。したがって，管理能力の高さに比例するものではない。   Ⅰp.35   平成25年 Ⅱp.119   第Ⅰ回

9 【×】   業績測定期間が長ければ長いほど，特定の経営管理者にとっての管理可能費は多くなる。   令和2年 第Ⅰ回

A　□□□　10　責任単位を識別し，それを会計システムと結びつけることによって，管理責任者の権限と責任を明確に規定し，その業績を測定・評価することで集権的管理を効果的に行うための制度は，責任会計と呼ばれている。

A　□□□　11　責任センターとは組織の構成単位であり，その管理者は責任センターで行われる特定の活動について責任を持っている。

A　□□□　12　責任会計は，組織上の責任センターごとに，業績を評価するための財務情報を提供する会計システムであり，事業部制組織だけではなく，職能別組織においても適用される。

A　□□□　13　責任会計システムは，標準や予算の設定，実績との比較，差異分析などを階層的な組織の責任構造や管理可能性に基づいて行う体系的な会計コントロール・システムであり，専ら事業部制組織において適用される。

A　□□□　14　企業組織上の責任単位は，レスポンシビリティ・センター（責任中心点）と総称される。

A　□□□　15　職能別組織では，各職能部門は，生産や販売，人事，経理などの各職能についての責任を個別的に負うことになる。したがって，各職能部門は，製造部門のように主として原価に対して責任を持つコスト・センター，販売部門のように主として収益に対して責任をもつレベニュー・センターなどとして識別される。

A　□□□　16　営業部門をレベニュー・センターとして扱う場合であっても，販売費は営業部門の責任範囲として管理される。

A　□□□　17　事業部制組織は，各事業部内で生産や販売，人事，経理などの職能を総合的に担当する組織形態であるため，各事業部は独立採算を前提として総合的な利益責任を問われる。

A　□□□　18　事業部制組織では，会計の視点からみれば，事業部をプロフィット・センターとしてみることが重要であるが，事業部長に対する権限委譲が徹底している場合には，コスト・センターとしてみることがより適切である。

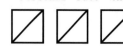

10 【×】　責任単位を識別し，それを会計システムと結びつけることによって，　Ⅱp. 118
管理責任者の権限と責任を明確に規定し，その業績を測定・評価するこ　Ⅱp. 257
とで分権的管理を効果的に行うための制度は，責任会計と呼ばれてい
る。

11 【○】　原価センターであれば原価について責任を持っており，利益センター　Ⅱp. 118　　平成28年
であれば利益について責任を持っている。　Ⅱp. 257　　第Ⅰ回

12 【○】　Ⅱp. 118　　平成31年
Ⅱp. 257　　第Ⅱ回

13 【×】　責任会計システムは，事業部制組織のみならず職能別組織においても　Ⅱp. 118　　平成29年
適用される。　Ⅱp. 257　　第Ⅱ回・改
平成31年
第Ⅱ回・改
令和6年
第Ⅰ回

14 【○】　コスト・センター，レベニュー・センター，プロフィット・セン　Ⅱp. 118
ター，インベストメント・センターといった企業組織上の責任単位は責　Ⅱp. 257
任中心点（レスポンシビリティ・センター）と総称される。

15 【○】　コスト・センターは原価中心点と呼ばれ，レベニュー・センターは収　Ⅱp. 257
益中心点と呼ばれることもある。

16 【○】　レベニュー・センターは，売上高などの収益にのみ責任を負うマネー　　　　　平成26年
ジャーのいる組織である。営業部門はレベニュー・センターの代表であ　　　　　第Ⅱ回
るが，営業部門でも費用（販売費）は発生するので，売上高と部門で利
用した費用の差額で責任を問う方が適切であるとも考えられる（責任の
ウェイトが売上高にあるためレベニュー・センターと呼んでいる）。例
えば，1億円の売上を上げるために販売費を2億円かけることは問題であ
る。

17 【○】　各事業部は，原価責任や収益責任を個別に負うのではなく，その差額　Ⅱp. 254
としての利益に包括的な責任を負うのである。このような組織上の責任　Ⅱp. 257
単位はプロフィット・センター（利益中心点）と呼ばれ，事業部が投資
責任も負う場合にはインベストメント・センター（投資中心点）と呼ば
れる。

18 【×】　事業部長に対する権限委譲が徹底している場合には，インベストメン　Ⅱp. 257　　平成20年
ト・センターとしてみることが適切である。

C　□□□　19　組織内のサブユニットは，責任会計の見地から，コスト・センター，プロフィット・センターなどに分類される。プロフィット・センターは分権的なサブユニットであり，コスト・センターは集権的なサブユニットであり，これらの関係は常に成立する。

A　□□□　20　日本企業の多くは，工場をプロフィット・センターとして位置付けている。

A　□□□　21　事業部は一般にレヴェニュー(収益)・センターとして位置付けられている。

A　□□□　22　責任会計の役割は二面性を有する。すなわち，上位者が下位者の業績を審査するための情報を提供するのみならず，下位者が自己の行動を管理するためのフィードバック情報をも提供する。

A　□□□　23　組織の分権化の程度が高まるにつれて，マネジメント・コントロールがより一層重要になってくる。すなわち，経営管理者は，マネジメント・コントロールによって，業務に必要な情報の伝達，目標の設定，業績の測定・評価を行い，組織構成員を組織の戦略遂行に向かわせるように影響を与える。

A　□□□　24　事業部の業績評価を行なうために，事業部ごとに会計数値が集計される。この会計数値が事業部の管理者業績を評価するために利用される場合，事業部長にとっての管理可能性を考慮する必要がある。

A　□□□　25　事業部長の評価を事業部利益を用いて行う際に，所管する事業部で発生する費用であっても事業部長にとって管理可能でないものは負担させないほうが事業部長の業績評価の観点で望ましい。

A　□□□　26　事業部がプロフィット・センターとして位置づけられている場合，事業部と事業部長の業績は常に同一の利益によって測定されるべきである。

19 【×】　これらの関係が常に成立する訳ではない。企業組織全体を通じて，意思決定権限の配分が，比較的上位の管理者に集中している組織を集権的組織といい，企業組織全体を通じて，意思決定権限の配分が，比較的下位の管理者まで分散している組織を分権的組織という。これは意思決定権限の集中か分散かの程度の問題であるため絶対的なものではない（ある企業では集権的でも，別な企業では分権的であることがある）。　Ⅱp.257　令和2年第Ⅱ回

20 【×】　通常，工場はコスト・センターとして位置づけられる。　Ⅱp.257　平成11年

21 【×】　一般に事業部はプロフィット・センターまたはインベストメント・センターとして位置づけられる。　Ⅱp.257　平成11年

22 【○】　責任会計は，業績を審査する上級管理者に役立つ情報を提供するのみでない。業績を審査される下級管理者にも役立つ情報を提供するものでもある。すなわち，下級管理者は，企業全体の目標との整合性を保持しつつ，その責任範囲にある組織単位の活動を計画するが，この計画に役立つ会計情報を責任会計は提供する。次いでその業務活動の実績を測定し，計画をどの程度達成したか，どこに欠陥があったか，改善されるべき点は何か，について責任会計では情報をフィード・バックさせる。　Ⅱp.257　令和2年第Ⅰ回

23 【○】　策定された戦略を実行するのは組織構成員である。したがって，組織構成員は戦略を理解するとともに，上司は部下を戦略目標の達成に向けて影響を与えることが求められる。Anthonyは，このように「組織のマネージャーが，他のメンバーが当該組織の戦略を実行するように影響を与えるプロセス」のことをマネジメント・コントロールと呼んだ。　Ⅱp.14　平成30年第Ⅱ回

24 【○】　管理不能なものにまで責任を問われると，個人の評価として適切なものでなくなる可能性があり，モチベーションを下げる可能性があるからである。　Ⅱp.258　平成20年

25 【○】　Ⅱp.258　令和5年第Ⅱ回

26 【×】　事業部自体の業績評価の際，収益，費用および投資額の会計処理において指導的な役割を果たす概念は，その事業部に対する追跡可能性である。また，事業部長の業績評価の際，収益，費用および投資額の会計処理において指導的な役割を果たす概念は，その事業部長にとっての管理可能性である。したがって，たとえば，事業部には事業部税引後営業利益，事業部長には管理可能利益を用いて業績を測定するように，事業部と事業部長の業績は常に同一の利益によって測定されるべきではない。　Ⅱp.258　令和4年第Ⅱ回

A　□□□　27　事業部長の業績評価を，管理可能残余利益などの財務的指標により行えば，人材の養成・訓練投資や新製品開発投資，大型の設備投資など，投資成果の発現までに長期間を要する投資を積極的に行うことができる。

A　□□□　28　事業部の業績測定を会計数値によって行うためには，事業部に対する追跡可能性に基づいて，固定費を個別固定費と共通固定費に分類する。事業部長の業績測定に会計数値を利用する場合，事業部長にとっての管理可能性を考慮して，個別固定費を管理可能費と管理不能費に分類する必要がある。

A　□□□　29　管理可能費は，その責任センターの管理者が，その発生額に対して完全な影響を及ぼすことのできる原価である。それゆえ，主材料の価格は，購買活動の良否のみでなく，企業外部の市況の変化にも左右され，購買部門の長にとっては，その発生額に完全な影響を及ぼすことができないため，管理可能費ではない。

B　□□□　30　管理可能費とは，管理者がその発生額に実質的に影響を与えることのできる費用のことであり，その管理者が担当する責任センター内で発生した費用のみが含まれる。

A　□□□　31　事業部制組織においては，事業部長が自分の事業部の業績を良くみせるため，組織全体の利益に合致しない意思決定を行う可能性も考えられる。そのため，目標整合性を促進するための業績評価システムを構築する必要がある。

A　□□□　32　事業部長の業績評価にＲＯＩ（return on investment）を採用すると，事業部長が短期的な業績をよく見せるために，研究開発や人材育成など，その効果が将来に及ぶような計画に消極的な行動をとる場合がある。

A　□□□　33　使用資本利益率は事業部間の資本効率の比較に有用な指標であり，同指標は効果発現までに比較的長い期間を要する人的資本投資やR＆D投資を促進するといった機能をもつ。

A　□□□　34　事業部は一般にプロフィット・センターとみなされるが，投資利益率（ＲＯＩ）または残余利益（ＲＩ）が業績尺度として用いられるときはインベストメント・センターの性格を持っている。

A　□□□　35　インベストメント・センターの事業部長に対する業績測定尺度としてＲＯＩ（return on investment，投資利益率）を使うことにより，事業部と全社の利害対立を解消し，目標整合性を達成することができる。

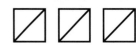

27 【×】　事業部長の業績評価を，管理可能残余利益など（その他，管理可能投資利益率）の<u>財務的指標だけによって行えば</u>，人材の養成・訓練投資や新製品開発投資や，大型の設備投資など，投資成果の発現までに長期間を要する投資に対しては<u>消極的になる</u>。なお，工業化時代の競争から情報化時代の競争へ移った現代では，業績指標として財務指標のみでは不完全であり，持続競争優位を確保するために，策定した全社的経営戦略を企業を構成する各部門の具体的かつ多元的な目標，実行方法，業績評価尺度，実績の測定といった要素へ転換し，それらを結合する新たな仕組みが必要となる。

28 【○】　　　　　　　　　　　　　　　　　　　　　Ⅱp. 254　　平成31年
　　　　　　　　　　　　　　　　　　　　　　　　Ⅱp. 255　　第Ⅱ回
　　　　　　　　　　　　　　　　　　　　　　　　Ⅱp. 258

29 【×】　管理可能費は，その責任センターの管理者が，その発生額に対して重大な影響を及ぼすことのできる原価である。　　Ⅰp. 35　　平成31年
　　　　　　　　　　　　　　　　　　　　　　　　　　　　第Ⅰ回

30 【×】　責任センター内で発生した費用のみではない（「基準八（五）」）。　Ⅰp. 35　　令和5年
　　　　　　　　　　　　　　　　　　　　　　　　　　　　第Ⅰ回

31 【○】　事業部制組織においては，組織全体の目標と事業部長の個人的な目標との間の整合性を確保するよう，いかに事業部長を動機付けるかが重要な問題となる。　　Ⅱp. 258　　Ⅱp. 259

32 【○】　投資利益率（ROI）＝利益÷投下資本額　　　Ⅱp. 258　　平成21・改
　　ROIは，短期的な投資効率を求めすぎると将来へ向けた新規事業や新規投資に消極的になるといった欠点があるため注意が必要である。　Ⅱp. 260　　令和2年　第Ⅱ回

33 【×】　短期業績志向が強まり，人的資本投資やR＆D（研究開発）投資といった<u>長期的・戦略的取り組みが抑制されやすい</u>。　Ⅱp. 258　　平成21年

34 【○】　投資利益率（ROI）＝利益÷投下資本　　　Ⅱp. 257　　平成11年
　　残余利益（RI）＝利益－投下資本×資本コスト　Ⅱp. 258
　　どちらも投下資本を用いているため，インベストメント・センターの性格を有する。　Ⅱp. 259

35 【×】　事業部と全社の利害対立を解消し，目標整合性を達成するために，事業部長に対する業績測定尺度としては、ROIではなくRIを使うべきである。　Ⅱp. 260　　令和2年　第Ⅰ回　令和4年　第Ⅱ回・改

A　□□□　36　インベストメント・センターとしての事業部の業績を，各事業部の投下資本の収益性により評価する場合，管理可能利益を用いた事業部投下資本利益率や残余利益が用いられる。

A　□□□　37　投資利益率を事業部長の業績評価尺度として用いる場合，事業部長が投資案の採択に当たって全社にとって望ましい投資案を棄却することはない。

A　□□□　38　事業部間の振替価格は，各事業部長の意思決定が全体利益に整合するように決められると同時に，各事業部長の業績測定に役立つように決められるのが望ましい。

A　□□□　39　内部振替取引の拒否権は忌避宣言権と呼ばれ，内部振替価格は忌避宣言権を行使するかどうかの意思決定を行う際に役立つ情報を提供するように設定される。

A　□□□　40　プロフィット・センターである事業部制組織では，販売側事業部に取引先選択権を付与し，購入側事業部に販売側事業部からの購入を拒否する忌避権を付与する仕組みを常に採る。

A　□□□　41　内部振替価格に市価基準を用いれば，各事業部の意思決定のためにも，業績評価のためにも有効であるといえる。そのため，いかなる状況でも市価基準が用いられる。

A　□□□　42　内部振替価格に，実際原価にもとづくコスト・プラス基準や限界原価基準を採用している場合は，販売側事業部のモラル・ハザードを誘発しやすくなるので，管理上の工夫が必要になる。

A　□□□　43　内部振替価格にコスト・プラス基準や限界原価基準を用いている場合，標準原価の採用は，単位製造原価にかかわる原材料や賃金等の価格と消費量における偶然性を抑制する。したがって，購入側事業部の視点では，販売側事業部における標準原価の採用が管理可能性原則に，より適った方法と映る。

A　□□□　44　内部振替価格として，二重価格法がある。これは，供給事業部と受入事業部で別々の価格決定基準を用い，記録する方法である。例えば，供給事業部では全部原価プラスで振替え，受入事業部では変動費で振替品を受け入れるという方法である。

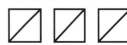

36 【×】　インベストメント・センターとしての事業部の業績を，各事業部の投下資本の収益性により評価する場合，管理不能個別固定費などを控除した事業部利益や税引後事業部純利益を用いた事業部投下資本利益率や残余利益が用いられる。　Ⅱp. 257　Ⅱp. 258　Ⅱp. 259　令和5年第Ⅱ回

37 【×】　投資利益率を事業部長の業績評価として用いた場合，事業部長が投資案の採択に当たって全社にとって望ましい投資案を棄却する場合もある。　Ⅱp. 260　平成29年第Ⅱ回

38 【○】　内部振替価格の役割（目的）としては，以下の2つが挙げられる。①業績評価：内部振替価格は，供給事業部にとって売上高，受入事業部にとって仕入原価となり，それぞれの事業部利益に影響する。②意思決定：受入（供給）事業部は，内部振替価格に基づいて購入（販売）先の決定等の意思決定を行う。　Ⅱp. 262　令和4年第Ⅱ回

39 【○】　Ⅱp. 264

40 【×】　プロフィット・センターである事業部制組織において，販売側事業部に取引先選択権を付与し，購入側事業部に販売側事業部からの購入を拒否する忌避権を付与する仕組みは，事業部間の振替価格に市価基準を採用している場合に採るべき仕組みであるに過ぎない。振替価格として原価基準を採用している場合等には，当該仕組みを採る必要はない。　Ⅱp. 264　平成22年第Ⅰ回

41 【×】　いかなる状況でも市価基準が用いられる訳ではない。市価が存在しない場合や市価が存在しても不完全競争市場である場合などは全部原価基準や差額原価基準などの基準を用いることになる。　Ⅱp. 264

42 【○】　実際原価に基づくコスト・プラス基準では，販売側事業部にとって原価節約のインセンティブが働かない恐れがある。
　また，限界原価基準では，販売側事業部に利益も損失も計上されない。したがって，どれだけ販売しても利益や損失が生じないのであれば，実際限界原価基準の場合，責任感が働かなくなるなどのモラル・ハザードを誘発する恐れがある。　Ⅱp. 265　Ⅱp. 266　平成22年第Ⅰ回

43 【○】　管理可能性原則に従えば，販売側事業部（供給事業部）における能率の良否等は，購入側事業部（受入事業部）に持ち込まれるべきではない。それゆえ，購入側事業部の視点では，販売側事業部における標準原価の採用が管理可能性原則に，より適った方法といえる。　Ⅱp. 265　平成22年第Ⅰ回

44 【○】　実務的には，二重価格法を用いる企業はほとんどないと考えられている。　Ⅱp. 262

A　□□□　45　交渉価格基準は，供給事業部と受入事業部との間での協議によって振替価格を決定する
ものである。こうした事業部間の交渉を通じて，各事業部ならびに全社的な利益に貢献す
る振替価格の設定を行うことが理想であるが，事業部間のコンフリクトが発生するという
問題もある。

A　□□□　46　内部振替価格に交渉価格基準を採用している場合には，事業部を統括する本部が振替価
格設定権を有しており，このことにより全体最適，すなわち事業部利益と全社利益との目
標の一致をはかっている。

A　□□□　47　事業部間の内部振替取引において振替価格が低く設定されていても，企業内部の振替価
格に過ぎないので，経営トップの資源配分の意思決定に影響を及ぼす可能性はない。

C　□□□　48　事業部における振替価格の決定は，製品別事業部制では分権的な交渉価格方式によっ
て，職能別事業部制では集権的な本部決定価格方式によることが多い。

A　□□□　49　本国と外国との間で中間製品などを振替える際の多国間移転価格は，他の要素を考えな
ければ，所得に課せられる税が高税率の国から低税率の国に中間製品を振替えるなら，移
転価格は高く設定するのが望ましい。

45 【○】　　内部振替価格は両事業部の業績評価に影響するため，その決定におい　Ⅱp.262
て交渉価格基準（協議価格基準）を用いると事業部同士の衝突（コンフ
リクト）が発生する可能性がある。この場合，本社の調整ないし介入が
往々にして必要であり，結果的に内部振替価格の決定において恣意性を
排除することは困難なる。よって，各事業部の全社的な利益に対する公
平な業績評価には欠陥が残ることとなる。

46 【×】　　内部振替価格に管理価格方式（本部決定価格方式）を採用している　Ⅱp.262　　平成22年
場合には，事業部を統括する本部が振替価格設定権を有しており，この　　　　　　　　第Ⅰ回
ことにより全体最適，すなわち事業部利益と全社利益の目標の一致を
図っている。

内部振替価格の決定手続	
管理価格方式（本部決定価格方式）	集権的な決定方法
交渉価格方式	分権的な決定方法

47 【×】　　経営トップの資源配分の意思決定に影響を及ぼす可能性はある。　Ⅱp.262　　平成29年
　　　　　　　　　　　　　　　　　　　　　　　　　　　　　　　　　　　　　　第Ⅱ回

48 【○】　　製品別（市場別）事業部制では，事業部別の短期利益計画の素案は各　Ⅱp.262
事業部で独自に作成されるため，振替価格の設定も事業部レベルの交渉
で決定されることが多い。一方，職能別事業部制では，供給事業部が外
部市場をのたないこと等から供給事業部の生産計画は受入事業部の計画
に従属せざるをえない場合もある。その場合，事業部別の短期利益計画
の素案は各事業部で独自に作成困難となるため，各事業部の短期利益計
画案作成や振替価格の決定は本部の介入を受けざるをえなくなる。
　　　製品別事業部制の内部取引：製品A事業部⇔製品B事業部
　　　職能別事業部制の内部取引：工程①⇔工程②，製造事業部⇔販売事業
部

49 【×】　（例）高税率の国（A国・税率50%）から低税率の国（B国・税率10%）に中間製品　Ⅱp.268
　　　　を振替える場合の移転価格

A国
税率50%　　移転価格　　B国
税率10%　　販売価格
　　　　　　　X円　　　　　　　　　500円

　　　A国におけるコストを便宜的に考慮外とすると，
　　　仮にX＝300の場合には課税の合計は
　　　300円×50%＋（500円－300円）×10%＝170円
　　　仮にX＝10の場合には課税の合計は
　　　10円×50%＋（500円－10円）×10%＝54円
　　となり，節税をしようとするならば，この場合，移転価格を低く設定すること
　　が望ましい。

A　□□□　50　事業部の使用資本に対して社内的に一定の利子率を課して事業部損益計算に反映させることを社内金利制度という。

A　□□□　51　分権組織の管理者に使用資本の効率的な運用を動機づける方法は，投資利益率（ROI）と残余利益（RI）以外にも存在する。

A　□□□　52　事業部ごとに貸借対照表を作成し，その貸方に事業部借入金・事業部資本金・事業部剰余金等の項目を設定する管理会計技法の総称を社内資本金制度という。

A　□□□　53　事業部制組織は，社内カンパニー制よりもさらに分権化を進め業績を向上させる組織を企図したものであり，投資権限が与えられインベストメント・センターと呼ばれる。

A　□□□　54　カンパニー制は事業部制の延長線上にあるが，独立疑似会社としての性格を持たせることをねらっている。

A　□□□　55　日本企業におけるカンパニー制は，各カンパニーをあたかも独立した会社と見なし，各カンパニーは投資決定，人事，外部からの資金調達等の権限を有する。

A　□□□　56　ロワー・レベルの管理者だけでなく，現場の従業員が利益責任を負うことがあるが，これは管理会計の範囲内の考え方である。

A　□□□　57　まれにローワーレベル（lower level）のマネジャーに対して利益責任が付与されることもあるが，末端の従業員が利益責任を追求されることはない。

A　□□□　58　製造部門のようなコスト・センターの場合，原価の発生額についてのみ意思決定権限を有するため，プロフィット・センターとしての業績管理が行われることはない。

A　□□□　59　一般的に，ミニ・プロフィットセンターは少人数のグループを基礎に，損益による業績評価指標から組織学習活動の効果を上げるものとされ，小組織単位による企業価値創造の方法の一つである。

50 【○】　事業部の使用資本に対して社内的に一定の利子率を課して事業部損益　Ⅱp. 269
計算に反映させることを社内金利制度という。社内金利制度の目的は，
事業部使用資本コストの効率的な利用に対するインセンティブを事業部
長に与えること，事業部長が行う投資意思決定のハードルレートを与え
ること，使用資本の規模に見合う目標利益額を導出できることである。

51 【○】　　　　　　　　　　　　　　　　　　　　　　　　　　　　　　　　　　Ⅱp. 269　平成29年
第Ⅱ回

52 【○】　事業部ごとに貸借対照表を作成し，その貸方に事業部借入金・事業部　Ⅱp. 269
資本金・事業部剰余金等の項目を設定する管理会計技法の総称を社内資
本金制度という。社内資本金制度は，事業部貸借対照表の作成だけで終
わるのではなく，貸借対照表に設定された事業部借入金に対する社内金
利や事業部資本金・事業部剰余金に対する社内配当金，さらには社内税
金などを計算し，それらを事業部損益計算書に反映させる包括的な管理
システムである。

53 【×】　<u>社内カンパニー制は，事業部制組織よりもさらに分権化を進め業績向</u>　Ⅱp. 257　平成30年
<u>上させる組織を企図したもの</u>である。　　　　　　　　　　　　　　　　Ⅱp. 271　第Ⅱ回

54 【○】　カンパニー制とは，各事業部門に予算，人事などの権限を持たせ，経　Ⅱp. 271　平成11年
営責任も負わせる擬似的な分社制度のことである。

55 【×】　カンパニー制には，投資及び人事の決定権限はあるが，<u>通常は外部か</u>　Ⅱp. 271　平成19年
<u>らの資金調達権限はない</u>。カンパニー制等の分権組織は，社内において
擬似的にグループ子会社として管理しようという特徴を持っており，本
社としての権限はある程度は留保されている。つまり，各カンパニーに
おいては投資に関する決裁権限の上限が定められ，グループ管理の効果
が期待できる大型の資金調達や余裕資金の運用はグループ本社で行われ
る。

56 【○】　　　　　　　　　　　　　　　　　　　　　　　　　　　　　　　　　　Ⅱp. 272　平成30年
第Ⅱ回

57 【×】　たとえば，ミニ・プロフィットセンター制を導入する場合，チーム内　Ⅱp. 272　平成23年
の各構成員に対して，自分たちの行動が原価や利益に与える影響を理解　　　　　　第Ⅰ回
させ，利益責任を追求させることがある。

58 【×】　ミニプロフィットセンターが導入される場合には，製造部門のような　Ⅱp. 272　令和4年
コスト・センターにおいてプロフィット・センターとしての業績管理が　　　　　　第Ⅰ回
行われる。

59 【○】　ミニ・プロフィットセンターの代表的な具体例としては，「アメーバ　Ⅱp. 272　平成19年
経営」や「ラインカンパニー制」が挙げられる。

A　□□□　60　ミニ・プロフィットセンターの一つとして，いわゆるアメーバ経営がある。これを実施するアメーバ組織は，ＱＣサークルのように公式組織を補完する非公式組織である。

A　□□□　61　ミニ・プロフィットセンターは，5人程度からの少人数組織をプロフィット・センターに設定して損益管理を行う。現場のリーダーに意思決定の権限を委譲する管理体制であるが，製造ラインには導入はなされない。

C　□□□　62　アメーバ組織は「真のミニ・プロフィットセンター」であり，アメーバ組織が自由に交渉して取引価格を決めており，組織内部に市場メカニズムが働く。一方，ライン・カンパニーは「擬似ミニ・プロフィットセンター」であり，取引相手や取引価格が事前に決められている。

B　□□□　63　代表的なミニ・プロフィット・センター制であるアメーバ経営には，時間当たり採算とよばれる利益計算プロセスの中に，営業部門のみならず製造部門のアメーバ（小集団）にも市場価格の情報を伝達する仕組みが内包されている。

C　□□□　64　利益は営業側で生まれるという発想に基づいて，営業で粗利を重視する利益計算は「原価仕切り価格方式」と呼ばれている。一方，アメーバ経営では，利益は製造側で生まれるという発想に基づいて，利益を生み出すには製造が創意工夫すること以外にはないという考え方を実現する「受注生産販売方式」という利益計算が採用される。

60 【×】　ＱＣサークルは非公式組織であることが多いが，アメーバ組織は，公　　Ⅱp.272　　平成19年
式組織である。　　　　　　　　　　　　　　　　　　　　　　　　　　　　　Ⅱp.283

61 【×】　ミニ・プロフィットセンターは製造ラインにも導入される。この場合　　Ⅱp.272
のミニ・プロフィットセンターはライン・カンパニー制である。

62 【〇】　アメーバ組織は「真のミニ・プロフィットセンター」であり，アメー
バ組織が自由に交渉して取引価格を決めており，組織内部に市場メカニ
ズムが働く。一方，ライン・カンパニーは「擬似ミニ・プロフィットセン
ター」であり，取引相手や取引価格が事前に決められている。
　　なお，従来のコスト・センターをそのままミニサイズのプロフィッ
ト・センターにしたものを「擬似ミニ・プロフィットセンター」と呼ぶ
ことがある。また，組織を細分化し，社外取引を行うほどに独立採算経
営を行うものを「真のミニ・プロフィットセンター」と呼ぶことがあ
る。

63 【〇】　　　　　　　　　　　　　　　　　　　　　　　　　　　　　　　　　　令和２年
　　　　　　　　　　　　　　　　　　　　　　　　　　　　　　　　　　　　第Ⅱ回

64 【〇】　一般に，売値と製造原価の差，いわゆる粗利は，営業の努力を表す目
安とされることが多い。下記の図で確認してみると，まず，営業部門
は，製造原価を仕切り価格として，製造部門から製品を買い取る。そし
て，仕切り価格にどれだけ上乗せして顧客に販売するのかが営業部門の
腕の見せ所となる。利益は営業側で生まれるという発想に基づいて，営
業で粗利を重視する利益計算は「原価仕切り価格方式」と呼ばれてい
る。
　　一方，アメーバ経営では，利益は製造側で生まれるという発想に基づ
いて，利益を生み出すには製造が創意工夫すること以外にはないという
考え方を実現する「受注生産販売方式」という利益計算が採用される。
この考えに従えば，営業部門は，顧客と製造部門をつなぐパイプ役とい
う位置づけになる。製品の受注生産販売を行う上で，顧客と接する営業
部門は，全社的に利益を生み出すためにはどのくらいコストダウンが必
要か，というマーケット情報を製造部門に伝達することが期待されてい
る。利益を稼ぐ主役と捉えられていた原価仕切り価格方式とは対照的で
ある。

項　目	予　定	実　績	
社　外　出　荷	×××円	×××円	①
社　内　売　り	×××円	×××円	②
社　内　買　い	×××円	×××円	③
総　生　産	×××円	×××円	④（①＋②－③）
原材料費	×××円	×××円	⑤
・・・・・・	×××円	×××円	⑤
・・・・・・	×××円	×××円	⑤
・・・・・・	×××円	×××円	⑤
・・・・・・	×××円	×××円	⑤
営業・本社経費	×××円	×××円	⑤
差　引　売　上	×××円	×××円	⑥（④－⑤）
総　時　間	×××円	×××円	⑦
当月時間当たり	×××円	×××円	⑥÷⑦

アメーバ経営学-理論と実証-（アメーバ経営学研究会著　ＫＣＣＳ社）p. 10 を基に作成

B　□□□　65　標準原価計算方式に比べてアメーバ経営では，コストダウンの意欲，仕事への動機付け，利益貢献への意識などを高めることができるが，原価計算の正確性は低くなる。

C　□□□　66　ミニ・プロフィットセンター制において，営業活動を行う組織単位の収益はその活動に即して測定するため，当該組織単位の外部への売上高と一致しないことがある。

C　□□□　67　アメーバ経営では，ミニ・プロフィット・センターの管理において，アメーバ単位ごとに財務会計に準じた損益計算が行われる。したがって，例えば材料をアメーバ単位が引き取っただけでは費用計上されず，損益計算上では当該単位での在庫として計上される。

A　□□□　68　ミニ・プロフィット・センターの一つであるアメーバ組織は日本発の分権化組織である。その主な特徴として，生産機能や販売機能を分割した少人数による独立採算制および重要業績指標として時間当たり採算が採用される点にある。

A　□□□　69　ミニ・プロフィット・センターの代表例であるアメーバ組織といわれる分権化組織の特徴には，各アメーバ組織が製品開発，生産，販売，管理などの全ての機能を持つ独立採算制や時間当たり採算による業績管理がある。

A　□□□　70　グループ経営の管理会計では，社内または企業グループ内部で分散して行われる人事，経理，情報技術等への無駄な重複を防ぐための方法として，各機能を集約するシェアード・サービス・センター（shared service center）の導入がある。

A　□□□　71　グループ経営において経営資源の有効活用を図る手段として，社内又は企業グループ内の複数の組織で行われている経理や総務といった機能を集約したシェアード・サービス・センターの活用がある。

A　□□□　72　将来のフリー・キャッシュ・フローを一定期間先まで期別に予測し，同キャッシュ・フローのリスクを反映させた資本コストでもってそれらを割り引いた現在価値の合計額に，予測期間以降に生じるフリー・キャッシュ・フローの総額である予測価値を合算し，遊休資産や事業に貢献しない投資の時価額をそれに加算した総額が企業価値となる。

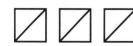

65 【×】　　標準原価計算方式に比べてアメーバ経営では，コストダウンの意欲，
　　　　仕事への動機付け，利益貢献への意識などを高めることができ，原価計
　　　　算の正確性も高まる。経理が行うよりも現場で毎月計算する方が精度は
　　　　高まるためである。

66 【○】
平成29年
第Ⅱ回

67 【×】　　材料をアメーバ単位が引き取った場合，<u>費用</u>として計上する。
平成30年
第Ⅱ回

68 【○】　　ミニ・プロフィット・センターの一つであるアメーバ組織は，京セラ
　　　　の前身である京都セラミック株式会社の創始者である稲盛和夫氏によっ
　　　　て編み出された日本発の分権組織である。その主な特徴として，事業部
　　　　よりもさらに下位のレベルである職能部門（生産や販売など）あるいは
　　　　工程を分割した小集団部門を利益責任単位とし，市場の動きに即時に対
　　　　応できるような独立採算制が採用されている。また，重要業績指標（Ｋ
　　　　ＰＩ）としてアメーバ組織の1時間当たりの付加価値を表す時間当たり
　　　　採算が採用されている。
Ⅱp. 272
令和2年
第Ⅰ回

69 【×】　　各アメーバは，会社全体を構成する機能をそれぞれが担っているが，
　　　　生産，販売など<u>全ての機能を持ってはいない</u>。例えば，製造部門におけ
　　　　るアメーバーのイメージは工程別にアメーバとして組織され，自主独立
　　　　採算で活動を行い，従業員の労働時間1時間当たりでどれだけの付加価
　　　　値を創出したかを表す時間当たり採算により業績管理がなされる。
令和5年
第Ⅱ回

70 【○】　　シェアード・サービス・センターとは，社内または企業グループ内部
　　　　で分散して行われている業務（一般的には間接業務）を，子会社または
　　　　社内の部門に集約し，業務の標準化と見直しを行って，業務を行う組織
　　　　体である。
Ⅱp. 273
平成31年
第Ⅱ回

71 【○】
令和5年
第Ⅱ回

72 【×】　　将来のフリー・キャッシュ・フローを一定期間先まで期別に予測し，
　　　　同キャッシュ・フローのリスクを反映させた資本コストでもってそれら
　　　　を割り引いた現在価値の合計額（予測価値）に，予測期間以降に生じる
　　　　フリー・キャッシュ・フローの総額である<u>継続価値</u>を合算し，遊休資産
　　　　や事業に貢献しない投資の時価額をそれに加算した総額が企業価値とな
　　　　る。
Ⅱp. 298
Ⅱp. 301

A　□□□　**73**　スターン・スチュワート社によって考案されたＥＶＡ®（経済的付加価値）は，残余利益の発展形ともいえる指標であり，株主価値の創造に基づく業績評価指標である。

A　□□□　**74**　ＥＶＡ®（経済的付加価値）を事業部長の業績評価に用いた場合，ＲＯＩの場合と同様に資本コストを上回る投資を実行することによって，ＥＶＡ®を増加させることができるため目的整合性に関する問題を回避することができる。

A　□□□　**75**　残余利益の一種である経済的付加価値（Economic Value Added：EVA®）を算出するためには，損益計算書に記載される営業利益を出発点として経済的実態に合うようにいくつかの修正を加えて正味税引前営業利益を求め，その金額から，投下資本に加重平均資本コスト率を乗じた金額を控除する。

A　□□□　**76**　ある企業の株式時価総額が企業価値を下回っていると判断できる場合には，企業買収を行うことに経済的合理性が認められる。

A　□□□　**77**　ＥＶＡ®（経済的付加価値）を向上するには，①ＮＯＰＡＴを下げる，②使用総資本簿価を上げる，③加重平均資本コストを上げる，などの方法があげられる。

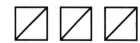

73 【〇】　　ＥＶＡ®（経済的付加価値）は残余利益の一形態であり，資本コスト　　　Ⅱp. 302
を上回る利益を測定する指標である。
　　　　ＥＶＡ®＝税引後営業利益（ＮＯＰＡＴ）－加重平均資本コスト（投
下資本×ＷＡＣＣ）
　　　加重平均資本コストは債権者および株主の期待収益率の総体を指すこ
とから，ＮＯＰＡＴ＞加重平均資本コストであるならば，企業が債権者
および株主の期待収益率よりも多く利益を獲得していることを意味し，
株主に対し価値を付け加えたと考える。

74 【×】　　ＥＶＡ®（経済的付加価値）を事業部長の業績評価に用いた場合，R　　Ⅱp. 258
I（残余利益）の場合と同様に資本コストを上回る投資を実行すること　　Ⅱp. 302
によって，ＥＶＡ®を増加させることができるため目的整合性に関する
問題を回避することができる。

75 【×】　　残余利益の一種である経済的付加価値を算出するためには，損益計算　　Ⅱp. 302　　令和２年
書に記載される営業利益を出発点として経済的実態に合うようにいくつ　　　　　　　　　第Ⅱ回
かの修正を加えて正味税引後営業利益を求め，その金額から，投下資本
に加重平均資本コスト率を乗じた金額を控除する。

76 【〇】　　ある企業の株式時価総額が企業価値を下回っていると判断できる場合　　　　　　　　平成20年
には，割安で購入できることになるため，企業買収を行うことに経済的
合理性が認められる。

77 【×】　　ＥＶＡ®（経済的付加価値）を向上させるための視点を3つに分類する　　Ⅱp. 304
のであれば，①ＮＯＰＡＴを上げる，②使用総資本簿価を下げる，③加
重平均資本コストを下げる，の3つが挙げられる。

なお，Aの部分をＥＶＡスプレッドという。

第3部
（補章）その他の管理会計

第1章
生産・在庫管理と管理会計

A　□□□　　1　ＪＩＴ生産方式は，「必要なものを，必要なときに，必要な量だけ生産する」こと
　　　　　　　　を意味している。

A　□□□　　2　ＪＩＴ生産方式の第一の目的は，無駄な在庫を一切排除することによって，利益操
　　　　　　　　作を防止することである。

A　□□□　　3　ＪＩＴ生産方式は，工程間の在庫バッファをミニマムに抑える需要の引っ張り方式
　　　　　　　　を採用しており，購入部門では製造工程が必要とするまで材料や部品の購入を待ち，
　　　　　　　　製造工程はかんばん方式を採用し，後工程から部品の製造指示を待って前工程が作業
　　　　　　　　を行う。

A　□□□　　4　ＪＩＴ生産方式の短所としては，品切れリスクの増大，値下げ要請などの下請け企
　　　　　　　　業への負担増，従業員の負担増があげられる。

A　□□□　　5　プル生産方式とは，後工程が消費のために資材や部品を実際に要求する前に，前工
　　　　　　　　程がそれらを作り置く方式である。プッシュ生産方式とは，工程間の仕掛品在庫を大
　　　　　　　　幅に削減しようとする方式であり，資材や部品を消費する後工程が補充のために前工
　　　　　　　　程に引き取りにいき，後工程からの指示分だけを前工程は作業を行う方式である。

A　□□□　　6　かんばん方式においては，「平準化生産」が大前提となる。平準化とは，アウト
　　　　　　　　プットに大きなバラつきが生じないようになだらかにすることを意味し，総量の平準
　　　　　　　　化と種類の平準化がある。

A　□□□　　7　バックフラッシュ・コスティングは，原材料の購入から製品の販売に至るまでのす
　　　　　　　　べての仕訳を詳細に記録するという特徴がある。

A　□□□　　8　通常の原価計算では，原材料の購入→仕掛品の製造→製品の完成→製品の販売，と
　　　　　　　　いう流れに沿って，価値移転的過程が逐次的に追跡されるが，バックフラッシュ・コ
　　　　　　　　スティングにおいても同様である。

A　□□□　　9　バックフラッシュ・コスティングは，工程に在庫は置かないというＪＩＴ生産方式
　　　　　　　　のモットーに着目し，部分的に仕訳記録を省略するが，仕掛品勘定を必ず設けなけれ
　　　　　　　　ばならない。

1 【○】　ＪＩＴとは「必要なものを，必要なときに，必要な量だけ生産する」ことを意味しており，トヨタ生産システムの重要な構成要素の1つである。トヨタ生産方式の基本思想は「徹底した無駄の排除」であり，「ＪＩＴ」＋「自働化」がトヨタ生産方式の2本柱となっている。ちなみに自働化とは，自動化ではなく，人間の知恵を機械に組み込み，異常が起きたら機械が止まるようにした仕組みである。　Ⅱp.326

2 【×】　ＪＩＴ生産方式の第一の目的は，無駄な在庫を一切排除することによって，<u>コストダウン</u>を図ることである。　Ⅱp.326

3 【○】　引っ張り方式（プル生産方式）は，在庫バッファつまり計画的に保有する在庫の余裕分をミニマムに抑えることで，工程間の仕掛品在庫を大幅に削減しようとする方式である。　Ⅱp.326

4 【○】

5 【×】　<u>プッシュ生産方式とプル生産方式の説明が逆である。</u><u>プッシュ生産方式（押し出し方式）とは</u>，後工程が消費のために資材や部品を実際に要求する前に，前工程がそれらを作り置く方式である。<u>プル生産方式（引っ張り方式）とは</u>，工程間の仕掛品在庫を大幅に削減しようとする方式であり，資材や部品を消費する後工程が補充のために前工程に引き取りにいき，後工程からの指示分だけを前工程は作業を行う方式である。

6 【○】　代表的なプル生産方式にかんばん方式がある。かんばん方式においては，「平準化生産」が大前提となる。平準化とは，アウトプットに大きなバラつきが生じないようになだらかにすることを意味し，総量の平準化（毎日生産する製品の量にバラつきがないように抑えること）と種類の平準化（種類ごとの生産量にバラつきをなくすように工夫すること）がある。　Ⅱp.326

7 【×】　バックフラッシュ・コスティングは，原材料の購入から製品の販売に至るまでの仕訳記録を<u>部分的に省略する</u>という特徴がある。　Ⅱp.327

8 【×】　通常の原価計算では，原材料の購入→仕掛品の製造→製品の完成→製品の販売，という流れに沿って，価値移転的過程が逐次的に追跡されるが，このような通常の原価計算とは異なる方式がバックフラッシュ・コスティングである。　Ⅱp.327

9 【×】　バックフラッシュ・コスティングには，当期に発生した製造費用はすべて売上原価勘定に借方記入しておき，期末になって残った在庫がある場合には，製品単位あたりの予算原価ないし標準原価を利用し，売上原価勘定から在庫勘定へ製造費用をバックフラッシュ（逆流）させる方法がある。したがって，仕掛品勘定を必ず設けられなければならないわけではない。　Ⅱp.327

A　□□□　10　ＴＯＣの思考とは，あらゆるシステムが少なくとも1つの制約をもっていると考え，それらの様々な制約の中からボトルネックとなっているものを発見し，それを改善することで生産の同期化，全体利益の最大化を図ることができるというものである。

A　□□□　11　ＴＯＣにおける組織目標の主眼は，ボトルネック管理を通じて，在庫と業務費用を増大させ，スループットの増大を図ることにある。

A　□□□　12　システムにおいてボトルネックとなっている部分を解消する際には，ボトルネックの利用計画が，非ボトルネックの利用ペースにより規定されることに留意しなければならない。これにより，スループットの獲得に貢献しない無駄な在庫が生じなくなる。

10 【○】　　生産の同期化とはボトルネック（各々の工程のうち，最も生産能力　　Ⅱp. 334
の低い工程のこと）となっている工程で受入可能な量だけを，他の工
程が生産するようにすることである。

11 【×】　　ＴＯＣにおける組織目標の主眼は，ボトルネック管理を通じて，在　　Ⅱp. 334
庫と業務費用を削減し，スループットの増大を図ることにある。　　　　Ⅱp. 335
　　ＴＯＣは，在庫と業務費用を削減し，スループット（＝売上高－直
接材料費）を増大させるために一般的に下記５つのステップで行われ
る。
ステップ①システムの制約を発見し，それらの制約がボトルネックか
非ボトルネックかを識別する。
ステップ②ボトルネック部分の活用法を決定する。
ステップ③システムの他の全ての部分を②の決定に従属させる。
ステップ④ボトルネック部分の能力を向上させる。
ステップ⑤以上によりボトルネックが緩和，解消されたならば①に戻
る。

12 【×】　　システムにおいてボトルネックとなっている部分を解消する際に　　Ⅱp. 335
は，非ボトルネックの利用計画が，ボトルネックの利用ペースにより
規定されることに留意しなければならない。
　　ＴＯＣは，在庫と業務費用を削減し，スループット（＝売上高－直
接材料費）を増大させるために一般的に下記５つのステップで行われ
るが，ステップ③システムの他の全ての部分を②の決定に従属させる
ことにより，非ボトルネックの利用計画はボトルネックの利用ペース
により規定されることとなる。

A　□□□　**13**　ボトルネック部分の生産能力を向上させる際には，非ボトルネック部分への働きかけは無意味であり，非ボトルネックの生産能力が向上しても，スループットの増加にはつながらないということを知っておかなければならない。

A　□□□　**14**　ＴＯＣの実現によって，生産スケジュールが改善され，一定期間内の生産量の増加や納期の短縮が図られるとともに，同期的生産の実現に伴い仕掛在庫や製品在庫が削減される。

A　□□□　**15**　ＴＯＣにおいて在庫とは販売しようとするものを購入するために投資した資金である。

A　□□□　**16**　ＴＯＣにおいて業務費用とは在庫をスループットに変換するために払った金とされている。

A　□□□　**17**　スループット会計において，売上高から変動費である直接材料費を差引いてスループットを計算した場合，売上高とスループットは比例しないといえる。

13 【○】　　非ボトルネックの生産能力が向上しても，他にボトルネックが存在　　Ⅱp.335
する以上，追加的なコストが生じるのみで，スループットの増加には
繋がらないのである。

<イメージ図>

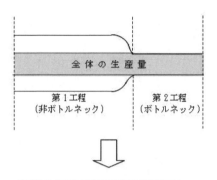

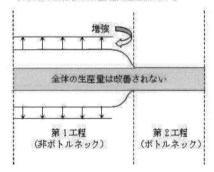

14 【○】　　　　　　　　　　　　　　　　　　　　　　　　　　　　　　　　Ⅱp.336

15 【○】　　ＴＯＣでの在庫額とは，原材料，仕掛品，製品の在庫の他に，機械　　Ⅱp.334
設備も含めて販売できるものとして広義に定義されており，投資額と
いう意味で解釈されている。

16 【○】　　　　　　　　　　　　　　　　　　　　　　　　　　　　　　　　Ⅱp.334

17 【×】　　売上高とスループット（貢献）は比例するといえる。つまり，直接　　Ⅱp.334
材料費のみを製品原価として取り扱いこれを売上高から差し引いてス　　Ⅱp.336
ループット（貢献）を算定することから，スループット（貢献）は直
接原価計算の貢献利益（＝売上高－変動費）に該当するものといえ
る。

A　□□□　18　スループット会計では仕掛在庫や製品在庫を大量に生産しても，業務費用は期間費用なのでそれらには配賦されず，在庫を大量に生産して利益額を上げようという行動が抑制される。つまり，全体最適の阻止と部分最適の促進を図る効果がある。

A　□□□　19　サプライチェーンマネジメントにおけるサプライチェーンとは，製品やサービスが消費者に届くまでの関係者や業務のつながりのことである。

A　□□□　20　サプライチェーンマネジメントは，1つの企業内における全体最適化を図る経営思想である。

A　□□□　21　サプライチェーンマネジメントは，理想的には調達から製品・サービスの提供までのチェーンすべてにおいて同期化し，生産，販売，提供のスピードをあげて顧客価値を生み出すことをいい，ＪＩＴ生産方式をヒントにして構築されたものである。

C　□□□　22　管理会計論の立場からすると，サプライチェーンマネジメントの目的は，サプライチェーン全体の最適化であるが，キャッシュ・フローの改善は特に重要ではない。

A　□□□　23　貨物輸送を行う場合，複数の輸送手段，たとえばトラック，海運，鉄道の間の選択を行うことになる。このとき，ＣＯ2の排出量減少という環境配慮とコスト低減を視野に入れなければならないが，環境配慮とコスト削減を両立させることはできない。

A　□□□　24　マテリアルロスの物量は，質量保存の法則にもとづき，次の算式で測定することができる。すなわち，マテリアルロスの物量＝（投入されたマテリアル量＋マテリアルの期首在庫量）－（完成品に含まれるマテリアル量＋マテリアルの期末在庫量）。

A　□□□　25　生産プロセスで排出される二酸化炭素は環境に負荷を与える物質であり，環境管理会計の一つの手法であるＭＦＣＡの価値的フロー計算においても主要な管理対象となっている。

A　□□□　26　ＭＦＣＡは，投入された原材料（マテリアル）を物量で把握し，それが生産プロセス内をどのように移動するかを追跡し，その経済的価値のフローを可視化しようとするものであり，減価償却費は計算の対象外となる。

A　□□□　27　製造上不可避的に生じる正常減損はマテリアルロスに含めない。

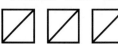

18 【×】 スループット会計によると，過剰生産はそれだけ業務費用を増加さ　Ⅱp. 334
せ，利益を少なくさせる。よって，過剰生産を避け，在庫を減らすこ　Ⅱp. 336
とに繋がるといえる。
これにより，<u>部分</u>最適の阻止と<u>全体</u>最適の促進を図る効果がある。

19 【○】 サプライチェーンとは，製品やサービスが消費者に届くまでの関係　Ⅱp. 337
者や業務のつながりのことである。そして，その範囲は社内に限定さ
れるのではなく，社外の関係者とのつながりにまで及ぶ概念である。

20 【×】 サプライチェーンマネジメントは，企業間の協力や連携によって<u>サ</u>　Ⅱp. 337
<u>プライチェーン全体の最適化</u>を図る経営思想である。

21 【○】 Ⅱp. 337

22 【×】 管理会計論の立場からすると，サプライチェーンマネジメントの目
的は，<u>サプライチェーン全体でのキャッシュ・フローの改善</u>である。
サプライチェーン全体の中で，正確な情報をタイムリーに共有できる
ようになると，例えば，売れ筋商品に関する詳細な需要情報が共有さ
れるようになるので，商品構成を回転率の高いものに絞ることで，そ
のサプライチェーン全体のキャッシュ・フローを改善できるようにな
る。

23 【×】 環境配慮とコスト削減を<u>両立させることはできる</u>。　Ⅱp. 15　平成20年

24 【○】 このように物理学上の質量保存の法則に基づき，投入された物質は　Ⅱp. 340　平成23年
消滅せずに企業内にストックされるか企業外に排出されるかのいずれ　第Ⅱ回
かであるという考え方をマスバランスと呼ぶ。

25 【×】 マテリアルフロー・コスト会計（MFCA）の主要な管理対象は<u>原</u>　Ⅱp. 340　平成23年
<u>材料</u>である。MFCAでもっとも重要なコストはマテリアルコストで　第Ⅱ回
あり，製造工程に投入された原材料すべてを指す。

26 【×】 減価償却費はシステムコストに含まれ，<u>計算の対象に含まれる</u>。な　Ⅱp. 340　平成23年
お，システムコストとは，製造原価からマテリアルコストと廃棄物の　第Ⅱ回
配送／処理コストを差し引いたもので，主に減価償却費や労務費など
の加工費を指し，配送／処理コストとは，一般的に廃棄物においかか
わる配送費と廃棄物処理コストを指す。

27 【×】 MFCAは製造上不可避的に生じる<u>正常減損も含めすべてのマテリ</u>　Ⅱp. 341　平成23年
<u>アルロスを可視化する</u>。　第Ⅱ回

A　□□□　**28**　MFCAは，マテリアルロスの発生場所，ロスとなった原材料の要素ごとの物量とコスト情報を提供することが重要な目的であり，製品原価の計算は重要な目的でない。

28 【○】

Ⅱp. 340　平成23年
第Ⅱ回

第2章
品質管理と管理会計

A　□□□　　1　　品質原価には，仕様に合致しない製品の製造を防ぐために発生する予防原価，仕様に合致しない製品を発見するために発生する評価原価，出荷前に仕様に合致しない製品を発見した際に認識される内部失敗原価，出荷後に仕様に合致しない製品が発見された際に発生し認識される外部失敗原価がある。

A　□□□　　2　　品質不適合コストは内部失敗原価と外部失敗原価からなる。内部失敗原価は製品仕様に一致しない製品について製品出荷前に発生する原価であり，外部失敗原価は製品仕様に一致しない製品を販売したことによって顧客対応などのために発生する原価である。

A　□□□　　3　　予防コストは，品質上の欠陥の発生を早い段階から防止する目的で支出されるコストであり，従業員に対する教育訓練費，受入材料の検査費，製造工程を改善する工程改善費などから構成される。また，評価コストは，製品等の品質を評価することによって品質レベルを維持するためのコストであり，製品の中間及び最終出荷時の検査や試験のコストなどから構成される。

A　□□□　　4　　内部失敗原価とは，製品が顧客に引き渡される前に，不適合品として識別されたことに起因して発生する原価である。具体的には，仕損品廃棄費や顧客の苦情処理費などが挙げられる。一方，外部失敗原価とは，不適合品である製品を識別出来ず，顧客に引き渡してしまったことに起因して発生する原価である。具体的には不良品回収費，製品欠陥訴訟費などが挙げられる。

A　□□□　　5　　不良品の回収費用は，不良品の発生を防ぐ活動が適切に行われなかったために生じたと考えられるので，予防原価として分類される。

A　□□□　　6　　品質適合コストを増加させると品質不適合コストは減少する。品質適合コストには品質検査機器購入費や仕損品の補修費用が含まれ，品質不適合コストには廃棄コストやクレーム対応に関する費用が含まれる。

A　□□□　　7　　品質原価はすべて現金支出原価であり，品質不具合によって売上機会が消失した場合に生じる機会損失は品質原価に含めるべきではない。

B　□□□　　8　　失敗原価は製品の製造時や製品の販売後に発生するので，その原因は製造工程に限定される。

A　□□□　　9　　品質原価計算は，不良品ゼロを目指し，製品品質向上による製品の長期的な収益性の増大を目指している。

1 【○】　一般に品質原価は以下の分類がなされる。　　　　　　　　　　Ⅱp.313　平成25年
　　　　　　　　　　　　　　　　　　　　　　　　　　　　　　　　　　　　　　第Ⅱ回・
　　　　　　　　　　　　　　　　　　　　　　　　　　　　　　　　　　　　　　改
　　　　　　　　　　　　　　　　　　　　　　　　　　　　　　　　　　　　　　平成26年
　　　　　　　　　　　　　　　　　　　　　　　　　　　　　　　　　　　　　　第Ⅰ回・
　　　　　　　　　　　　　　　　　　　　　　　　　　　　　　　　　　　　　　改
　　　　　　　　　　　　　　　　　　　　　　　　　　　　　　　　　　　　　　平成31年
　　　　　　　　　　　　　　　　　　　　　　　　　　　　　　　　　　　　　　第Ⅰ回

	自発的原価	予防原価
品質原価	（品質適合原価）	評価原価
	非自発的原価	内部失敗原価
	（品質不適合原価）	外部失敗原価

2 【○】　　　　　　　　　　　　　　　　　　　　　　　　　　　　　　Ⅱp.313　平成26年
　　　　　　　　　　　　　　　　　　　　　　　　　　　　　　　　　　　　　　第Ⅰ回

3 【×】　予防コストの例示のうち，受入材料の検査費は評価コストに該当す　Ⅱp.313
　　　　　る。

4 【×】　内部失敗原価の例示のうち，顧客の苦情処理費は外部失敗原価に該当　Ⅱp.313
　　　　　する。

5 【×】　不良品の回収費用は，一般的に外部失敗原価として分類される。　　Ⅱp.313　平成25年
　　　　　　　　　　　　　　　　　　　　　　　　　　　　　　　　　　　　　　第Ⅱ回

6 【×】　品質適合コストの例示のうち，仕損品の補修費用は品質不適合コスト　Ⅱp.313　平成26年
　　　　　に該当する。　　　　　　　　　　　　　　　　　　　　　　　　　　　　第Ⅰ回

7 【×】　品質不具合によって売上機会が消失した場合に生じる機会損失は，間　Ⅱp.175　平成25年
　　　　　接的品質原価（会計的に測定が困難な品質原価（機会原価等）であり，Ⅱp.313　第Ⅱ回
　　　　　「隠れた品質原価」ともいう）として品質原価に含めるべきである。

8 【×】　失敗原価の原因として，例えば製造作業員の教育訓練不足や製品設計　Ⅱp.313　平成25年
　　　　　の欠陥なども考えられるため，製造工程に限定される訳ではない。　　　　第Ⅰ回

9 【×】　品質原価計算の目的は自発的原価と非自発的原価のトレード・オフ関　Ⅱp.314　平成26年
　　　　　係に着目し，トータルの品質原価が最小となる地点を発見することであ　　　第Ⅰ回
　　　　　り，不良品ゼロを目的としている訳ではない。

A □□□　10　品質原価の分類方法であるＰＡＦアプローチ（prevention-appraisal-failure approach）によれば，品質原価は予防コストと評価コストからなる品質適合コストと，失敗コストからなる品質不適合コストに区分される。品質適合コストと品質不適合コストの発生額にはトレード・オフの関係がある。

A □□□　11　評価原価の支出は製品の検査等を意味するので，評価原価を可能な限り多く支出すれば，品質原価の総額は小さくなる。

A □□□　12　予防原価は内部失敗原価や外部失敗原価の増大を抑制するために支出されるので，評価原価は支出しなくてもよい。

A □□□　13　伝統的なＰＡＦ（予防・評価・失敗）モデルにおいて，欠陥品をゼロにしようとすれば，予防原価と評価原価は限りなく小さくなる。

A □□□　14　多くの日本の大規模製造企業は品質管理活動には全社的品質管理，全社的予防保全などを中心として，熱心に取り組んできたが，品質原価の概念を用いた品質原価の測定は，ほとんど行われていなかった。

A □□□　15　原価管理の基本的機能は原価情報による経営活動の管理にあるが，品質コストを測定する主要な目的は管理者に品質管理活動の経過を報告し，彼らが品質に関する経営資源の効果的な配分を行うことができるように支援することにある。

B □□□　16　高品質と低コストを組み合わせた経営戦略は，これまでの日本企業の国際競争力を支えてきた。品質管理（quality control）活動（統計的品質管理等を含む）は，その競争力の一端を長期にわたって担ってきたが，それとは異なったアプローチを採る品質管理会計も，品質に関する経営資源の効果的な配分を通して日本企業の競争力の源泉に新しい領域を加える可能性を提供している。

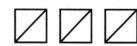

10 【○】　ＰＡＦ法とは，「予防－評価－失敗アプローチ（prevention-appraisal-failure Approach：ＰＡＦアプローチ）」のことである。 　Ⅱp. 312　平成25年
Ⅱp. 313　第Ⅱ回・
Ⅱp. 314　　改
令和5年
第Ⅰ回

11 【×】　評価原価を増やせば，不良品回収費等の外部失敗原価は削減できる可能性はあるが，同時に補修費等の内部失敗原価が増えるため，品質原価の総額が小さくなるとは限らない。 　Ⅱp. 314　平成25年
第Ⅰ回

12 【×】　失敗コスト（内部失敗原価や外部失敗原価）の多くは，直接コントロールすることが難しいものの，予防活動や品質検査等に追加的な資源をより多く投入することによって減少するといえることから，評価原価を支出しなくてもよい訳ではない。 　平成25年
第Ⅰ回

13 【×】　予防原価は品質上の欠陥の発生を早い段階から防止する目的で支出される原価であるため，欠陥品をゼロにしようとするならばその支出は大きくなる。また，評価原価は製品の品質を評価することによって品質レベルを維持するために発生する原価であるため，欠陥品をゼロにしようとするしないに関係なく製品の品質レベルを維持する上で必要なコストである。 　平成25年
第Ⅰ回

14 【○】　品質原価計算が日本企業においてはあまり普及していない理由の1つに，欠陥品ゼロ（ゼロディフェクト）が最適水準と考えるため，そもそもコストとの関係で最適品質を追求するという思考が希薄なことが挙げられる。また，適合品質には絶対の自信をもっており，むしろ原価企画においていかに設計仕様を顧客要求に近似させるかという，設計品質を重視していることも理由として挙げられる。 　Ⅱp. 315　平成25年
第Ⅰ回

15 【○】　品質コストを測定することによって，あらゆる部門において品質に関するコストをすることは，それぞれの管理者の注意を喚起するうえでも重要となる。品質コストによる原価管理は，製品の収益性評価や差別化戦略など戦略を策定するうえでの重要な情報であることがトップマネジメントに認識される必要がある。 　平成24年
第Ⅰ回

16 【○】 　平成24年
第Ⅰ回

B　□□□　**17**　原価企画のコンセプトが教える，「原価はその発生時点で管理するよりも，その決定時点で管理しなければならない」という源流管理の考え方は，品質管理会計の場合には当てはまらない。というのは，品質というものは，日本企業のモノ作りが得意としてきたように，モノ作りの現場，つまり製造（量産）段階において作り込まれるからである。

B　□□□　**18**　品質管理会計における品質概念は，単なる適合品質から顧客の期待・ニーズに沿った設計品質，さらに環境保全を視野に入れた環境品質にまで拡大している。したがって品質管理会計は品質に関する経営資源の戦略的かつ長期的な配分を考えていかなければならなくなっている。

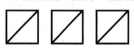

17 【×】　　源流管理の考え方は，品質管理会計の場合にも<u>当てはまる</u>。　　　Ⅱp.277　平成24年
　　　　　原価企画活動として展開されている源流管理は，原価の発生メカニズ　　Ⅱp.312　　第Ⅰ回
ムとして，原価の発生に先立ち，原価の発生に影響を与える意思決定が
行われることが認識されたのものである。原価は，発生の時点ではな
く，発生が決定づけられる源流段階で管理しなければならないという認
識は，品質管理会計を論じる上でも重要となる。つまり，品質は，従来
のように製造段階だけで管理するものではなく，品質が決定される段階
で管理する必要があることを意味する。

18 【○】　　品質コストのマネジメントで対象とする品質概念が，適合品質から，　　Ⅱp.315　平成24年
顧客ニーズとの整合性を考える市場品質，顧客の期待安全水準との整合　　　　　　第Ⅰ回
性を考える安全品質，自然環境・地域社会との整合性を考える環境（保
全）品質へと展開することを視野に入れると，コストの戦略的なかけ方
がより重要な要素となる。

＜参考文献＞

伊藤嘉博著『品質コストマネジメント』中央経済社

上埜進著『管理会計　価値創出をめざして　第4版』税務経理協会

上埜進，青木雅明編著『管理会計演習―理論と計算―』税務経理協会

岡本清著『原価計算　六訂版』国元書房

岡本清，廣本敏郎，尾畑裕，挽文子著『管理会計　第2版』中央経済社

加藤勝康，豊島義一編著『Ｑ＆Ａ管理会計入門』同文舘出版

加登豊編『インサイト管理会計』中央経済社

加登豊，李建著『ケースブック　コストマネジメント』新世社

河原正視著『原価計算の基礎』中央経済社

小林啓孝，伊藤嘉博，清水孝，長谷川惠一著『スタンダード管理会計【第2版】』東洋経済新報社

櫻井通晴著『間接費の管理』中央経済社

櫻井通晴著『管理会計　第六版』同文舘出版

櫻井通晴著『経営原価計算論　増補版』中央経済社

櫻井通晴編『管理会計辞典』同文舘出版

ジェレミー・ホープ，ロビン・フレーザー著『脱予算経営』生産性出版

渋谷武夫著『ベーシック経営分析』中央経済社

園田智昭，横田絵理著『原価・管理会計入門』中央経済社

高田直芳著『「管理会計」入門』日本実業出版社

高橋伸夫編『超企業・組織論』有斐閣

武脇誠，森口毅彦，青木章通，平井裕久共著『管理会計』新世社

田中隆雄著『管理会計の知見　第2版』森山書店

日本管理会計学会編『管理会計学大辞典』中央経済社

門田安弘編著『管理会計学テキスト　第3版』税務経理協会

山本浩二，小倉昇，尾畑裕，小菅正伸，中村博之編著『スタンダードテキスト管理会計論』中央経済社

ロバート・S・キャプラン，デビッド・P・ノートン著『戦略バランスト・スコアカード』東洋経済新報社

正誤・法改正に伴う修正について

　本書掲載内容に関する正誤・法改正に伴う修正及び、シラバスの変更による情報については「資格の大原書籍販売サイト　大原ブックストア」の「正誤・改正情報」よりご確認ください。

https://www.o-harabook.jp/
資格の大原書籍販売サイト　大原ブックストア

内容に関する解説指導・ご質問対応等は行っておりません。
予めご了承ください。

2025年対策　大原の公認会計士受験シリーズ　短答式対策　管理会計論肢別チェック問題集

2024年5月15日　初版発行

■著　　　者──資格の大原 公認会計士講座
■発　行　所──大原出版株式会社
　　　　　　　〒101-0065
　　　　　　　東京都千代田区西神田1-2-10
　　　　　　　TEL 03-3292-6654
■印刷・製本──セザックス株式会社

落丁本、乱丁本はお取り替えいたします。定価はカバーに表示してあります。
ISBN978-4-86783-089-5　C3033